女帝
小池百合子

石井妙子 著

文藝春秋

兵庫県芦屋市に生まれ育った。小さな貿易会社を営んでいた政治好きな父・勇二郎、母・恵美子、兄・勇と。鴨志田孝一『小池百合子写真集』（双葉社）

小学生時代の一時期、両親がバイオリンを習わせた。いつも母親お手製の洒落た服を着ていた。鴨志田孝一『小池百合子写真集』（双葉社）

カイロ留学時代、同居していた早川玲子さん（仮名）が、日本にいる自分の母親に書き送った手紙。「小池さんはひとりで寝るのは怖いといって私の部屋の予備のベッドで寝ています」（1972年7月4日の手紙より）。

1976年10月上旬、早川玲子さんとエジプト南部に小旅行。

ミニスカート姿が政界やメディアで持てはやされた。国会議事堂を背景にポーズを取る。
『週刊ポスト』1996年1月5日号

社長の中川順に気に入られ、テレビ東京へ。1988年、「ワールドビジネスサテライト」初代キャスターに抜擢される。

1994年、街頭演説する小沢一郎と。新進党、自由党では主に広報を担当。「ゲッベルスになれる」と小沢は評価。 © 時事通信フォト

1992年参議院選に日本新党から出馬。初当選。党首の細川護熙と。 © 時事通信フォト

自民党に入党。2008年、小泉の応援を受けて女性として初めて自民党総裁選に立候補する。

1993年衆議院に鞍替えし土井たか子の選挙区で戦い2位で当選。花冠を頭に祝う。
© 時事通信フォト

1976年、難関のカイロ大学を日本人女性として初めて、しかも首席で卒業した、という小池。卒業の記念にピラミッドの頂上でキモノに着替えてお茶を点てたと語る。間違えてキモノを左前に着てしまったと説明。

2017年3月3日放送
NHK「あさイチ」〈プレミアムトーク〉

同日に撮ったとする写真だがキモノの合わせが右前である。小池は左右が反転するよう裏焼きしたと説明。

鴨志田孝一『小池百合子写真集』（双葉社）

2016年8月2日、女性初の都知事として初めて登庁。都知事執務室の椅子に座る。

2016年8月21日、リオオリンピック閉会式で東京都知事として五輪の旗を受け取った。

1982年に出版された初めての著書。当時、日本テレビ「竹村健一の世相講談」でアシスタントをしていた。『振り袖、ピラミッドを登る』（講談社）

自著の扉に使った「卒業証書」。自分の写真をコラージュ。民族衣装の裾が広がり、教授たちのサイン部分が読めない。『振り袖、ピラミッドを登る』（講談社）

『週刊ポスト』に連載中だったエッセイ欄（1993年4月9日号）で「これが証拠の卒業証書」とキャプションをつけて公開。だが、小さく不鮮明で文字が読み取れない。

都知事選の出馬を決めた小池は、「卒業証書」と「卒業証明書」を2017年6月30日「とくダネ！」（フジテレビ）で公開する。

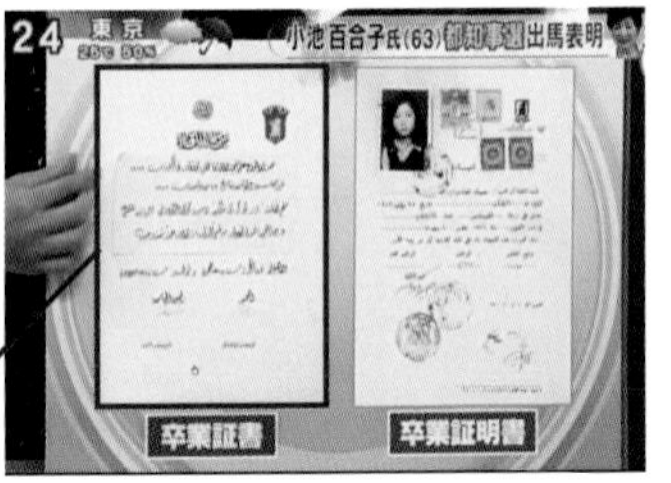

自著の「卒業証書」にある大学のロゴマーク（A）。「とくダネ！」「卒業証書」のロゴマーク（B）。上部に注目。Aは白地にダイヤマークがある。一方、Bのロゴマーク上部は、緑地の中に先端が丸みを帯びた白いV字が描かれている。

女帝　小池百合子

目次

装丁　関口聖司

女帝　小池百合子

序章　平成の華

「暗い深淵《ふち》から出て来たか、明るい星から生れたか？
ぞっこん惚《ほ》れた『宿命』が小犬のように後《あと》を追う。
気紛《きまぐれ》にそなたは歓喜を災害を処《ところ》かまわず植《うえ》つけて、
一切を支配はするが、責任は一切持たぬ」
——ボードレール・堀口大學訳『悪の華』

その人はひどく怯《おび》え、絶対に自分の名が特定されないようにしてくれと、何度も私に訴えた。同じような言葉をこれまでに、いったいどれだけ耳にしたことだろう。

ある日を境に電話に出てくれなくなってしまった人もいれば、家族が出て来て、「二度と近づいてくれるな」と追い払われたこともあった。皆、「彼女を語ること」を極度に恐れているのだ。

彼女のことを古くから知るというその人は、躊躇《ためら》いながらも上ずる声で話し出すと、憑《つ》かれたように語り続けた。

「なんでも作ってしまう人だから。自分の都合のいいように。空想なのか、夢なのか。それすら、さっぱりわからない。彼女は白昼夢の中にいて、白昼夢の中を生きている。願望は彼女にとっては事実と一緒。彼女が生み出す蜃気楼《しんきろう》。彼女が白昼見る夢に、皆が引きずり込まれてる。蜃気楼とも気づかずに」

確かに蜃気楼のようなものであるかもしれないと、私は話を聞きながら思った。

世間には陽のあたる坂道を上《のぼ》りつめた女性として、おそらくは見られていることだろう。女の身で政界にこれだけの地歩を築いたのだから。けれど、彼女自身は果たして「自分」をどう見ているのか。頂《いただき》に登り周囲を見下ろし、太陽に近づいたと思っているのか。それとも、少しもそうは思えずにいるのか。

ただ一つだけ、はっきりとしていることがある。彼女は決して下を見なかった、ということだ。怖気づいてしまわぬように。深淵に引き込まれないように。ひたすら上だけを見て、虚と実の世界を行き来している。

二〇一六年夏、日本の首都は異様な熱気に包まれていた。

都知事を決める選挙に、突如、彼女が名乗りを上げたからだ。緑の戦闘服に身を包み、彼女は選挙カーの上で叫んでいた。足下の群衆に向かって。

「崖から飛び降りました！　覚悟はできておりまーす！」

それに呼応して歓喜の声が湧き起こる。緑の布を振り上げ、人々は彼女の名を連呼した。

「百合子！　百合子！　百合子！」

アスファルトとコンクリートで作りあげられた大都市の、うだるような暑さの中で。

天皇が生前退位の意向を伝えた夏、彼女は圧倒的な勝利を収めると女性初の都知事となった。それから早くも、四年の歳月が経とうとしている。


平成という時代が終わり、眼の前から過ぎ去りつつある。

ひとつの時代は社会を代表するものが記述された時、はじめて歴史になるという。ならば、私たちは誰を語り、誰を描けば、平成を歴史とすることができるのだろうか。将来、誰を時代の象徴として記憶に留めることになるのだろうか。

時の流れは速くなりテクノロジーの進化によって、情報量は格段に増えた。人気者も、権力者も、あっという間にいなくなる。生まれては消えていくスターたち。記憶におぼろな出来事の数々。代表者なき時代、それが平成の特徴だという皮肉屋の声も、どこからか聞こえてくる。

ならば、そこにもう一つ、「女」という枠を与えてみたらどうだろう。少しは答えが出やすくなるか。平成を代表する女性は、誰か。そう考えてみた時、初めて彼女の名が思い浮かんだ。

「しょせんは権力者の添え物」、「時代の徒花《あだばな》」といった冷めた意見や異論もあることを知っている。だが、添え物にしろ徒花にしろ、そこにはやはり、時代の特徴とでもいうべきものが、現れていると見るべきだろう。

彼女は平成のはじまりに、華々しくテレビ界から転身して政治家となった。

二世、三世ばかりの政界で、たとえ政権交代があろうとも、沈むことなく生き抜いた。「権力と寝る女」、「政界渡り鳥」と揶揄《やゆ》されながらも、常に党首や総理と呼ばれる人の傍《かたわ》らに、その身を置いてきた。権力者は入れ替わる。けれど、彼女は入れ替わらない。そんな例を他に知らない。

男の為政者に引き立てられて位を極め、さらには男社会を敵に見立てて、階段を上っていった。女性初の総理候補者として、何度も名を取り上げられている。

ここまで権力を求め、権力を手にした女は、過去にいない。なぜ、彼女にだけ、それが可能だったのか。

おそらく彼女には、人を惹きつける何かがあるのだろう。権力者に好かれ、大衆に慕われる何かが。

選挙での言葉は力強く、熱を帯び、人々を興奮させる。芝居がかった所作や過剰な表現。ひどく饒舌《じょうぜつ》で耳触りの良い演説。「敵」を作り出して戦う姿勢を見せながら、他者から共感を引き出していく手法。

二〇一六年夏の選挙をめぐる狂騒を、私は主にテレビを通じて見ていたが、未だに記憶に残り忘れられない場面がある。彼女が対抗馬の鳥越俊太郎を街頭演説で、「病み上がりの人」と言ったのだ。それは明らかな失言であるとされ、何度かテレビでも流された。だが、私が忘れられずにいるのは、その後の彼女の振る舞いである。

テレビ番組の討論会で顔を合わせると、鳥越は彼女に激しく食ってかかった。

「私のことを『病み上がりの人』と言いましたねっ」

彼女はどう詫び、どう切り抜けるつもりなのか。私はそれを知りたいと思い、次の瞬間を見逃すまいとした。

彼女はおもむろに口を開いた。だが、それは私の、まったく想像し得ない答えだった。

「いいえ、言ってませんねえ」

テレビを通じて、おそらくは何十万、何百万の人が「病み上がりの人」と彼女が口にするのを見ていたはずである。それでも、「言ってない」という。

「言ってないって、証拠だって」

鳥越のほうが取り乱し、声が裏返ってしまっていた。

私はこの短いやり取りが、選挙後も長く忘れられなかった。


私が書き手として、平成の代表者である彼女に向き合うことになったきっかけは、月刊誌からの原稿執筆の依頼だった。都知事選が終わり、騒がしい夏が去ろうという頃のことだ。

私はそれを引き受けて、いつもと変わらぬ手順で執筆しようと試みた。資料を集めて読み込むことからすべては始まる。彼女は政治家の中でも群を抜いて自著の多い人である。受けたインタビューや対談の類も膨大な量にのぼり、読むべき資料には事欠かなかった。

ところが、それらを読み始めて間もなく、私の手は止まってしまった。違和感がぬぐえなくなったからだ。疑念が次々と湧き上がり、私は当惑した。

彼女が書いていること、答えていること、語ってきたこと。それらは、果たして真実といえるのか。

あまりにも話が出来すぎている。あまりにも話の辻褄が合わない。あまりにも矛盾があり、腑に落ちないことが多すぎる。

たとえば、彼女はエジプトの名門校として知られるカイロ大学を、正規の四年で卒業することのできた最初の日本人であり首席だった、と何度となく述べている。一九七二年に入学し七六年に卒業した、と。

だが、テレビタレント時代に発表した一冊目の著書、『振り袖、ピラミッドを登る』には「一年目は留年して」と彼女自身が書いている。留年したのならば、卒業は一九七七年以降でなければおかしい。だいたい、学生数が十万人を超える外国の名門大学を留学生が首席で卒業できるものなのか。

こうした綻《ほころ》びはひとつやふたつではなかった。

彼女ほど自分の生い立ちや経歴、経験を売り物としてきた政治家もいない。彼女は好んでマスコミを通じて、自分の私的な「物語」を流布《るふ》し続けてきた。魅力に富んだ彼女の「過去」が、彼女を特別な存在として輝かせてきたのである。

政治家になるにあたって、政治家になってからも、彼女が武器にし、切り札としたものは、この自分をめぐる「物語」であり、それなくして今の彼女は存在し得ない。

では、その「物語」は今までに一度でも、きちんと検証されたことがあっただろうか。彼女の白昼夢ではないと言い切ることはできるのだろうか。

女性初の都知事であり、女性初の総理候補者とも言われる小池百合子。

いったい、彼女は何者か。

第一章

「芦屋令嬢」

その場に立った時、「芦屋令嬢《あしや》」という言葉が、初めて胸に切なく迫った。

古い住宅地図に目を落とす。確かにここで間違いはないはずだが、地図には記されていない新道が今は通っている。葡萄《ぶどう》色の阪急電車が速度を落とすことなく轟音《ごうおん》を立てて、傍らを通過していった。

これまでカイロ大学首席卒業と並んで「芦屋出身」「芦屋令嬢」とメディアは好んで書き立ててきた。数百坪を超える敷地に建つ豪邸、洋館、政界のタニマチ、貿易商の父親……。そうした文言が、頭に浮かんでは次々と泡のように消えていった。

小池家の住まいがあった跡地は、コインパーキングになっていた。線路わきという立地では、なかなか一戸建ての住宅地としては売り出しにくいのだろう。すぐ近くには間口が三メートルもない小さな店が密集している。

小池百合子はここで生まれ、ここで育った。十九歳でカイロに留学する、その日まで。

この地に小池家が移り住んだのは昭和の初め。いわゆる芦屋と呼ばれているのは芦屋川の周辺で、ここからは、だいぶ離れている。

芦屋出身というところから、彼女のイメージは形づくられていった。本人も芦屋を最大限に利用した。雑誌の取材などで「私が芦屋令嬢だった頃」と幾度となく語っている。

芦屋に生まれ何不自由なく育ったが、父親が有名政治家のタニマチになった挙句、衆議院選に出馬して落選。それがもとで家が没落した、というのが彼女の好む、彼女の「物語」のはじまりである。

日本有数の高級住宅地として知られる芦屋に生まれたということ。それは彼女の人格形成にどう影響したのか。考えてみたいと思った、きっかけは、小池家の遠縁にあたる男性とのある会話からだった。彼は言った。

「芦屋という土地が、小池家をおかしくしたんかもしれません。人は勝手に金持ちなんやろうとイメージしますわな。百合子はそれに乗っかっていった。だいたい、百合子だけじゃないけれど見栄張りなんですわ、小池家いうのは。金がなくても見栄を張って、あるように振舞う。入ってくる以上に使うてしまう。だいたい兄弟同士が張り合っていた。あの芦屋の家の中で。百合子が言うてることは全部、嘘やないけれど、ほとんど嘘やね。芦屋令嬢とか、政界のタニマチとか、誰の話やと思うことがある」

だが、芦屋という土地が彼女に与えた影響は、見栄を張らせるという以上に、もっと根深いものがあるのではないかと、私はこの街を歩いてみて考えるようになった。

芦屋は坂の街である。坂を上がり、坂を下る。豪邸もあれば、ごくつつましい家も見受けられる。生まれ育った場所がこの芦屋でなければ、彼女の「物語」はまた違ったものになっていたのではないだろうか。彼女の、あの上へ上へという、わき目もふらぬ上昇志向も、この地に生まれ育ったことと無関係ではないように思われた。

富めるものは富み、貧しいものは貧しい。階層の格差が、私のような外から来た者にもあまりにもあからさまに伝わってくる。山側には大きな屋敷が多い。山からの急な斜面が終わり海へと至るが小池家は地理的にも、そのちょうど中間あたりの平地に位置していた。

百合子の祖父にあたる喜兵衛《きへえ》は、もとは宮城県の出身である。明治二十二年（一八八九年）生まれ。宮城からアメリカ行きの船に、一旗あげようと飛び乗ったものらしい。百合子は、「祖父は最先端のビジネスを学ぶためにシアトルに渡った」とエッセイで書いているが、くだんの縁戚《えんせき》の男性は、「着のみ着のまま、下駄ばきで船に乗ったと聞いてますわ」と笑い飛ばす。

シアトルで働いた青年は、確かに成功の糸口を摑《つか》んだようで、日本に帰国すると神戸に居を構え、会社員を経て播陽《ばんよう》汽船という船会社を興したようだ。

私生活では赤穂《あこう》出身の小川かつという女性と結婚し、三人の息子と長女を得る。長男の準一郎、次男の勇二郎、三男の健三、長女の吉子である。

ところが、成功を摑み、家族も得て、これからという時に喜兵衛は若くして没してしまう。百合子の父・勇二郎は「三歳の時に父が死んだ」と語っている。だとすれば、喜兵衛が亡くなったのは大正十四年前後、まだ三十代だったということになる。家督は幼くして長男の準一郎が継いだ。勇二郎にとっては二歳年上の兄、百合子には伯父である。

一家は神戸市中央区葺合町《ふきあいちょう》に暮らしていたが、喜兵衛が逝去する前後に、芦屋の東のはずれに借家を求めて移り住んだ。

未亡人となったかつは、実兄の援助を得て、その後、四人の子どもを育て上げる。百合子は度々、この祖母かつのことを赤穂の塩田地主、小川家の出であると語っている。

確かに赤穂には小川という塩田地主の名家があり、今も見事ななまこ壁の屋敷を構える本家が存在する。私は二〇一六年秋に赤穂で取材中、同家を訪ねたが、八十代も後半と見受けられる本家の未亡人は、政治家となった小池が実母と一緒に、ある日、突然、やってきたことを記憶していた。

「小池さんが政治家になられてからお母さまと一緒にいらっしゃった、それが最初だったと思います」

小池親子に「遠い縁戚」にあたると言われたが、それまで親戚としての付き合いはなく、今も詳しい関係は自分にはわからないという。それからというもの小池は近くに選挙応援などでやってくると関係者を連れて立ち寄り、玄関先で挨拶を受けることが何度かあったという。だが、親戚づき合いは、その後も特別ないとのことだった。

小川家との詳しい関係は不明だが、喜兵衛が没した後も息子たちが高等教育を受けられたことを考えると、かつの兄には、確かにそれなりの経済力があったのだろう。

長男の準一郎は神戸高商（現・神戸大学）を卒業し貿易関係の仕事についた。次男の勇二郎は神戸市立第三神港商業学校（現・神戸市立六甲アイランド高校）を卒業し、親戚を頼って東京に出ると、中央大学の専門部商学科に進学した。

三男の健三の学歴を、百合子は「東工大の出身」と自著で語っているが、健三が通ったのは『人事興信録《こうしんろく》』では「大阪工大卒」となっている。また、長女の吉子は宝塚歌劇団に入団して女優になった。

破天荒な父・勇二郎

百合子を理解するには、両親、とりわけ、父親の勇二郎を知る必要があると言われる。父からの影響を抜きにして、彼女の半生を語ることはできない、と。

口の悪い人たちは、「あの詐欺師《さぎし》」「山師《やまし》」「政治ゴロ」と忌み嫌う。「まあ、寅さんみたいな人だよね。大陸浪人風というか」。そう語る人は、ずいぶんと好意的なほうだろう。

著名人、とりわけ政治家が大好きで、大法螺《おおぼら》を吹いては時に周囲に深刻な金銭の絡んだ被害を与えたという。その尻拭いを、一番、させられることになったのは、後年、政治家となる娘であったことだろう。

娘は父の被害者だった。だが、同時に父の創造物でもあった。時には父が娘の共犯者となって協力した。ふたりの関係は、他者には容易にうかがい知ることができない。

「亡くなるまで、小池さんはお父さんのことを蛇蝎《だかつ》のごとく嫌っていた。大っ嫌いだったんですよ。あの関係は、とてもひと言では説明できない」（小池事務所関係者）

「一卵性親子。もとは、ひどいファザコンだよ。でも、大人になってから毛嫌いするようになった。父親に苦しめられた、利用された、という思いがある一方で、結局、自分を一番、愛してくれたのは父親だという思いもある。複雑な愛憎が絡みあった関係だよ」（小池親子の知人）

古い記者たちの間では、こんな言葉がよく聞かれた。

「小池さんの前で父親の話はタブーだよ。途端に機嫌が悪くなるからね」

かつて『週刊文春』で気心の知れた藤吉雅春記者がインタビューした際には、「その話は、あんまり」と言葉を濁し、「人に話しても絶対に理解されないと思ったから、父のことは話しませんでした。家族の困ったちゃんなんです」と語っている（『週刊文春』二〇〇五年十月十三日号）。

その父も、二〇一三年に九十歳で没した。かつて小池事務所に出入りしていた人は、苦笑交《ま》じりにこう語る。

「そうしたら、途端に彼女の得意とする美化が始まってね。今では父親の話も美しい物語になっているよね」

少女時代の百合子は、お父さん子だったという。父の大言壮語《たいげんそうご》を鵜呑《うの》みにし、尊敬していたのだろう。しかし、成長するにしたがい、父を嫌うようになり反発していった。それでも父から受けた影響は大きく、感化され、似通っていったものらしい。勇二郎と仕事上の付き合いがあったという男性は、こう振り返る。

「なんだかんだ言って、あのふたりは、よく似ていますよ。今の百合子さんを見ていると、勇二郎さんが思い出されて。怖いなと思うことがある」

父、勇二郎は大正十一年（一九二二年）、兵庫県に生まれ、東京に出ると中央大学専門部商学科に入学。専門部とは大学ではなく、今でいう専門学校にあたる。小池家の遠縁の男性が振り返る。

「勇二郎さんは、とにかく成功している人がいると、接近していくんですわ。万事が、そうやった。東京に越後友之助さんという遠縁がいたので、そこに押しかけて書生にしてもらい、学校に通ったんです」

中央大学の卒業生名簿を見ると、確かに専門部を昭和十九年に卒業している。『人事興信録』にも「昭和19年」卒業とある。戦時下のため卒業は九月である。

その後、勇二郎は海軍に召集され、終戦時は「海軍中尉」であったと度々、語っている。また小池も、「父は海軍中尉」と何度もメディアで述べている。だが、専門部という学歴、昭和十九年九月の卒業で終戦までに中尉になれるものだろうか。

戦後、勇二郎は「元海軍中尉」、「特攻隊の生き残り」という触れ込みで、政界、財界に食い込んでいった。財界人を前にした午餐《ごさん》会での講演記録が残されているが、そこではこんな言葉を口にしている。

「永遠に進級しない海軍中尉に私は満足して悠久《ゆうきゅう》の大義の下に頑張っていきたいと思いま

す」（小池勇二郎氏講演「世界の孤島日本」昭和四十七年七月二十六日）

生き残った海軍中尉であり、一度はお国のために命を捨てた身。亡くなった戦友たちのためにも日本の復興に尽くしたい。私は中東とビジネスをしているが、それもお国のためにと思ってのこと。商社や外務省は無駄なことばかりしている。私には中東の要人との太いパイプがあり、アイディアもある、と。そこからは怪しげな投資話になっていく。

海軍中尉だったと語る一方で彼はまた、周囲に「満鉄《まんてつ》経理部で働いていた」「満鉄調査部にいた」「満鉄の野球部で活躍した」とも語っている。だが、海軍にいたのなら満鉄にいられるわけはなく、満鉄にいたのならば海軍にいたとは考えにくい。

勇二郎は「アラブ通を自認する風変わりな人物」として、ルポライター森彰英の取材を受け『人と日本』（一九七四年四月号）という雑誌に取り上げられたことがある。森は、「小池については、さまざまな噂がある」と注意深く断った上で、勇二郎本人から聞き出した経歴を活字にしている。

その記事によれば、勇二郎は中央大学専門部の学生時代にスメラ塾に入会し、大きな影響を受けたという。スメラ塾とは軍人と哲学者がつくった政治思想団体で、共立講堂などで青年を対象にした講演会を戦時中、定期的に開いていたことで知られる。

国家主義、反白人、反ユダヤ主義を掲げ、大東亜戦争はアジアを解放する聖戦だという考えを取った団体である。

一度も戦闘を経験せずに舞鶴で終戦を迎えた勇二郎は、無条件降伏が納得できなかった、とも森に語っている。

終戦後は実家に戻り闇屋《やみや》商売をしていたらしい。小池とも親しい国際ジャーナリストの若宮清は勇二郎自身から直接、こんな話を聞いたという。

「勇二郎さんは自分がいた舞鶴の基地に、トラックを調達して乗り込んだ。もうアメリカ人のＭＰが門番をしていたけれど、敬礼して大声で『アイ　アム、小池、ルテナント（中尉）』と言ったら門が開いた。それで倉庫の物資をごっそりトラックに積んで帰ってきたんだそうです」

戦争が終わった時、勇二郎は二十二歳。口八丁手八丁で生き抜いたのだろう。

その後、彼は関東に戻ると昭和二十一年、立川医薬品工業に入社する。同社の主力製品はペニシリンである。当時、ペニシリンほど闇市で高値で取引されたものはなかった。

ペニシリンを売りさばき、サラリーマンに飽き足らなくなったのか、五年間勤めた立川医薬品工業を辞めると、昭和二十六年、三昌物産という貿易会社に入って専務に収まる。ペニシリンを自ら作り売りさばいて、だいぶ儲けたものらしい。また、同時に芦屋の実家に舞い戻ったようだ。

勇二郎がルポライターの森に語ったところによれば、三昌物産は東亜同文書院を卒業した中国通の老人たちが天津で起こした貿易会社で、戦後は壊滅状態となっていたが人脈は、生きていたという。一方、縁戚の男性は、「三昌物産に入れたのも、越後友之助さんのおかげ」

だと語る。

「三昌と石油の取引をしていたのが、勇二郎さんが下宿させてもらっていた遠縁の越後友之助さん。越後さんは東洋国際石油という会社の社長だった。そのコネで三昌に入り込んだんです」

そこで満洲にゆかりを持つ老人たちと知り合い、「満鉄にいた」と語るようになったのか。勇二郎には、気に入った他人の体験や経歴を自分のものとして語る癖があった。

三昌物産でもペニシリンを売り、ずいぶん儲けたと勇二郎は若宮に自慢している。戦後の混乱期こそが彼の最も、羽振りのよかった時代であるのかもしれない。

右頬の赤いアザ

勇二郎は三昌物産に入る前年の昭和二十五年に結婚した。相手は小川恵美子という名の女性で、同年には長男の勇（その後、中曽根康弘にあやかろうと「康弘」と一時期、改名する）が生まれている。百合子にとっては、二歳年上の兄である。

妻となった恵美子は勇二郎の母、かつの縁戚にあたり（姪との説あり）、同じく赤穂の「小川家の出」だと小池は語っている。

恵美子は大正十三年生まれで、夫の勇二郎より二歳年下だった。

小池は自著『自宅で親を看取る』の中で、「母は赤穂高女（現・県立赤穂高等学校）の同級生と仲良くしていた」と書いている。だが、赤穂高女の卒業生名簿に「小川恵美子（小池恵美子も）」の名前はない。『人事興信録』には、「天理高女卒」とある。夫の勇二郎がそう申告したのであろう。

恵美子は若くして父親を亡くし、非常に苦労して育った女性であるというが、その苦労は遠縁（一説には従兄）の勇二郎と結婚してからも続く。

同じ「小川」姓で血がつながっていたという嫁と姑だが、この二人は折り合いが極めて悪く、家庭内はいつも揉めていたという。

そうした中で昭和二十七年（一九五二年）、長女として百合子が生まれる。

彼女は重い宿命を生まれた時から背負わされていた。右頰の赤いアザ――。

小池自身は政界入りした直後、『AERA』（一九九二年十一月十日号）でノンフィクション・ライター宇都宮直子の取材を受け、「すべてのエネルギーのもと」、「コンプレックスではなかったけれど、でもそれがあるからこんなに頑張って来れたと思う」、「ゴルバチョフの気持ちがわかる」と語っている。だが、前向きなエネルギーだけに転化できたものであろうか。彼女は数えきれぬほど取材を受けているが、アザについて、これほど詳しく語ったものはこの記事の他に見あたらない。後は『文藝春秋』の中年女性の化粧特集で、さらりと触れた程度である。

小池を知る、ある人物に話を聞いた時のことだ。口の重い人だったが、突然、声を荒げると、堰《せき》を切ったように話し始めた。

「皆で飲み明かした日の朝だった。疲れてくると化粧の下から浮き上がってくるんだ。びっくりして声をあげそうになった。知らなかったんだよ。こっちの表情を見て、彼女はハッと顔をそむけた。そんな経験を、何度もしてきたんだろう。子どもの頃から。その時、生まれながらの犠牲者なんだと思った。どれだけ子どもの頃、いじめられたり、嫌われたか。どれだけ将来をはかなんだか。運命を呪ったか。実際、彼女はコンプレックスの塊《かたまり》じゃないか」

それは生まれた子の責任で、あるわけがない。母親の責任で、あるわけもない。

だが、日本では、ひどい迷信が当たり前のように、まかり通っていた。妊婦には、「火事を見るな。アザのある子どもが生まれる」と平気で口にしていたし、「アザがあるのは前世の因縁」と信じる人さえいた。生んだ母も、子どもも「女の子なのに」「なんでアザなんか」と理不尽に非難された。

母親の苦悩は深かったのだろう。あるいは、それも姑との溝を深める一因となったのではないか。

物心ついた頃には、小池は母に手を引かれて大学病院に通っていた。「アイソトープによる治療を受けていた」という。だが、効果は見られなかった。それでも、母は諦めようとせず、医者に「これ以上続けては、お子さんの身体に悪影響が出ます」と止められるまで続いたという。

隣家の男性も勇二郎から、「百合子のアザ、ほんまにどうにかならんやろうか」と相談されたことがあるという。母親が知人に、「女の子なのにかわいそう」と語るのを、幼い頃、耳にしたと小池も語っている。

自分が周囲を悩ませている。親を深く嘆かせていると知りながら育つ。それは子どもの柔らかな心に、どんな影響を与えたことだろう。他人が自分の顔を見た時に見せる表情、あるいは言葉に、いつも怯え、傷つきながら育ったのではないだろうか。

「器量よしだから、将来いいお嫁さんになれる」、「美人だから幸せになれる」と悪気なく大人たちは口にする。昭和二十年代から三十年代の日本社会において、そうした風潮は今よりもずっと強かったろう。

女児たちが唯一、無条件に「かわいい」と称賛される子ども時代に、「かわいそう」と言われ、「どうしたんですか」と尋ねられる。ケガと違って治ることのないアザだと言わなくてはならない辛さがあったろう。

美醜という以前の問題を背負わされ、自分の前途は他の女の子とは違うのだと幼くして意識させられたのではないか。必要があると小池は小学生の時からアザを消すための化粧を施されていたという。

芦屋の小池家のそばに暮らす年配の女性は、ランドセルを背負って登下校する少女の姿を覚えていた。

「集団で子どもたちが登下校していても、ああ小池さんのお家《うち》の子だって、遠くからでもわかって。その……、目につきましたから。かわいそうで。女の子なのに」

運命はさらに残酷だった。

芦屋の家では、勇二郎の兄、長男の準一郎一家が庭続きで暮らしていた。

家族構成は似通っており、そこには、三人の子どもがいた。そして、三番目が女の子だった。百合子にとっては二歳年下の従妹にあたる。名は咲子といった。

よりによって、咲子は子どもの頃から、絵から抜け出たように美しかった。瓜実顔で色は白く、鼻筋が通っている。何よりも切れ長の大きな眼をしていた。

百合子とは、まったく似ていなかった。

祖母のかつは、この咲子ばかりを可愛がった。服やキモノを買って着せては誉めそやす。同じ孫なのに差別しすぎると、百合子の母は血のつながった姑に抗議し、ますます、ふたりの仲は険悪になる。

咲子を通じて、百合子は美貌に恵まれた少女が、どれだけ周囲に愛され、幸運を手に入れるかを理解したのではないだろうか。遠縁の男性が当時を振り返る。

「恵美子さんも勇二郎さんも、むきになって張り合った。準一郎さんの長男が私立中学に入ると、勇も関西学院中学部に。咲子が日本舞踊を習い始めると、じゃあ、百合子はバイオリンだと。万事がそんな感じやった」

格差のなかで

昭和三十四年、百合子は地元の公立小学校に進学した。家から坂道を十分ほど上がったところに、その学び舎《や》はあった。

芦屋市は北に六甲山、南に海があり、土地の大部分は斜面である。東には大阪があり、西には神戸港がある。南仏のニースに似ているといわれた。明治以降、港と商都大阪の中間に位置する風光明媚《ふうこうめいび》なこの地が愛され、芦屋川周辺が高級住宅地となっていった。谷崎潤一郎が『細雪』に描いた芦屋もこの地域である。

だが、小池家が暮らしていたのは芦屋の中でも西宮に近い東部であった。自宅そばを流れるのは芦屋川ではなく宮川である。昭和三十年代になっても周辺に住宅は少なく、田畑が広がり養鶏所《ようけいじょ》があるような、のどかな地域だった。

ただし、この芦屋東部にも一カ所だけ、特別な地域があった。「六麓荘《ろくろくそう》住宅地」である。一九二九年から三一年にかけて、山を切り拓いて造成された住宅地で、新興の事業家に好まれた。現在も美術館と見まがうような豪壮な家々が並んでいる。

この六麓荘周辺に暮らす子どもたちは、坂道を下って小池の通う小学校にやってくる。小池の同級生が、当時の思い出を語ってくれた。

「小学校には、いろんな階層の子どもがいました。同級生の家に遊びに行くと、部屋数が何十もあって、住み込みのコックさんや運転手さんがいるお家もあった。その一方で本当に雨《あめ》露《つゆ》をしのぐのがやっと、というようなところで暮らしている子もいた。大金持ちの子もいれば、被差別部落や在日の子もいたんです。芦屋は複雑な土地で小学校にはその複雑さが凝縮されていました」

百合子と同じく昭和二十年代に芦屋に生まれ育った、江戸時代から続く旧家の男性は、芦屋の複雑さを私にこう説明してくれた。

「江戸時代からの地主がいて、一方には江戸時代から続く、差別された人々がいる。一代で富を築いた事業家がいて、一方には朝鮮半島から移り住んできた人々がいる。圧倒的な富と、圧倒的な貧しさが同居しているんです。豊かさにも底がないし、貧しさにも底がない。私は小学校の時、本当に何もない貧しい家庭で暮らす同級生の家に行って、ショックを受けて家に帰ってきた。その逆もあるでしょう」

昭和になってから開発された、小池家が暮らす芦屋東部に旧家はなかった。だからこそ、より富そのものを手放しで称賛する傾向が強かったという。

「お金持ちが偉いと考える、拝金主義的な価値観が父兄の中にもあった。『あの家の子と遊んじゃいけない』と親が教えたりする。そういう空気はありました」（小学校の同級生）

上を見れば、そこには煌《きら》めくような世界が広がっている。たくさんの使用人にかしずかれて暮らす同級生がいる。下を見ればまた、そこには最低限の暮らしを強いられ、陋屋《ろうおく》に暮らす人々の世界がある。小池家の暮らし向きは、その中間にあった。傍目《はため》には一般的なサラリーマン家庭と変わらないか、やや恵まれて映ったことだろう。だが、サラリーマン家庭と違って収入は常に不安定だった。それがまた、家庭不和の一因となっていたと縁戚の男性は語る。

「勇二郎さんは、外車を手に入れてきたり。でも、月末はツケが払えなくて四苦八苦したり。見栄を張って生きていたから。それで恵美子さんとケンカが絶えなかった」

娘を着飾らせる母

親や土地から受けた影響だろうか。小池は上を見て、上の世界に憧れたのだろう。『文藝春秋』の「同級生交歓」というコーナーに彼女は小学校の同級生四人を紹介し、当時の思い出をこう語っている。

「A（同級生の名前）の広大な洋館屋敷はかくれんぼに最適で、鬼役は苦労するのが常だった。（中略）B（同前）の庭に置かれた二頭の鹿の置物はメリーゴーラウンド代わりに酷使された。（中略）そういえば、我が家の回転式物干も格好の遊び道具だった」（『文藝春秋』二〇一一年九月号）

これを読んだ読者が、小池にどのようなイメージを抱くことになるか。彼女には、よくわかっていたはずである。

小学生時代の百合子は、「どんなお金持ちの子どもよりもお金持ちのお嬢さんに見えた」と同級生はいう。

「毎日、本当にお洒落《しやれ》な洋服を着ていましたから。お母さまお手製の」

神戸には「ファミリア」という有名な高級子ども服店がある。ここの服を着ることは、ひとつのステイタスだった。百合子は「ファミリア」から抜け出たような恰好をしていたという。だが、実際には、すべて母の手作りだった。母は「ファミリア」に行ってデザインを見てくると、家でミシンを踏んだ。

それにしても母が娘の服にそこまでこだわり、娘を着飾らせたのはなぜなのか。美しく見えるように装わせたかったからか。咲子への対抗心か。あるいは恵美子自身の表現欲か。いずれにしても母のこうした姿勢は、外見を装うことを必要以上に意識させる方向へと幼い娘を導きはしなかっただろうか。


小学校やガールスカウトでは、明るく、はきはきとした少女という印象を、教師や指導役の大人たちに残している。

抜きん出て勉強ができたわけではなかったが、教師たちに目をかけられる受けの良い生徒だった。小学校の同級生は小池が教師に贔屓《ひいき》されていたと語り、一例として、百合子にだけ卒業写真を明日、撮ると教師が教えたと語っている。

だから他の生徒は普段着だが、百合子だけブレザー姿で写っているのだ、と（『週刊文春』前掲）。だが、これは教師の気遣いだったのではないだろうか。事前に伝えることで、小池が化粧をしてくることができるように。

小学五年生の時には校内の弁論大会で優勝、題は「ウソも方便」だったという。

評価されることを求めて積極的に、権威を持つ大人たちに接近していく。明るく、アザのことなどみじんも気にしていないように振舞う健気《けなげ》な少女。いつもお洒落で高価そうな服に身を包み、お金持ちの子どもたちと積極的に交際する。それが公の場での彼女だった。

一方、親族や隣家の話から浮かび上がってくるのは、複雑な家庭で育ち、アザの治療に通い、人の視線を冷静に受け止める、どこか暗い、孤独の影を背負った少女の姿である。「百合子のオシメを替えたこともある」という隣家の男性は、こう語った。

「子どもの頃から、人の顔色を見る癖があった。相手が自分をどう思っているか摑み取る。ワシは百合子を嫌ってた。それがわかるから、百合子も寄ってこない。妹にはベタベタとまとわりついていた。いつも、なかなか家に帰ろうとせんから『はよ、帰れ』と追い出すこともあった」

何よりも気になるのは、子ども時代から一貫して、彼女の周辺から「親友」といえる存在が見えてこないことである。

治療ではアザが治らないことがわかり、子どもの頃から化粧をすることになったというが、化粧で素顔を隠す行為は彼女の心にどんな影響を与えたのだろう。アザが隠れている時と、そうでない時で変わる他人の態度を、どう受け止めたのか。

同級生は、百合子を明るい少女として記憶していた。

「アザのことなんか、まったく気にしていないし、それで百合子ちゃんをイジメるような子もいなかった。いつも、百合子ちゃんはすごく前向きだった」

この言葉を聞いた時、私は小池がいかに孤独な状況にあったかを察した。アザをまったく気にしていない。そんなことがあるだろうか。気にしていないように振舞っていただけだろう。

小池家とエジプト

小池家の中はよく揉めていた。「もはや戦後ではない」と言われる世の中になって、勇二郎の仕事は以前のようには儲からず、生活はサラリーマン家庭のようには安定しない。恵美子は夫や姑に不満をぶつける。夫は仕事で家を不在がちな上に、商売が不調になると政治に興味を示して、いらぬ出費を増やしていった。それがまた、家庭騒動の元となる。

勇二郎の生き方は少年時代から一貫して変わらなかった。

とにかく成功している人、社会的に著名な人のもとに押しかけ、縁を結んで取り立ててもらおうとするのである。

彼が理想とする人物は、豊臣秀吉だった。毎月、必ず月末と月初めには、秀吉を祭神とする大阪城内の豊國《ほうこく》神社を詣でた。時には百合子を連れて行くこともあった。

境内で勇二郎は足元の小石を拾うと、大鳥居に向かって投げた。今は神社が禁止しているが、当時は鳥居の上に小石が乗れば、願が叶うとされていたのだ。

彼の風采《ふうさい》もまた、どことなく秀吉に似ていた。背が低く、頭は禿《は》げ上がっている。見栄えは悪かったが、その分、恥も外聞も気にしないバイタリティと、口八丁手八丁の強みがあった。出世したい、偉くなりたい、有名になりたい。それには秀吉のように、とにかくまずは偉い人と知り合うことだと考えていた。

だから財界の大物や政治家のところに、彼は平気で押しかけていった。「誰それの知り合い」「誰それの紹介」「誰それの遠縁」と言って面会にこぎつけると、「三昌物産社長」と書いた名刺を出して、早口の関西弁でまくしたて強引に縁を結ぼうとした。ひたすらペコペコと頭をさげ、相手に話す隙を一切与えず、自己宣伝に励んだ。

勇二郎には、地道な会社経営はできなかった。縁戚にあたる越後の名前を最大限に利用したが、それでも三昌物産の経営は傾いていった。遠縁の男性がいう。

「勇二郎さんは越後さんのところから油を仕入れて国内で売ったんですが、仕入れたら金を払わなきゃいけないのに、それを払わない。借金が膨らむと棒引きしてもらったり」

商売がうまくいかなくても気にしなかったのは、いつかは政治家に転身したいし、できるものだと思い込んでいたからだった。

戦前にスメラ塾に入っていた影響もあり、彼はまず、軍部を賛美する戦中派の集まる「関西戦中派の会」に入会し、自民党右派に積極的に接近していった。

この頃、勇二郎が心酔して接触したひとりに、末次《すえつぐ》一郎がいる。

末次は勇二郎と同年の一九二二年生まれ。陸軍予備士官学校から中野学校二俣《ふたまた》分校に進学した経歴を持ち、戦後は日本健青会（後に青年海外協力隊に発展）を創立して、中曽根康弘らを支援し、沖縄返還交渉にも携わったといわれる人物である。

この末次一郎との関係を、小池は「父の大親友」と語り、「末次先生は私の第二の父親」とメディアで述べている。

だが、実際には勇二郎と末次の関係は、決して「大親友」と言えるようなものではなかった。政界と関係の深い末次に、勇二郎はいつもの手段で接近した。

「先生、私にカバン持ちをさせてください。カバン持ちで使うてください」

そういっては事務所に押しかけてくる勇二郎のことを、周囲は危ぶんで見ていたと、末次の元秘書の男性は明かす。

「いろんな人が事務所には、やってきた。末次先生の名前や人脈を利用しようとして近づいてくる。勇二郎さんも、そういうひとりだった。ただ、末次先生は強く拒絶することもしない。だから余計、こちらは心配でね」

昭和三十四年頃、末次の主宰する健青会がエジプトとの交流事業を行い、その一環としてアラブ、アフリカ諸国に視察団を送ることになった。すると、これを聞きつけた勇二郎が、「カバン持ちで参加させて欲しい」と頼み込んできたと元秘書は、苦笑まじりに振り返る。

「それで勇二郎さんも一行に無理やり加わったんですが、殺伐としたアフリカ諸国を回ってからエジプトの首都カイロに入ると天国のように感じられる。彼はすっかり感激して、『自分はここに残りたい、ここに残って商売がしたい』と、とんでもないことを言い出した。とにかく一度、日本に戻らなきゃだめだと説得して帰国させたんです」

帰国すると勇二郎は興奮して、「エジプトで何か活動をしたい、日本とエジプトの友好親善の役にも立ちたい」と末次に売り込み、エジプトの政府高官への紹介状を書いてくれと頼み込んだという。当初、勇二郎はペニシリンをエジプトに売り込もうとしたらしい。だが、どうも商売は軌道に乗らなかったようで、彼とエジプトとの縁は一端、途切れる。次に彼が現地を訪問するのは、娘が高校生になってから。約十年後のことである。

小池の父、勇二郎は、「石油を扱う貿易商」と報じられてきた。「石油を関西電力に卸していた」と。だが、実情を知る人は苦笑いをする。

勇二郎の会社は、社員が五、六名。しかも、そのうちの半数が親族である。そんな会社に中東から石油を買い付けてタンカーで運び、関西電力に卸すような仕事ができるのか。私が会った勇二郎を知る元大手石油会社の男性は笑いながら、こう教えてくれた。

「石油を輸入するなんて、容易にできることじゃないですよ。勇二郎さんがやっていたのは、いわゆる『業転《ぎょうてん》』です。それも、親戚に越後友之助さんがいるということでやれていたんです。でも、とにかく評判が良くなかった」

業転とは、業者間転売の略称で、石油を日本国内で転売する業者をいう。輸入した石油が供給過多になってしまうと特約店以外にも流す。時には秘密裏に。その際、間に入るブローカー的な存在をいう。男性は続けた。

「ガソリンスタンドに石油を卸す東洋国際石油の社長で越後友之助さんという方がいらした。勇二郎さんは、その越後さんの遠縁だった。それで大協石油の社長、中山善郎に食い込んだんです。大協にとって東洋国際石油は大事な得意先で、無下《むげ》にはできない。でも、勇二郎さんは、とにかく『行儀の悪い業者』だった。支払いをきちんとしなかったり、踏み倒そうとしたり。越後さんがついていたので大目に見られていたんですが。政治家の名前や財界人の名前を出しては親しい関係だと吹聴する、まあ、そういうタイプの方でしたね」

勇二郎は関西経済同友会のメンバーにもなり、さらに政界へ接近しようとした。

三昌物産の本社は大阪の大ビル内にあり、東京支店も銀座のビルの中に置いていた。「無駄な出費ではないか」と助言する人に勇二郎はこう言い返したという。

「名刺に東京事務所とあることに意味があるんだ。銀座じゃなきゃあかん。それで人は信用する」

東京に出張する時は必ず帝国ホテルに泊まった。乗り物は一等車（グリーン車）やファーストクラス。みすぼらしく見えたら、それだけで信用されない。見栄をはることが商売をする上では大事だと唱えていたという。

「お嬢さん学校」私立甲南女子中学へ

百合子の中学進学にも、彼のそうした感覚や価値観が反映されたのかもしれない。百合子は公立の小学校を卒業すると、一九六五年、私立の甲南女子中学校に進学した。

阪神地域の事業家の娘が通う「お嬢さん学校」として知られており、有名企業の社長を父に持つ娘も生徒には少なくなかった。

阪急電鉄の芦屋川駅が最寄り駅で、山道を十五分ほど登りつめた高台に校舎はあった。小池家からは徒歩なら小一時間はかかるであろうか。遠縁の男性はいう。

「百合子は甲南みたいなお嬢さん学校に行って、苦労したと思う。あまりに環境が違う」

小学校から大学までが併設されるこの学校に通ってくる少女たちは、容姿にも家庭環境にも恵まれ、皆、おっとりとしており、特別な将来の夢や目的を持ってはいなかった。

当時の甲南女子の教育方針は良妻賢母の育成。学力をつけることより、いい妻、いい母になれるような情操教育を重んじていた。そんな中で百合子は異分子だった。

級友のひとりは、「ある時、突然、ラージ（小池の愛称）が世界情勢を話し始めたので驚いた。『うちではお父さんとお兄さんがいつもこういう話をしている』と言っていました」と週刊誌の取材で語っている。また、小池が「これからの女性は仕事を持って働くべきだ」と言うのを聞いて驚いたと語る同級生の証言もある。

百合子は小さな時から、「アザがあるから良縁には恵まれない」というプレッシャーの中で育ち、母からは、「手に職を持って自立するように」と強く言われ続けていた。アザを抱えて生きていくことになる娘の身を考えて、母は自立を訴えたのだろう。だが、それだけでなく、恵美子自身に、自分は結婚に失敗したという思いがあり、娘にその感情をぶつけた面もあったのではないか。

百合子は母に、「戦前に育った自分は自由に生きることができなかった。あなたは女性でも好きな道に進める時代に生まれたのだから」と、仕事を持ち自立することを強く勧められたと、何度も繰り返し語っている。

だが、小池の少女時代でも、まだ女性が職業を持つことは当たり前とは、されていなかった。高校や大学卒業と同時に結婚する例も少なくはなく、また、大学を出て就職したとしても数年で結婚退職するのが一般的だった。大企業に就職しても、仕事内容はお茶くみと清書。医者、弁護士、公務員を目指せば男女差別は少なく、一生働けるかもしれないが、それは極めて優秀な男でも叶えられるかどうかという細く、険しい道のりである。何をしたらいいのか。百合子はこの幸福な少女たちの群の中でひとり考えていたのだろう。

企業に入るにしても女性の場合、容姿や家庭環境で計られた。そんな中で何を目指せばいいのかを。

気になる記述を大下英治『挑戦　小池百合子伝』の中に見つけた。

百合子は、「中学に入学したら小遣いがひと月一万円になった」と作家、大下英治の取材に対して答えている。一九六五年の一万円といえば相当な金額である。

ところが、一万円を渡され喜んでいたところ、母親から衣類も文房具も友達と遊ぶ時の金も、四半期に一度納入する学費も、すべてその中から自分で支払うように言われ、結局、うまくやりくりができず授業料が足りなくなって友達に借りて払ったことがある、というのだ。

東京に支社を持つ、帝国ホテルに泊まる、一等車に乗る。それと同じような理由で、娘が「甲南に通っている」ということが、ひとつの信用、ないしは箔付けになると勇二郎は考えなかったろうか。

関西財界は狭い。勇二郎が「評判の悪い業者」であったならば、それは甲南の親の耳に、甲南の同級生の耳に入りはしなかったか。

英語少女

同級生の大半が、百合子のことを「特別に目立つ生徒ではなかった」と証言している。成績は良いほうだったが、群を抜いていたわけではなく、スポーツも特に秀でていたわけではない。著名な実業家の娘でもなく、振り向かれるような容姿でもなかった。地味な存在だった、と。だが、ここでも教師たちには目をかけられていた。多くの生徒が教師を敬して遠ざけようとする中で、百合子は自分から職員室に足を運んでいたからだ。

「甲南にはめずらしい、積極性のある、努力型の生徒でした」と、ある男性教師は小池を振り返る。

甲南では古式泳法《こしきえいほう》の授業があり、生徒の中から教師を補佐する指南役《しなんやく》の助手が選ばれる。百合子はロクに泳げないのに、自ら助手役に立候補して周囲を驚かせたという。その後、必死に泳ぎを練習して助手試験になんとか合格すると、助手として生徒たちの前に立った。中学生の頃から「上昇志向の塊」だったと小池自身も語っている（『ＡＥＲＡ』前掲）。

部活動はソフトボール部に入ったが、ここでも自分からピッチャーに名乗り出ている。

強い上昇志向を持ち、なんとか自分という存在を輝かせたいともがく少女、そんな印象を受ける。だが、スターには、なろうと思ってなれるものではない。華やかな少女たちは他にいた。だが、ある時だけ百合子は同級生に注目され、一瞬、スターになることができた。

それは英語を話す時である。英語の授業、ＥＳＳの英語劇や英語の弁論大会で、百合子は皆を驚かせた。

「ラージはとにかく英語がペラペラなんです。スピーチコンテストで優勝したんですよ。すっごく綺麗な発音でした。いつ、どこで、あんなに綺麗な発音覚えたのかしらって、皆、言ってました」(同級生)

百合子自身も「とにかく私は英語少女でした」と語っている。

英語が話せるようになりたかった、と。学校の勉強だけでは足りなかった。同級生の中には父親が英語に堪能な家庭もあった。アメリカ人の交換留学生を迎える家庭もあった。小池はそういった家に遊びに行き、英語を学ぼうとした。

好きなことを職業にしたい。百合子は将来、英語通訳になろうと夢見ていたという。

巻き舌の英語を同級生たちは、手放しでほめてくれた。この快感の記憶を、成功体験を、彼女は生涯、引きずることになる。


甲南で百合子は中高の六年間を過ごしている。だが、ここでも親友と言える存在が見えてこない。同級生のひとりは、こんな証言をする。

「ラージは気遣いの人ですよ。中二の時でした。手作りのお誕生日プレゼントをくれたんです。白地に赤のファスナーがついた筆箱で、メッセージカードも全部、手作り。感激しました」

ある同級生は交換留学生の試験を受けるため、修学旅行を早めに切り上げて帰宅したところ家に電報が届いたという。百合子からで「シケンガンバッテ」とあったそうだ。家に小池が遊びに来た時は、障子を張り替えてくれた、とも語っている（『女性自身』一九九三年八月三日号）。

中学、高校の同級生への細やか過ぎるほどの気遣い。私立女子校に特有のヒエラルキーの中で彼女はもがいていたのだろうか。

勇二郎もまた、変わった行動を取っている。これも同級生の証言である。

「修学旅行に行く前、担任の先生から、クラス全員にポケットコートが配られました。『これは貿易の仕事をなさっている小池さんのお父様からの差し入れです。修学旅行に持ってきてください』。全員に配れるなんてすごいな、お金持ちなんだな、と思いました」

元教師は、「小池とは直接関係のないことですが」と断った上で、こんな話を明かしてくれた。

「ある日、生徒が同級生にあれこれと命令し、こき使っているのを目撃して、私は驚き、その場で強く注意しました。有名な事業家を父に持つ生徒でした。甲南という学校の根底には財界の価値観があります。もとは事業家が作った女学校ですから。校長も代々、財界から迎えられ、甲南で教鞭をとってきた教育者が選ばれることはありませんでした。部活動の合宿で生徒を引率したことがあるのですが、食事の時間になったら彼女たちが畳の上に足を投げ出し、スプーンでご飯を食べるんです。聞いたら畳の部屋で食事をしたことがないという。だから、正座ができないし、普段は、ナイフとフォークで食事をしているというんですね」

父の立候補と落選

小池家の経済は年々、悪化していた。会社の経営が悪くなればなるほど、勇二郎は会社を立て直そうとするのではなく、逃げ場として政界に転身しようと画策するようになっていった。中曽根康弘や福田赳夫の後援会に入り、できる範囲の寄付もした。しかし、そんな人は世の中にたくさんいる。例えてみればファンとスターの関係だったが、本人は「中曽根のブレイン」「タニマチ」と吹聴していた。

小池も、父は有名政治家のタニマチをしていた、三島由紀夫が亡くなってから「楯の会」の人たちの面倒を見ていた、中曽根さんからは毎年、長ネギのお歳暮が届いていたと自著他で語っている。

しかし、中曽根も福田も、勇二郎と会ったことはあるとしながらも、「深い交友があるわけではない」と前述したルポライター森の取材に対して、答えている。

中曽根の秘書のひとりに私も確認を取ったが、笑いながらこうかわされた。

「タニマチとか、ブレインとか、聞いたことはないですし、あり得ないことですよ」

小池の縁戚の男性も、勇二郎にそんな財力はなかったという。

「会社はずっと左前《ひだりまえ》。それでも、とにかく政治家が大好きだから近づいていく。パーティーがあれば出席する。政治家を自動車で駅まで送っていくとか、そういうことは好んでやっていました。でも、そんなのタニマチって言わないでしょ。確かに三島由紀夫の『楯の会』の残党を事務所に連れてきたことはあったけれど、それも面倒を見たというわけじゃなくて、会社の品物を売って、それで活動資金を作れって」

自民党議員と付き合い、多少の寄付をしていれば、いつか自分も公認がもらえると勇二郎は思い込んでいたらしい。

アポロの月面着陸があった昭和四十四年十二月、衆議院が解散され総選挙が行われることになった。すると、勇二郎はついに、選挙に出ると言い出した。

彼が本当に中曽根と親しく、末次一郎の「大親友」であったならば、自民党から公認をもらえただろう。だが、自民党からは一顧だにされなかった。自民党は地元の兵庫二区で現職二名に加えて、園田学園の専務理事をしていた小池祐三を新人の公認候補として立てた。これだけでも勇二郎が自民党にどう見られていたかがわかる。

「冗談でも小池勇二郎なんて自民党として立てられない、そんな感じでしたよ」（末次一郎事務所の関係者）

勇二郎は自民党の対応に腹を立てながら、すぐに別の風に乗った。

この時、政界にはある新風が吹き荒れていた。衝撃的な文壇デビューを飾り、芥川賞作家として持てはやされ政界に転じた、三十代の石原慎太郎が起こした風である。

前年の昭和四十三年、参議院選に自民党公認候補として初出馬した彼は、三百万票を集めて当選を果たし、会派「日本の新しい世代の会」を立ち上げていた。

勇二郎は右翼的な価値観を共有する石原に傾倒し、同会の専務理事になっていたという。そうしたいきさつから、勇二郎は「日本の新しい世代の会」の応援を受けて、無所属で出馬したのだ。

石原人気にあやかれば当選できると、本人は本気で思っていたのだろうか。だが、それは非常に甘い読みだった。

芦屋を含む兵庫二区からの出馬。この時、勇二郎の選挙を手伝ったのが、県会議員から後に自民党衆議院議員となる尼崎出身の鴻池祥肇《こうのいけよしただ》だった。勇二郎とは青年会議所の付き合いを通じて交流があったという。

そしてもうひとりが、当時は関西大学の学生だった濱渦武生《はまうずたけお》である。濱渦はその後、石原と鴻池の秘書を交互に務め、石原が都知事になってからは副知事に上り詰める。濱渦は勇二郎の長男、勇と年齢が近く、選挙期間中は小池家に泊まりこんで手伝った。濱渦が小池家の書生だったように語られているが、書生という表現は実情に合わない。

隣の兵庫一区から自民党の新人として同選挙に出馬した石井一《はじめ》元衆議院議員は、半ば呆れた口調で当時を振り返る。

「小池勇二郎さん、ああ、あれは、まったく行き当たりばったりの出馬でした。正直なところ僕は見ていて、あまりに選挙民を馬鹿にしていると思いました。準備不足でしたし、演説内容はとにかく支離滅裂だった。あれではとても自民党は公認を出せないでしょう。石原さんの人気がすさまじかったから、それを利用すれば当選できると考えていたのかもしれないけれど」

十二月二十七日が投票日だった。兵庫二区には十二人が立候補したが、当選は上位五人までである。結果は、自民の現職二名、公明党の現職一名、社会党の現職一名、そして、最後の一議席に滑り込んだのは自民の新人ではなく、社会党が初めて立てた新人だった。当時、四十一歳の土井たか子である。

勇二郎は十二人中十位。トップ当選者が約十二万票、五位の土井たか子でも約七万票という中、彼が得たのは、わずか七千七十四票だった。

途中で選対本部長をやっていた男性が逃げ出してしまい、仕方なく鴻池が後を引き受け最後まで務めた。その後も手伝う人がどんどん逃げ出してしまい、最後は鴻池と濱渦だけが残ったという。濱渦は当時の思い出をこう振り返っている。

「選挙戦の最終日、勇二郎さんと鴻池さんと私の3人だけになった。3人で尼崎のガード下で焼き肉を食ったのを今も忘れられません」(『週刊朝日』二〇一六年十月二十八日号)

また、選挙事務所の掃除をしながら百合子が肩を震わせ泣いていたという証言もある。選挙後、勇二郎は、金を借りている相手先に頭を下げて回った。選挙に仕事上の金を流用した、投資話で集めた金を選挙に使った、といった噂が流れていたという。

当時、勇二郎は四十七歳。百合子は高校二年生。

甲南女子には阪神間の事業家の娘たちが通っている。地元から出馬して落選したのだ。学校で、まったく噂にならなかったとは考えにくい。

会社だけでなく自宅にも借金の返済を求める人たちがやってくるようになり、近所からは苦情が出た。後に小池家の破産処理を引き受けることになり一家と深くかかわる、浪速《なにわ》冷凍機工業（後のナミレイ）の社長、朝堂院大覚《ちょうどういんだいかく》（松浦良右《りょうすけ》）はこう振り返る。

「とにかく、ひどく恨まれておった。選挙に出て、あの家は傾いたわけじゃない。傾いていたから一発逆転を狙って、後先を考えず選挙に出たんやろ。議員になってしまえば、借金も返せると浅はかに考えて。人から預かっておった金も政治活動に使ってしまったんや。だから商売で付き合いのあった人たちの信用を失った」

高校に通いながら一人暮らし

週刊誌の取材に対して、甲南女子高校の同級生のひとりは、こんな証言をしている。高校二年生の頃、百合子が一人暮らしをしていたというのだ。
「一度、彼女が自炊している部屋に泊まりに行ったことがあるんですけど、とてもびっくりしたのは、とにかく料理がうまいこと」（『女性自身』一九九三年八月三日号）
「それと、高2の冬休みに、彼女は長野県赤倉《ママ》のスキー場でアルバイトをしたんですね。私たちの学校では、そのころアルバイトをするコなんてほとんどいなかったから、行動力のあるコだなって、うらやましかったですね」（同前）
この同級生は心からの思いを記者に語ったのだろう。百合子が政治家になり、活躍していることを素直に喜んでいる気持ちが伝わってくる。しかし、だからこそ余計に当時も今も変わらぬ、百合子と彼女たちとの境遇の差異が感じ取れる。

彼女たちには、なぜ、百合子がひとり暮らしをしなくてはならず、なぜ、住み込みのアルバイトをしなくてはならなかったのか、未だに理解できないのだろう。「うらやましい」と思われるようなことではなく、そこには切迫した事情があったということが。

同級生の少女たちと同じ制服を着ながら、同じように笑い、学びながら、小池は、まったく異質の空間に置かれ、異質の経験をしていたのだろう。あまりにも恵まれた少女たちに彼女の苦悩はわからない。また、彼女も知られたくはなかっただろう。

百合子は周囲に気づかれぬように受験勉強に勤《いそ》しんだ。同級生の大半は受験せずに、そのまま甲南女子大学に進学する。だが、そんな花嫁学校に行っても彼女には無意味であるし、何よりも、この世界から決別したいと思っていたことだろう。

百合子は一九七一年、関西学院大学社会学部を受験し合格する。同級生のひとりは、こう語った。

「関西学院大学を受けたことも知らなかった。合格した日に『私、関学に行くんだ』って聞かされてびっくり。何も相談はなかったし、がり勉している様子もなかったから」

中東の有力者

選挙後、勇二郎の商売はいっそう苦しくなった。取引相手に警戒されて業転の仕事は、できなくなった。すると窮地に立たされた彼はまた、とんでもないことを思いつく。

業転ができないのならば直接、産油国に食いこんで自分で石油を輸入しようと破天荒なことを考えたのだ。日本の要人ではなく、アラブ諸国の要人とパイプを作れば、そこから道が開けるだろう、と。

きっかけとなる出来事があったのだ。

彼は、日本アラブ協会に入会していた。この協会は一九五八年に自民党の中谷武世が中心になり、中曽根康弘、末次一郎、財界人の江戸英雄ら、政、財、官を代表する百四十名が発起人となり、日本とアラブ諸国の親善友好を謳《うた》って創立された。勇二郎はもちろん発起人ではなかったが、一会員だった。

一九七〇年に、エジプトの要人、ムハンマド・アブドル・カーディル・ハーテム（通称ドクター・ハーテム）が来日。その際、同協会は歓迎パーティーを主催し、勇二郎もこれに出席する（一説には小池も）。パーティー会場で勇二郎は盛んに自分を売り込み、ハーテムは社交辞令としてエジプトに来たら、いつでも歓待すると述べた。

これを受けて、勇二郎はすぐさま行動に出た。

ハーテムが帰国すると時間をおかず、日本アラブ協会に所属する国会議員の紹介状を手にエジプトへ飛び、ハーテムに再会するのである。

勇二郎にとっては約十年ぶりのエジプトだった。

紹介状を携えた勇二郎をハーテムはエジプトの首都カイロで歓待した。日本の国会議員と太いパイプを持つ実業家だと、ハーテムは理解したのだろう。その結果、ハーテムから勇二郎は、アラブの別の要人を紹介してもらうことに成功する。

前述のルポライター、森に勇二郎が語ったところによれば、その足でイランにも行き、口八丁で向こうの国王や宮内大臣に会い、「私は出光のライバルだ。私に石油を売って欲しい」と語って、買い付けに成功したという。だが、多分に誇張を含んだ話であろう。

この中東訪問の紀行文を彼は帰国後、日本アラブ協会の機関誌『季刊アラブ』（昭和四十五年十月号）に発表している。その内容は、多少、眉につばして読む必要はあるが、まだ常識的なものであった。

ところが、アラブ協会の目の届かないところでは例によって大変な大風呂敷を広げていた。

エジプトから帰国したばかりの昭和四十五年十月十四日、勇二郎が大阪倶楽部《くらぶ》定例午餐会で講演した内容が、活字となって残されているので紹介したい。

彼はまず、こんな話を披露する。訪米直前の中曽根康弘に電話をし、自分は十年ぶりに中東に行き、エジプトのナセル大統領におおいに「中曽根康弘」を売り込んできた、だから、アメリカに行っても親米一辺倒の軽挙妄動《けいきょもうどう》な発言をしてもらいたくない。アラブの指導者は親米では魅力を感じない。このことに留意してアメリカと交渉してきて欲しい、と頼んだのだと。すると、アメリカから帰国した中曽根から連絡があり、君のいうとおり発言してきたつもりだ。「有難う」と礼を言われた、というのである。

そこから話は一転。日本に中東から入ってくる石油は、すべてユダヤ人が経営する企業を経由している。日本は造船技術があるのに作った船を皆、輸出してしまっている。日本はユダヤの石油メジャーから石油を買い、日本製の外国籍タンカーで輸入するので、必然的に石油の値段が高くなっている。これを自分は改めたいと思っていると切り出し、今回の中東訪問で自分は人脈を築いてきた。ユダヤ企業を通さず石油を仕入れられるので、あとは自前の船があれば、と最後は怪しい投資話になっていく。

勇二郎が選挙後、中東を利用して日本人相手にどんな商売をしようとしていたかは、この講演会の記録からもうかがえる。

また、彼は自分が選挙に落選したのは、ある国家的陰謀に巻き込まれたからだとも後年、述べている。岸信介が世界的に影響力を持つ自分を警戒し、自民党の公認を出さずさらに、わざわざ自分と同姓の「小池」という人物を探してきて対立候補に立てたのだ、と（『サンデー毎日』一九九三年七月十八日号）。こういった発言からも、どういう人間であったのか知ることができよう。

日本人には中東の有力者と太いパイプがあると思わせ、中東の有力者の前では日本の有名政治家の代理人であるがごとくに振舞う。大法螺を次々と吹く。この思考の破綻した父に、娘の人生も翻弄《ほんろう》されていくのである。

関西学院大学を辞めて

百合子は英語を勉強し通訳になることを夢見ていたが、その夢を高校二年で諦めたとメディアで繰り返し語っている。

きっかけは一九六九年七月、テレビで見たアポロ十一号の月面着陸であった、という。月面着陸した宇宙飛行士の英語を同時通訳者がたちどころに日本語に訳すのを聞き、とても、このレベルにはなれないと悟ったのだ、と。

英語を勉強する人はたくさんいるので、競争相手が多すぎる。もっと違う言語にしようと考えた時、父の書棚にあった『中東・北アフリカ年鑑』を開き、これからはアラビア語が国連でも公用語になると知って、アラビア語を勉強しようと思い立った。その頃から「自分の人生もマーケティングしていたのだ」と小池は語っている。

やりたいと思うことではなく、どこにいったら競争相手が少なく、自分の希少性が高まるかを考えて行動していたという。それは単に楽な道を歩んで目立ちたいという思いからなのか、それとも生き抜こうと考えての判断だったのか。

小池は関西学院大学を一学期だけ通い退学する。カイロへ留学するために。前出の朝堂院はいう。

「当時の小池家は借金取りに追われておって、私立の大学に通わせられるような余裕はなかったやろ。そんな金があるなら、金を返して欲しいと皆、思っておる。入ったはいいが、入学金が払えんとか。あるいは最後はかなり、あぶない筋から借りておったから娘が大学に通えたかどうか。それで遠くに留学させるという体裁を取ったのか」

本当は英語を学びたかったのだろう。だが、イギリスやアメリカに留学するような余裕はなかった。

アラビア語へと娘の関心を振り向けさせたところには、勇二郎の思惑が見え隠れする。彼は勝負を中東にかけていた。娘がアラビア語を話せるようになってくれれば、助けになると踏んだのだろう。物価の安いエジプトなら娘を留学させられる。エジプトの高官とも知り合いになったから大丈夫だと考えたのだろうか。甲南の同級生たちは、一様に「驚いた」と振り返る。

「関西学院大学に進学しただけでも、驚かされたのに、エジプトのカイロに留学すると聞いて、どうしてイギリスやアメリカじゃないんだろうと思った。ラージに聞いたら、『人と同じことをするのはイヤなの、だからカイロに行く』と言っていた。立派だなあ、そんなことまで考えてるんだ、と思いました」(甲南の同級生)

一方、百合子のカイロ留学は、ある出来事が引き金になったのだ、と語るのは前出の縁戚の男性である。

「咲子ですよ。咲子のイギリス留学です」

二つ年下の、美しい従妹は日本の中学を卒業すると神戸のアメリカンスクールに進学し、本格的に英語を身に着けていた。どんなに百合子が甲南で勉強しても咲子にはかなわなかったはずである。

美貌だけでなく英語まで、咲子は苦労なく手に入れていく。百合子が英語を断念した陰には、この咲子の存在があったのだろう。咲子にそのつもりはなくとも、咲子がいつも百合子を打ちのめす。遠縁の男性が続ける。

「咲子は、アメリカンスクールに一年間通い、イギリスのパブリック・スクールに留学することになったんです。それを聞いたら、勇二郎さん親子がいきり立った。どうして、いつも兄の一家と張り合うのかわかりませんが。それで『咲子がロンドンなら、百合子はカイロや』となった」

小池は数カ月で関西学院大学を辞めたが、ボーイフレンドもいたという。

東大紛争があり東大入試が中止されてからまだ二年。ベトナム戦争は泥沼化し、これに抗議する学生運動が世界中で繰り広げられ、中東ではパレスチナ解放人民戦線によるハイジャック事件が起こっていた頃である。

甲南女子の同級生たちと並んで撮ったスナップ写真がある。皆、揃いの制服に身を包んでいる。だが、どこに小池がいるのか、わからない。眉よりも細い、小さな眼をした少女が恥ずかしそうに笑っている。同級生のひとりは語った。

「ラージは特別、目立つ存在ではなかったんです。地味だった。ただ、ある意味では目立っていたんですね。というのも、ラージのどちらかの頰には、直径三センチぐらいのアザがあったんです。私たちの年代は、女の子は顔に傷をつけたらいけない、という考えで育てられました。だから、その、かわいそうだなって思ってたんです」

小池は自分の過去と決別したかったのだろう。自分の顔も、親の失敗も、知られていない土地に行きたかったのだろう。与えられた運命を克服するために。新しい自分を手に入れるために。

第二章

カイロ大学への留学

小池百合子ほど、自分の生い立ち、経験、経歴を自ら語り売り物としてきた政治家もめずらしい。

彼女が紡ぎ続けてきた自分をめぐる「物語」。その中でも白眉となっているのが、エジプトの首都、カイロへの五年間（一九七一年〜一九七六年）の留学であろう。

彼女は中東の厳しい国際政治を肌感覚で学びながら勉学に勤しみ、難関として知られる国立カイロ大学を日本人女性として初めて卒業する快挙をなした、と繰り返し語ってきた。

一九七一年九月前後にエジプトへ渡り、初めの一年間はカイロ・アメリカン大学東洋学科でアラビア語を学び、翌年の一九七二年十月にカイロ大学文学部社会学科に入学。留年せず四年間で同大学を卒業した日本人は自分が初めてであり、「首席」だったとも。しかし、学生数は十万人、エジプト人でも四人にひとりは留年するという大学で、そんなことがあり得るのだろうか。私にはとても信じられなかった。

進級試験にパスして卒業が決まった時には、嬉しくて記念にピラミッドに登り、頂上でキモノを着てお茶を点《た》てたと語り、その時に撮ったとされる写真も、彼女の意志で広くマスコミに公開されてきた。まるで卒業を証明する物証であるかのように。

謎多きエジプト時代

カイロ大学はエジプトが英国保護下にあった一九〇八年に創立された名門国立大学。エジプト人だけでなくアラブ周辺諸国から優秀な留学生が集まってくることで知られ、入学後の進級試験は大変に厳しいといわれる。

何よりも学生を苦しめるのは、大学で使われる言語である。

エジプトでは現在も、口語（アーンミーヤ）と文語（フスハー）が明確に分かれており、日常では口語が使われている。

一方、文語はコーランに典型的な四世紀頃から続く古語で、アラブ各国のインテリ層の間では、この文語が共通語として使用される。

ニュースや大統領の演説には、格調高いこの文語が用いられ、書物や新聞も当然、文語である。カイロ大学の教科書も、教授の講義も文語でなされる。文語は大変に難解で、エジプトの庶民階層に非識字者が多い理由もここにある。

西洋社会におけるラテン語、日本で考えるなら漢文にあたろうか。

アラビア語を母国語とする人でも苦しむ、この文語を外国人、とりわけ日本人が習得するのは並大抵のことではなく、だからこそカイロ大学を正規に卒業した日本人は数えるほどしかいないのだ。

日本人初のカイロ大学卒業生として知られる小笠原良治大東文化大学名誉教授は、アラビア語を日本で学んでからカイロに行き、ムスリムだけが入れる寮でアラブの学生たちと寝食をともにしながら二年間、一心不乱に勉強した後、カイロ大学に入学したという。日本人留学生の中では群を抜く語学力だったというが、その小笠原でもカイロ大学では留年を繰り返し、卒業までに七年を要したという。

アラビア語の口語すら話せなかった小池が、文語をマスターして同大学を四年間で卒業する。そんなことは「奇跡」だと嫌味を込めて語る人は少なくない。

カイロ大学卒という経歴を差し引いて、今の彼女は存在し得ない。彼女を彼女たらしめた、いわば切り札であり、核となるものである。この経歴がなかったならば、彼女がテレビにアシスタントやキャスターとして雇われることはなく、その後、政治家になることもできなかったはずである。また、この経歴が虚偽であるならば、彼女は長年、公職選挙法に違反してきたということになる。

カイロ大学卒業という経歴に「詐称」の噂は常に付きまとい、選挙の度に彼女はそれを打ち消してきた。

自分に好意的な雑誌、テレビに登場すると噂を否定し、証拠として「卒業証書」や「卒業証明書」を読み取れないほど小さく、あるいは一瞬だけ見せるという方法で。だが、その「卒業証書」や「卒業証明書」を公の場で公開したことは、これまでに一度もなく、都議会で要請されても拒否している。私もまた、公開を求めたが、彼女はそれに応じなかった。

真剣に中東と向き合い大学で学んだのであれば、書くものにも自然とそれが現れるはずだが、彼女の著書『振り袖、ピラミッドを登る』をはじめ他の著作を読んでも、中東への深い理解というものは、正直なところ感じ取れない。前述の著書ではエジプト女性は生理の時、どうするか、下腹部の体毛をどう処理しているか、イスラムの結婚生活はどういうものか、といった下世話な話題に比重が傾いている。大学寮での友人との会話、学校内での日常生活も多少、語られているが具体性に欠ける印象を受けた。

カイロに渡り、彼女は「ニーナさんという元貴族の未亡人宅」に半年ほど下宿した、と、これまで繰り返し語ってきた。快適だったが下宿代が高かったため、そこからカイロ・アメリカン大学の女子寮に移ったのだ、と。だが、その後は、どこでどのように暮らしカイロ大学を卒業したのか。詳細な記述はなぜか一切、見られない。

小池はカイロ大学留学時代に結婚し、離婚しているのだが、その点についても、『振り袖、ピラミッドを登る』では一行も触れられていない。それでいて奇妙な形で元夫の名前が同著の「あとがき」には出てくるのである。

「本書を出版するにあたり、辛抱強く私の原稿におつき合いくださった講談社の鈴木富夫、池田公夫両氏、また、共同通信社の山本一男（仮名）氏ら、留学中にお世話になった方々にお礼を申し上げたい」

山本一男（仮名）——。彼女の元夫の名である。だが、この一文を読んでも誰も元夫とは思わず、マスコミ関係者の知人だと受け流すことだろう。

いったい、なぜ、ここに、このような形で元夫の名前を挙げたのか。

出版した一九八二年当時、彼女は結婚歴を周囲にもメディアにも隠し、未婚の女性タレントとして、テレビで売り出していた。

過去の離婚歴を若い女性タレントとして伏せたかったのだろうと、初めは理解した。だが、それならば、あえて「あとがき」に元夫の名前を記す必要はなく、徹底して伏せればいいはずだ。なぜ、わざわざ名前を載せたのか。それは、小池の結婚歴を知る人が同書を目にした場合を考えての対策だったのではないか。

仮に彼女の結婚歴を知る人が、この本を読んでも、文末にこのような形で山本氏の名前があるのを見れば、山本氏の意向を汲んで結婚の事実を伏せたのだと考えることだろう。結婚生活に一行も触れていないのは、山本氏からの要望を汲んでのこと、と。また、離婚はしても、ここに名前が記されるような良好な関係をふたりは保っており、謝意を述べたのだと想像するのではないだろうか。

しかしながら、小池と元夫は激しく決裂する形で別れており、離婚後に関係が修復されたという形跡は、まったく見られない。

もしくは、拒絶されて連絡の取りようのない元夫に対して、結婚の事実は伏せることにしたからそのつもりで、と自分の姿勢を「あとがき」で伝えたのだろうか。

中東をフィールドとする人々の顔触れは、非常に限定されている。研究においても、ビジネスにおいても。マスコミ、あるいは外交の分野においても。カイロ時代を知る元留学生や商社マンたちの口は一様に重い。

「小池さんに関して迂闊《うかつ》なことを言うと、いろいろと支障が出るので」

「アラビア関係の仕事をしていて、小池さんを実名で批判することなんてできない。中東の重鎮ともつながっている日本の国会議員なんですから」

「中東というところは、日本以上に階級社会ですよ。コネがあれば、大抵のことがまかり通る。権力者の不正なんて当たり前という社会。強いものについていけば、それなりのおこぼれがある。それこそ忖度《そんたく》の世界ですよ。相手に合わせて発言を変える。真実の意味や価値なんて、意味のない社会なんです」

そんな言葉をどれほど聞かされたことだろう。

中には、もちろん割り切れない思いを滲《にじ》ませる人もいる。ある外交のスペシャリストは、吐き捨てるようにこう語った。

「小池百合子の批判をマスコミにわざわざする人間なんかいない。メリットがないからだ。逆に彼女の嘘に加担すれば、何かしらの役得に与《あずか》れるかもしれないと考える人間が多い」

中東をフィールドとする研究者、マスコミ関係者、外交関係者は、大きく三つのグループに分かれていた。「小池百合子の学歴詐称などあり得ない」と語る人、「過去はもういいじゃないか。あれだけ頑張っているのだから」と庇《かば》う人、「けしからんことだが、もう事実として定着してしまった」と語り、関わりたくないと述べる人。ある国際関係の専門家は笑いながら私の問いをかわそうとした。

「あの小池さんの意味不明な文語を聞いて、堪能、ペラペラだ、なんて日本のマスコミは書くんだから、いい加減なものだ。卒業証書なんて、カイロに行けば、そこら中で立派な偽造品が手に入りますよ」

日本で暮らす、あるエジプト人女性が語った言葉も私には忘れられない。

「たどたどしい日本語で、『私、東大出たよ。一番だったよ』と言われたら、日本人のあなたは、どう思いますか。東大、バカにするのかって思うでしょ。コンビニで働いている外国人の方だって日本語を話すでしょ。結局、アラビアを、エジプトを低く見ている。バカにしているから、首席で出たなんて言えるんでしょう。日本人のことも、これぐらい言っても、どうせバレやしないとバカにしてるんでしょうけれど」

日本は島国である。そして、中東は遠い。

中東に赴任していたという理由で帰国後、「中東専門家」としてテレビに出てくる新聞記者たちは、大半がアラビア語を理解していない。彼らは英語で取材をする。

そんな彼らと、小池は非常に親密な関係にあった。彼らが小池を評価し、お墨付《すみつ》きを与えてきた。小池と同時期にカイロ大学にいたという元留学生の男性は小池だけでなく、そんな「中東専門家」たちがはびこる日本のメディアの現状にも、うんざりしていると語った。

「だいたいね、彼女はインチキですよ。何もかもね。それに加担してきたのは日本のマスコミでしょ。新聞記者にテレビ局。薄っぺらな知識を語って恥じない人たち。彼女はそんな彼らを手玉にとって、今に至っているわけだから」

小池と同時期にカイロにいたという元留学生たちは、七十代になろうとしていた。彼ら彼女らを探して訪ねる中で気づいたことがある。アラビア語に全力で立ち向かい、習得しようと熱心に励んだ人ほど報われていないように見えるのだ。

苦労して何年も費やし、ようやく日本に戻っても、それを十分に生かす場がない。だいたい、ビジネスの場でアラビア人を相手にアラビア語を使うことはない。英語かフランス語を使うという。そんな彼らを訪ねる中で、教えられたことがあった。小池はカイロで日本人女性と同居していた、というのだ。

「あの女性が一番、詳しいはずですよ。一緒に住んでいたのだから。彼女を探してみたらいい」

小池の自著『振り袖、ピラミッドを登る』には、しかし、そんな話は一行も出てこない。ある元留学生は言った。

「僕らより、少し年配の方だったたな。だから学生、という感じではなかったんです。遊学していたのかな。名前も思い出せない」

調べる方法はないものかと手を尽くしてみたが、元留学生の中に名前や特徴を詳しく知る人はおらず、手掛かりさえつかめなかった。私はすっかり諦めていた。

小池都知事を取材するようになってから二年が過ぎようとしていた。

私は「小池百合子研究　父の業を背負いて」『新潮45』（二〇一七年一月号）を皮切りに、「男たちが見た小池百合子という女」（『文藝春秋』二〇一七年八月号）、続いて「女たちが見た小池百合子『失敗の本質』」(『文藝春秋』二〇一八年一月号)を発表したが、どの原稿にも、小池都知事の「自分」語りには多分に虚偽が含まれている可能性があり、鵜呑みにはできないという思いを行間に込めた。すると、二〇一八年二月、一通の手紙が『文藝春秋』編集部気付で私宛に親展で届いた。私の記事を読んだという読者からの手紙。自分の知る全てを打ち明けたいとある。それは、まさに私が探し続けていた、あの同居女性からの手紙だったのだ。

思いが天に通じることがあるのだろうか。私は震える手で手紙を読んだ。大変な達筆で文章はしっかりと論旨が通っており、非常に知的な印象を受けた。内容は衝撃的なものであった。

「小池さんがカイロ・アメリカン大学に、正規の学生として在学していたかは不明と言えます。カイロ大学は一九七六年の進級試験に合格できず、従って卒業はしていません。小池さんは『カイロ大学を卒業。しかも首席』という肩書を掲げて今日の栄光を勝ち得た訳ですが、私は彼女の自分語りを、あたかも真実のように報道している日本という国のメディアの浅薄さを感じずにはいられませんでした。事実を確かめずに報道するマスコミ。しかし、小池さんと同居していた者として知っている事実を口にするには、彼女はあまりにも有名で、国民に知らされている情報を覆すことは、私自身の身の安全を考慮してもできませんでした」

彼女の名前を本書では早川玲子(仮名)とする。彼女との出会いによって、私は、私の想像をはるかに超える、多くの事実を知り得ることになるのだった。私はすぐに早川さんに連絡を取り、カイロまで会いに行った。早川さんとの面会を重ね、当時の手帳、メモ、早川さんがカイロから日本にいる母親に宛てて書き送った航空便の手紙、小池から譲られたタイプライターやヒルトンホテルのナイフやフォークに至るまで、すべてを譲り受けた。

コーランの独唱が空から降り注ぐカイロの街を、早川さんの案内で歩いた。黒い民族衣装で身を包み、目だけをのぞかせる異国の女性たちと行き交《か》いながら、早川さんと小池が一緒に暮らしたというアパートを訪ね、外国人向けアラビア語学校である「サイディア・スクール」を見に行った。

小池と同じ時期に、カイロ大学に通っていたというエジプト人たちにも話を聞きに行き、長年、当地で暮らす日本人にも過去の思い出を語ってもらった。この国で、この場所で、十代の終わりから二十代の初めを小池はどのように生きたのか。往時の軌跡を私は追いかけた。

あるペンションに案内され、通路の奥にある部屋を指さして早川さんは言った。

「あの部屋です、私が宿泊していたのは。百合子さんはここに立って、ここから恥ずかしそうに私のことを見ていました。その時、彼女はまだ十九歳だった」

同居女性の証言

東京で教育関係の仕事に就いていた早川さんは、語学教室に通って二年間、アラビア語を学び、カイロへと渡った。人生で一度は外国暮らしを体験してみたかったからだという。二年間と自分で遊学の期間を決めていた。

カイロに渡る際、水先案内人となってくれたのは語学教室で席を並べていた商社マンの高田健一（仮名）さんだった。会社から語学研修生として、すでにカイロへ派遣されていた高田さんは早川さんに、カイロ市内のペンションを紹介してくれた。

一九七二年四月、早川さんは、そのペンションで荷を解いた。一カ月が経った頃のこと、高田さんが早川さんの部屋のドアをノックした。ほっそりとした年の若い、日本人の女の子を連れていた。

「こちらカイロ・アメリカン大学に通う小池百合子さん」と高田さんから紹介された。早川さんは、「そろそろアパートを借りて住み、現地生活に溶け込みたい」と考えていたところだった。それを知る高田さんが同居人にどうかと小池を紹介してくれたのだ。小池は恥ずかしそうに上目遣いで二人を見ていた。早川さんは承諾した。それがすべての始まりとなる。

小池がカイロに渡ったのは、一九七一年の九月前後。早川さんが小池に出会うのは、翌年の五月。小池のほうが若干、カイロ生活歴という点では先輩だったが、年齢は十歳ほど離れており、早川さんが年長だった。

高田さんに引き合わされてから、早速、二人はアパート探しを開始する。カイロ市内を歩いて回った。カイロでは、部屋を探すのも借りるのも大変なことだった。早川さんが母親に書き送った手紙には、そうした日常が細かく報告されている。

なかなか物件が決められずにいたところ、ふいに日本から小池の父、勇二郎がやってくる。

すると、小池はアパート探しを早川さんに押し付け、父親とふたりでアルジェリアへと旅立ってしまった。早川さんは仕方なく悪戦苦闘しながら、ひとりでアパート探しを続けた。その詳細が当時の日記に残されている。

小池が通っていたとされるカイロ・アメリカン大学は、その名のとおりカイロ市内にあるアメリカの学校法人が経営する私立大学である。小池は、このカイロ・アメリカン大学東洋学科に一年間通った、と自著他で述べている。同時期、小池と同じクラスで勉強したという元商社マンは、「確かに最初は小池さんが同じクラスにいました。でも、途中でクラス替えがあり、そこからは一緒でなかったように思う」と言葉を濁す。

この元商社マンも「東洋学科」という言い方をしたが、現在、カイロ・アメリカン大学が公表している情報では、外国人向けのアラビア語学習コース（Center for Arabic Study Abroad）とされている。当時はこの学習コースを「東洋学科」と呼ぶ慣習があったのか。いずれにしても、このコースをきちんと終えるには相当な集中と努力が必要となる。

しかし、早川さんの日記や母親宛の手紙を見ると、五月、六月の大事な試験シーズンに小池は、アパート探しやアルジェリア旅行をしており、学校に通っていたのかどうか疑わしい。

また、小池はカイロ・アメリカン大学で勉強し、「三週間で新聞が読めるようになった」「小説が読めるようになった」と自著に書いているが、そんなに簡単にアラビア文語がマスターできれば誰も苦労はしないだろう。

小池がアルジェリアに行ってしまったため、早川さんは仕方なく、ひとりでアパート探しを続け、ようやく一軒、良さそうな部屋を見つけて予約をした。ところが、アルジェリアから帰ってきた小池から、「気に入らないから、キャンセルして」と言われてしまう。戸惑う早川さんの気持ちが、当時の日記には率直に綴《つづ》られている。小池のペースにすでに巻き込まれていた。

その後、小池から、「とても素敵な物件があるから、そこに決めたい」と言われるが、それはザマレックという高級住宅地にある、あまりにも豪華なアパートだった。家賃は一カ月五十ポンド。現地公務員の月給の二倍にあたる。早川さんは学生である小池が、どうしてこういうところに住みたがるのか、わからなかった。高級すぎるし、アラビア語が自然と耳に入ってくるような環境のほうが、学業にはプラスになるはずだ。エジプトらしさも実感できる。ザマレックは大使館員や西洋人の高給取りが暮らす特別な場所で、あまりカイロらしい風情は感じられない。

間取りも1LDKだった。二人で住むので、2DKか2LDKのほうがいいと早川さんは思ったが、とにかく小池はここが気に入っている様子だった。

入り口には身なりのいい門番が常に二人いて、一階のロビーは広々としており、大理石が敷き詰められている。奥には金の手すりのらせん階段があり、エレベーターもあった。その後、訪問者の多くが、この住まいを見て感嘆した。「やっぱり小池さんは違う。芦屋のお嬢さんなんだものね」

早川さんも最初はそう思っていたという。一緒に暮らして、現実を知るまでは。

入居する時、小池は部屋の壁の色が気に入らないといって、突然、黒いペンキを買ってくると塗りたくってしまった。最後はペンキ缶からそのまま中身を放り投げるようにしてかけた。早川さんはびっくりしたが、当然、家主の了承はとっているのだと思っていたという。だが、後に退去する時、「勝手に天井や壁にペンキを塗りたくられた」と家主から言われて、早川さんは当惑する。

「百合子さんには、そういうところがあった。でも、私は、若いお嬢さんの天衣無縫《てんいむほう》さだと思っていた。お茶目でしていることなのかな、と。芦屋出身で、お父様は石油を扱う貿易商、アラビア語を学ぶためにカイロに留学してきた『お嬢さん』だと思っていたから」

だが、同居してからすぐに早川さんは小池に経済的な余裕が、あまりないことを知った。

スーツケースの中身を見せられて、その質素さにまず驚いた。使い込んだものが多かったからだ。食費も含めて、とにかく倹約していた。それでいて、なぜかポータブルテレビのような高価なものを持っている。何か、ちぐはぐな印象を受けたという。

「何よりも驚いたことは、親がまったく送金してこないことでした。こんなに若い女の子を、無一文でカイロに送り出して、親は心配じゃないのかと私は不思議でならなかった。お金がないのに、どうしてこんな高級アパートに住むのか。生活のためにアルバイトばかりしていたら勉強はできないわけですし」

当時、カイロは日本に比べて物価が安く、地方から東京の大学に進学するよりも、カイロに留学するほうが安上がりだと言われていた。それでも、親からの送金がなければ大変だ。

早川さんには社会人として働いた蓄えがあり、またカイロで大学に入学して学位を取るといった目的もなかった。だが、だからこそ小池の生活や計画を見ていて心配になったという。

小池は自著で、ニーナさんという元貴族の未亡人の家に下宿していたが、下宿代が高かったため、半年後にカイロ・アメリカン大学の女子寮に移ったと書いている。だが、早川さんは小池から、ニーナさんの話は聞いたことがあるが、カイロ・アメリカン大学の女子寮にいたという話は一度も聞いたことがないという。女子寮はふたりが暮らすアパートのすぐ近く、同じザマレックにあり、ふたりで、その前を行き来したこともあったのだが。

小池がカイロにやってきた時、世話をしたのは自分だ、と語る元大手商社の日本人男性がいる。高田さんとは別人である。彼はニーナさん宅を下宿先として小池に紹介したのも自分だという。彼の妻がエジプト人でニーナさんはその親戚にあたるそうだ。しかし、不思議なことに彼は、ニーナさんには夫がおり未亡人ではなかったとも語る。

金を持たず、アラビア語もできず、ひとりでカイロに渡ってきた十九歳の少女は、どこで、どのように暮らし、早川さんと同居することになったのか。早川さんと同居するまでの足取りは、よくわからないことが多い。

男性たちのアイドルとして

イスラム圏における女性の地位は日本とは大きく異なっている。女性たちは男性の保護下にあり、結婚前の身で男性から性的な目で見られるようなことがあれば、一族の恥とされる。未婚女性は純潔を守らなければならず、結婚は一族によって決められる。

一夫多妻が認められているのもまた、この厳しい戒律ゆえであるという。結婚をしない男女の親密な交際は宗教上、認められていない。女性の身体を触る、からかう、性的関係を持つ、といったことは、大変なタブーであり、それを破れば時に、一族の男性たちからの報復を受け、命を奪われることさえあると聞く。だからこそ、イスラム教徒ではない、外国人女性に対しては、タガの緩むところもあり、独身の日本人女性や西洋人女性がアラブ諸国に行くと、男性にしつこく言い寄られることがよくあるという。

小池の父は、社会的地位の高い人物に取り入り、その懐に飛び込んでいく生き方を良しとしていた。自分自身だけでなく、娘にも、そうした生き方で人生を切り開くことを教えたようだ。だが、ふたりには男女の違いがある。それを父は、どこまで理解していたのだろう。あるいは理解した上でしたことなのか。

エジプトの要人であるドクター・ハーテムや知り合いの商社マンに「娘をよろしく」と頼んでカイロへと送り出してしまい、男親としての不安はなかったのだろうか。

「娘がアラビア語を勉強するためカイロに留学した」

勇二郎は、中東でも日本でも、商談相手や有力者に積極的にそう語っていたという。中東にやって来ると商談の場や接待の席に小池を伴った。

カタコトのアラビア語を話す日本の若い女性は、ものめずらしく喜ばれた。カイロでキモノを着て出かけていく小池を、口の悪い日本人留学生たちは、「ゲイシャガール」と陰で呼んでいたという。早川さんが振り返る。

「若い百合子さんを心配した商社マンの奥様が、『小池さんは日本人の女性と一緒に暮らしたほうがいいのではないか』と心配して同居人を探させたのだという話を、何年も経ってから聞きました」

早川さんの日記には当時の戸惑う思いが綴られている。

「百合子さんはとても若い。まだ、子どもなのだから、守ってあげなくては」

早川さんは母親宛の手紙に、まるで自分に言い聞かせるように、そう書いている。

ふたりがザマレックの高級アパートで同居生活を始めるのは一九七二年六月。

１ＬＤＫなので独立した個室は一部屋しかなく、リビングダイニングの一角をカーテンで区切って、もう一部屋を作った。小池が先に個室を選び、早川さんはリビングの一角を自室にすることになった。

最初の晩、小池は枕と毛布を抱えて早川さんのところにやってきた。

「ひとりで寝るのは怖いから、早川さんの隣で寝かせて」

早川さんは小池をいとおしく思ったと、母宛の手紙に書き残している。

ところが、次第に早川さんの小池に対する印象は大きく変わっていく。

「大人なのか、子どもなのか」

次々と訪問客がやってくる。皆、男性だった。小池はコケティッシュな振る舞いで彼らを翻弄し、魅了していた。大きな眼で上目遣いに見つめる。小首をかしげて、目をクルクルと動かす。独特の身体のしな。ダジャレの切り返し。

小池はカイロにいる日本人女性の中で、とびぬけて若かった。それだけでも目立つ。その上、中東に興味を持ってカイロに留学してきた他の女性たちと違って、きわめて「普通の女子大生」らしい雰囲気があった。明るく、若さが弾んでいる。早川さんが回想する。

「百合子さんは仕草や表情が豊かで、相手の気をそらさない。目を大きく見開いて、じっと上目遣いに相手を見る。男の人は百合子さんをからかっては、彼女がどう切り返すかを期待して喜んでいた。ダジャレやギャグが次々と飛び出す。だから、カイロでは男性たちにとってアイドル的な存在だった」

その頃の小池は歯並びが悪かった。男性たちが、「おい、小池、お前、その歯でどうやってスイカ食うんだよ」とからかう。そんなことを言われても上目遣いでニヤッと笑って、愛嬌たっぷりに相手を言い負かした。

早川さんは、次第に小池を訪ねてくる客のために、お茶を出したり、料理をつくったり、後片付けをしたりで一日が終わってしまうことへの不安や不平を日記に綴るようになる。夜は遅くなり、朝は小池と昼近くまで寝ているような生活になってしまった。日本人ばかりと会って、日本語を話してしまう。こんなことでいいのか、これでは何のためにカイロに来たのかわからないと日記で自問している。商社の男性たちに誘われて、小池が日中、ゴルフやテニスに出かけていくと、寸暇を惜しんで家でアラビア語のノートを広げた。

それにしても、これからカイロ大学に入学するというのに、こんなに勉強しないで大丈夫なのか。早川さんのほうが心配になった。というのも他の日本人学生たちが、いかに必死に勉強しているかを知っていたからだ。皆、難解なアラビア語にかじりついて格闘していた。

遠回しに早川さんは「勉強しないでも平気なの？」と尋ねたが、小池から返ってくる言葉はいつも一緒だった。

「いいの。だって、お父さんが、ドクター・ハーテムにカイロ大学に入れるように頼んでくれているから。それを待っていればいいの」

有力者のコネで入学させてもらえたとしても、入学後に備えて勉強しないで大丈夫なのか。だが、それ以上は言えなかった。

小池は家でノートも本も広げない。時間があると日本の歌謡曲をカセットで聞いていた。ひと言もアラビア語を話そうとしないことが、不思議だった。

そんな中で七月、再び勇二郎がカイロにやってきた。宿はいつも、ナイル・ヒルトンホテルと決まっていた。ヒルトンに泊まれるのに、なぜ、娘に仕送りをしないのか。子どもに自立を促すためなのか。だが、自立を促そうとする親ならば、娘を入学させるためにエジプトの要人に不正入学を頼んだりはしないだろう。

ヒルトンにいる父親に、小池は会いに行く。するとある日、白い大きな巾着袋《きんちゃくぶくろ》のようなものを手に提《さ》げて、アパートに帰ってきた。

小池はその巾着袋をテーブルの上に置くと、早川さんの眼をじっと見つめながら、無言で巾着の口を握っていた手を離した。

ガチャガチャと音を立てて巾着は四方に広がった。中から現れたのは、コーヒーカップ、皿、ナイフ、フォーク、シュガーポット……。すべてにヒルトンのロゴが入っていた。白い巾着はテーブルクロスだとわかった。父親とルームサービスを取り食器をテーブルクロスごと包んで、丸々、持ってきたのだと、小池は悪びれることなく早川さんに告げた。

驚く早川さんを小池は笑いながら見ていた。早川さんは言う。

「すごく驚きました。でも、私はそれも、お茶目でしたことなんだろうと思ったんです。いたずらのつもりでしたんだろうと。私、こんな悪いことだってできるのよ、驚いた？　そんなふうに感じたんです」

だが、そう思おうとしても割り切れない思いが心には残った。

父親は娘がこんなことをするのを黙って見ていたのか。それとも父親が見ていないところでしたのか。あるいは父親が勧めたのか。

その後も小池は、ヒルトンに泊まる父親に会いに行くたびに何かを必ず持ち帰ってきた。早川さんは、次第にお茶目でやっているとは思えなくなった。ヒルトンのハンガーは、やがてクローゼットに入りきらなくなった。

これに似た話を私は早川さん以外の人からも聞いていた。飛行機内で出される食器を持ち帰る。トイレットペーパーをカバンに詰め込む。ある元留学生は今でもトイレで、「備品のトイレットペーパーを持ち帰らぬように」という張り紙を見ると小池を思い出すという。

カイロは常に物不足である。金を出せば何でも手に入る日本とは生活がまったく異なっている。だが、そうしたことを割り引いても、次第に学生たちの目に小池の行動は奇異に映るようになっていった。スリルを楽しんでいるのか。よほど吝嗇《りんしょく》なのか。他の学生との間に軋轢《あつれき》も生まれた。その一つがガイドの仕事をめぐるトラブルだ。観光ガイドは割のいい仕事で学生たちは協力して互いに融通し合っていた。

だが、皆で業者に対して団結し賃上げ交渉をしていたところ、小池がひとり抜け駆けをして、大変な恨みを買ったのだ。小池自身は「賃上げ交渉をしていたとは知らなかった」と自著で繰り返し弁明しているが、他の学生たちは「そんなはずはない」と振り返る。

小池の置かれた状況が、それだけ切羽詰まっていたのか。だが、ザマレックの高級アパートに住んでいる。マスコミ関係者や商社マンの前で見せる姿と、自分たち学生の前で見せる姿が異なると、留学生たちは小池を次第に敬遠するようになっていった。

ザマレックでの生活が始まってから二カ月が経つ頃、突然、小池は「フランス語の勉強をしにいく」と言い出し、パリに短期留学した。

なぜ今、アラビア語をやらず、フランス語を勉強するのか。パリ行きが決まって大喜びをしている小池を見て、早川さんは疑問に思うが口にはしなかった。

パリから小池が書き送ったハガキも早川さんの手元には残されているが、そこには早川さんへのお願いごとが書き連ねられていた。

「パリってとっても素敵なところ」という書き出しから始まるハガキには、「カーディガンを送って欲しい。寒いの」「あのね、傘を持っているなら、それを貸してくれない？　パリで傘を買っても、雨の降らないカイロでは使い道がなくて、もったいないから」と続く。

傘のような小さなものでも荷物を送るには送料がかかる。何よりも郵便事情の悪いエジプトから外国に荷物を送るのは一仕事で、ほとんど丸一日潰れてしまう。

それを知らないはずはないのにと思いながらも、小池の倹約ぶりを知っている早川さんは、「お金に困っているのだろうか」と心配し、言われるがままに動いている。

だが、そもそも金にそこまで困っていれば、パリに短期留学はできないだろう。愛嬌で周囲を使役する要領の良さが見え隠れする。

小池がパリに行くとザマレックのアパートは来客もなく静かだった。早川さんはアラビア語の勉強に励み、カイロ生活を満喫した。本来、望んでいたのは、こういう日常ではなかったかと早川さんは改めて思う。

一カ月後の九月二十一日、小池はチュニジア経由でパリから帰ってきた。手にはチュニジアで買ったという鳥かごを、自分用のお土産としてぶら下げていた。早川さんは出立前に、わざわざドルで小池に餞別《せんべつ》を渡して、パリで何か小さなお土産を買ってきて欲しいと頼んでいた。だが、ひとこと、「買いに行く暇がなかった」と言われてしまう。母親宛の手紙に早川さんは、「少し残念だけれど、でも、百合子さんも忙しかったのだから仕方がないです」

と書いている。

ジグザグなアラビア語

小池が戻ってくると、また連日、男性客が押しかけてくるようになった。日本語ばかり使う生活に逆戻りしてしまい、早川さんは次第に焦燥感《しようそうかん》を募らせていく。せっかくお金を貯めてカイロにやってきたのに何をしているのだろうか、と。でも、この生活をどう変えたらいいのかわからなかった。小池に客を断ってくれとは言い出せなかったからだ。

悩んだ末に早川さんは、自宅でエジプト人を招いて日本語を教え、代わりにアラビア語を教えてもらおうと考えつく。

しかし、エジプト人男性が自宅に来ると、小池は露骨に嫌がった。まったく無視しアラビア語で話しかけようともしない。男性が帰った後で、「よくエジプト人なんかと付き合えるわね」と言われて早川さんはショックを受ける。エジプト人を蔑《さげす》んでいるのか。それとも何か過去に嫌な思いでもしたのだろうか。ドクター・ハーテムといった著名人とは交際があるのだから、庶民層のエジプト人とは付き合いたくないということなのか。しかし、エジプト嫌いでは、アラビア語もはかどらないだろう。早川さんには、小池の心中がわからなかった。

そんなある日、帰宅すると小池の姿がなく、ダイニングテーブルの上に、めずらしくノートが広げてあった。早川さんは何気なく覗き込み、その、あまりにも拙《つたな》いアラビア語を見て驚く。アラビア語は書きなれていないと上にいったり、下にいったりと、ジグザグになってしまう。英語でいえば、「This is a pen.」にあたる文章が、ぎこちなく上下していた。早川さんは言葉がなかった。

「百合子さん、こんなレベルだったの」

あまりにも初歩段階だった。アラビア語の実力を知られないように、隠していたのだろう。小池は日本でまったくアラビア語を学ばぬまま、カイロにきてしまった。基礎を学んでいないため、何も積み上げられずにいるのだと察し、かわいそうにも思った。

しかし、こんな状態でカイロ大学に入ってどうするつもりなのか。

口利きでカイロ大学二年生へ編入

カイロ大学は毎年、十月にスタートする。パリから戻ってきて迎えた一九七二年十月、小池は結局、カイロ大学に入学できなかった。許可が下りなかったのだ。それでも小池は少しも焦らず、「大丈夫、お父さんとドクター・ハーテムに任せてあるから」と早川さんに繰り返した。さらに入学許可が出るまで、「今度はイギリスに短期留学したい」とも語った。

それを聞いて早川さんは、思った。彼女の関心は欧米にあって、中東にはないのではないか、と。パリやロンドンに憧れており、アラビア語よりも英語やフランス語に惹かれているように見えた。

「英語やフランス語と違って、アラビア語をやっている人は少ないから、アラビア語を学んで通訳になりたい」と小池は確かに口にする。だが、それには血の滲《にじ》むような努力が必要だ。

早川さんは、小池の生活や価値観に疑問を抱くようになる。「大変な人と同居してしまった」。日記には、後悔を表す記述が増えていく。

「百合子さんを慕ってやってくる男性が多すぎる」、「この家にいたのではアラビア語が勉強できない。外で勉強するしかない」

悩んだ末、早川さんは、カイロ大学付属高校の校舎で外国人向けに開校されているアラビア語学校「サイディア・スクール」に通うことを思い立つ。

小池にそれを伝えると、意外なことに「私も一緒に行きたい」と言われたと母宛の手紙に早川さんは綴っている。ふたりは連れ立ってすし詰めのバスに乗り、カイロ大学の並びにあるサイディア・スクールの初級コースに入った。少し易しすぎるようにも感じたが、中級コースではレベルが高すぎた。

その隣室の中級コースには、ひとりだけ日本人男性がいた。名は山本一男。日本でアラビア語を学んでからカイロに来たので、日本人学生の間では「アラビア語がうまい」と言われていた。彼もまた、カイロ大学入学を目指しており、語学力を磨くために来ていたのだと後で早川さんは知ることになる。山本は浮ついたところのない寡黙《かもく》な学生で、挨拶もほとんど交わさなかった。女子留学生には人気があったが、クールで女性を敬遠しているようにも見えた。

結局、小池は一、二回通うと、スクールを辞めてしまった。バスに乗ると蚤《のみ》がうつるからイヤだというのだ。早川さんは、当初の予定どおり、ひとりで通った。家にいると小池と日本語で話してしまうので、できるだけ部屋に帰らないようにし、アラビア語に触れられるように努力した。

そんな毎日が続く中で、その大きなニュースは飛び込んできた。

小池のカイロ大学入学がついに実現したのである。しかも、父親がハーテムに頼んだ結果、来年の十月から二年生に編入できることになったというのだ。小池はとても喜び、早川さんにこう話した。

「関西学院大学に通っていた数カ月と、カイロ・アメリカン大学に通っていた数カ月を足して一年生を免除してもらったの。学費もかからないし奨学金だってもらえる」

早川さんは日本にいる母親宛の手紙に嬉しい出来事として、このことを報告している。手紙の日付は「一九七二年十一月二十九日」である。この日付からも小池が一九七二年十月の入学を果たしていないことがわかる。手紙に早川さんはこう書いている。

「百合子さんが、カイロ大学に入学できることが決まったので、今日は二人で缶詰のお赤飯を食べてお祝いしました。本当に良かったです」

カイロ大学は一年生から二年生に上がる過程が一番難しいと言われ、多くの学生がここで振り落とされる。だからこそ、二年生に編入できる、ということには大きな意味があるのだった。

学生結婚

大学への入学が決まっても小池の生活はまったく変わらなかった。むしろ編入できると決まって、ほっとしたのか、ますます社交やバイトに勤しむようになった。商社マンやマスコミ関係者との交遊が続き、夜は遅くまで遊び、昼近くまで寝ている。

早川さんの日記には、次第に深い苦悩が綴られるようになる。もっと有意義な生活を送りたい。とはいえ、同居解消を言い出せば、小池は行先がなくなり、ひとりでは家賃が払えず困らせることになるだろうか、と思いは揺れていた。だが、ある出来事が引き金となり、早川さんはついに同居の解消を決意する。

それは小池からの部屋替えの申し出だった。

同居生活を始めた初夏、小池は陽当たりの悪い、涼しい部屋を自室として先に選んだ。早川さんの部屋はリビングの一角で、陽当たりが良すぎて夏は暑くて大変だった。だが、「冬になれば暖かいのだから」と思って耐えた。

ところが、寒さが厳しくなった冬の日、小池から「半年経ったから、そろそろ部屋を交換しましょうよ」と切り出されたのだ。

日記には、「納得できない」、「いや、悪気はないのだろう」と早川さんの千々《ちぢ》に乱れる思いが綴られている。悩んだ末、早川さんは十二月の終わりに同居の解消を切り出した。

小池にショックを与えるのではないか、戸惑わせるのではないか、と早川さんは直前まで思い悩んでいた。だが、それらの懸念は、まったくの杞憂《きゆう》に終わる。小池はすでに早川さんの心を読み、先手を打っていたのだ。驚いたのは小池ではなく、早川さんのほうだった。小池は早川さんから同居解消を切り出されると、逆にこう告げたのだ。

「そう。わかった。私は山本さんと暮らすから大丈夫」

早川さんは思わず聞き返した。

「山本さん？　付き合ってたの？」

「うん、結婚する」

「結婚？　山本さんと？」

この時、小池はまだ二十歳である。サイディア・スクールで山本に出会ってから、わずか二カ月。早川さんはその時、初めて思った。山本とスクールで出会ってから、小池はアラビア語を彼から個人的に教えてもらっていたのではないか、と。

小池と孤高を保っていた山本の唐突な結婚話は、留学生たちを驚かせた。同時に、小池がカイロ大学二年への編入を、エジプト人有力者であるハーテムを通じて果たしたという噂が広がり、留学生たちは一様に憤慨した。カイロ在住で大使館関係の仕事をしていたという女性が当時を振り返って語る。

「学生たちの中には、『語学結婚だ』と陰口を叩く人もいた。カイロ大学に不正編入することになって、アラビア語を助けてくれる人が必要になった。だから結婚したんだって。学生たちは小池さんは芦屋のお嬢さんで、お父さんが金持ちだから、ハーテムみたいな有力者と知り合いで、コネ入学して、ずるいと非難したわけです。気持ちはわかるけれど、私はあの一家をもっと深く知っていたから。学生たちよりも、実際は小池さんのほうが苦しい状況にあったんですよ。親が借金してるから、日本には戻るに戻れない。お父さんはあんな人で問題ばかり起こす。彼女は自分で生き抜かなきゃいけなかった。だから、他の学生たちのような気持ちでは過ごせなかったんですよ。好きな勉強をしたくて学生たちはここに来ている。彼女のほうが切羽詰まっていて学生たちを羨《うらや》んでいたかも。かわいそうな子だった」

留学生たちは小池への態度をいっそう硬化させた。ある男子学生は小池のことを、「あのクソガキ」、「ゲイシャガール」と露骨に嫌悪し、山本までが他の学生たちから距離を置かれることになってしまった。二人は孤立していったが、それでも幸せそうに見えた。来客が減り、代わりに山本がよく遊びに来るようになった。

小池は父親が一九七三年二月にカイロに来て、一緒にリビアに行くので、その時、結婚の件を話し、了承をもらう予定だと早川さんに語った。

小池は自著他で結婚の理由を、「第四次中東戦争が始まって心細かったから」と、何度となく語っている。だが、結婚生活を始めたのは一九七三年二月からで、第四次中東戦争が起こる前である。早川さんとの同居解消と、カイロ大学への編入決定が引き金となった結婚だった。

また、『週刊文春』（二〇〇五年十月二十日号）では、藤吉雅春記者に、「第四次中東戦争と、父への反発」だと結婚の理由を語っている。

早川さんは「お父さんには絶対服従、というか、お父さんのことを信頼しきっているように見えた」という。しかし、内心では商談の場や接待の席に安っぽいキモノを着させて自分を連れ出す父に、嫌悪感を抱くようになっていたのかもしれない。

父親は「カイロにいる娘」を最大限に利用した。

アラブ人にとっては異教徒でも、既婚女性への接近は禁忌とされる。二十歳の小池は結婚することによって、自分にそれが適用されることを求めたのだろうか。

勇二郎はカイロにやってくると百合子を呼び出し通訳代わりに使っていた。通訳を雇う金がなかったのだろうし、内容も他人に聞かせられるようなものではなかったのだろう。小池は英語とカタコトのアラビア口語で必死に務めていたらしい。

父親は、「コイケ・アズ・ジャパンや。日本を代表してきた。百合子、はよ訳せ！」と日本政府の代表であるかのような法螺を吹き、小池が「恥ずかしいからもうやめて」と止めるようなことがあったという（『週刊文春』同前）。

こうした父親から離れたかった。そして、父親が与えてくれない安心を、安定を、小池は結婚する相手に求めようとしたのだろうか。

一九七三年二月、小池は予定どおり父親とリビアへ行き、七日間ほど過ごすとカイロに帰ってきた。報告を聞こうと、山本もやってきて早川さんとアパートで小池を迎えた。早川さんは母宛の手紙に、こう書いている。

「リビアでお父様に結婚を許してもらったと百合子さん、とても幸せそうでした」

この日は夜遅くまで三人で祝い、山本と小池の睦まじさに早川さんはあてられ気味であった、とも手紙にはある。その後、小池は山本のアパートへと二月中に移っていった。母親宛ての手紙に早川さんはこう書き綴っている。

「百合子さんは、もう山本さんのところです。まだ山本さんはカイロ大学にも入っていないし大変でしょうが、ふたりで乗り切っていくと思います。とても幸せそうです」

一九七三年二月の、こうした一連の記録は重要な意味を持つ。小池は確かにリビアに行った。父と一緒に。そして喜んで帰ってきた。小池の結婚が了承されるかどうか、早川さんも興味津々であったため、いつも以上にマメに母親に手紙を書き送った一九七三年二月。この件には、また後に触れることとしたい。


小池はヒルトンの食器をすべて持って、結婚相手である山本のアパートへと移っていったが、その引っ越しの最中、早川さんに、ある秘密を打ち明ける。

「あのね。私、実は旅行ガイドのアルバイトをしていたの。でも、もう結婚するし、カイロ大学にも入るし、良かったら、早川さん、やらない？」

早川さんは驚いた。小池が旅行ガイドのアルバイトをしていたなんて、一度も本人から聞いたことがなかったからだ。なぜ、黙っていたのだろう。観光ガイドの仕事は人気が高く、皆が取り合っている。「私にも紹介して」と言われるのが嫌だったのだろうか、と早川さんは思った。

そう考えてみると、小池には秘密主義なところがあった。山本との件もそうだった。すべてを人に打ち明けないし、また、自分にとって特別に大切な人物は、容易に人に紹介しようとしなかった。決して、すべてを人にさらけ出さないのだ。自分の一部しか見せない。しかも、それぞれに見せる一部は異なっている。だから人によって小池の印象は大きく異なる。皆、小池の一面しか知り得ないからだ。

早川さんの日記には意味深長なことが、ひとこと書いてあった。

「これで百合子さんも川村誠（仮名）さんのことを忘れられると思う」

ザマレックで暮らしている時、小池は日本からの便りを、しきりに気にしていた。日本で短い期間だが付き合っていたというボーイフレンドからの手紙を。だが、早川さんと同居している間、一通も返事が来ることはなかった。郵便受けを見に行っては、しょげて帰ってくる。一通ぐらい返事を書いてあげればいいのに、と早川さんは見たこともない「ボーイフレンド」を薄情だと思っていたという。結婚すれば、その恋人のことも過去になる。早川さんは結婚により小池が幸せになるものと信じていた。

小池が結婚してからも、互いの家を行き来していたことが早川さんの母親に宛てた手紙からわかる。だが、次第に会う回数は減っていった。それぞれに忙しくなったからだった。

離婚

では、結婚後、小池は、どのように暮らしていたのか。

一九七三年十月、小池はカイロ大学文学部社会学科の二年生に編入する。夫の山本もまた、同大学に一年生として入学したようである。

折しも十月六日にはエジプト、シリア軍がイスラエル国防軍を攻撃し、第四次中東戦争が始まっている。

とはいえ戦場はカイロ市内から遠く離れたシナイ半島であり、軍隊同士の限定された戦争で、カイロ市内にいた人々が戦火を強く意識するようなことはなかった。当時を知る元留学生は、「お店の棚から砂糖が消えたりすることはあったけれど、別にカイロで戦闘があったわけじゃないですから」と振り返る。

だが、小池はこの第四次中東戦争を後々、非常にドラマチックに語るようになり、「私は戦争を体験した」、カイロ大学では「入学式は匍匐《ほふく》前進だった」と語り、自身のタカ派的な言動の原体験として誇示するようになる。

私はカイロ大学に同時期に入学した数名に話を聞いたが、「入学式で匍匐前進を習った」という人には、ひとりも会わなかった。また、カイロ大学構内に数万人が匍匐前進を習えるような敷地があるとも思えなかった。中東戦争の影響で一九七三年の構内は多少、殺伐としており、中には教室の中で匍匐前進をして見せるような男子学生がいたのかもしれない。しかし、それを認めては、彼女の一九七二年十月に大学一年生として入学した、という自説が崩れてしまうことになる。

六日に始まった戦争は、同月二十四日にはエジプト軍側に優利な停戦協定によって幕を閉じる。

むしろ、この戦争による影響を生活レベルで強く受けたのは、エジプトよりも日本ではなかったか。「石油ショック」と言われる現象が起き、商店ではトイレットペーパーの争奪戦が繰り広げられた。そして、これが契機となって日本人の眼が中東、とりわけエジプトに向けられるようになり、次々と企業は駐在員を派遣し、政界、財界のトップも足を運ぶようになる。

日本大使館で要人を迎えてのパーティーが開かれると、小池はそこに顔を出そうとした。「学生らしくなかった」と留学生たちに言われる所以《ゆえん》だ。

彼女はカイロ大学に入学後も、勉強よりアルバイト、パーティー、旅行を優先した。わざわざベイルートまで何度も足を運んでイタリア車を買い、苦労して輸入したと本人も自著に書いている。そんな学生は当時、他にいなかった。

カイロ大学に入っても、文語がわからないので授業に出ても何の授業なのかさえ、わからない。テストではカンニングをしてもアラビア文字が書けないので引き写すことができなかったと自著で明かしている。そんな学生だったのだ。

小池は入学にあたって、夫の語学力を頼りにした。だが、カイロ大学の授業は夫の語学力で、どうにかなるようなレベルではなかったのだ。

ふたりの結婚生活は、すぐに不協和音を奏でるようになる。

元留学生は小池と結婚した直後から、山本が暗くふさぎ込むようになったと証言する。

「ある日、道を歩いていたら、山本さんが向こうからやってきたんです。顔つきがまったく変わってしまっていて驚いた。とても表情が暗かったんです。小池さんとの結婚生活に悩んでいるようでした」

離婚の理由については、これまでメディアで「夫が大学を辞めて、サウジアラビアで働くから、ついてきて欲しい、と言い出したので離婚した。自分は勉学に打ち込みあくまで大学卒業を目指していたからだ」と繰り返し述べている。

だが、これを聞き、憤慨するのは当時を知る留学生たちである。

アラビア語文語がまったくできず努力もしない小池を必死で支え、助けていたのは夫の山本だったからだ。早川さんも、こう振り返る。

「アラビア語を教えてもらうために結婚したけれど、彼の語学力を以てしても、カイロ大学の授業についていくには十分ではないとわかった、だからスパッと百合子さんは離婚したんだと思います。一方、山本さんは百合子さんの生き方に疑問を感じたんだと思う。カイロ大学に入っても勉強しない。百合子さんの勉強も、生活費も山本さんが見てあげなきゃいけなくて、大変だったはずです。百合子さんに堅実な生き方を提案したんだと思う。でも、山本さんはサウジには行っていないと思います。ずっと、カイロにいたはずです」

父の破産と二度目の同居

一方、その頃、勇二郎は懲りずに大博打を打とうとしていた。

百合子を伴い一九七三年二月にリビアに行ったのも、そのためだった。リビアを相手に商売をしようと画策《かくさく》していたのだ。

当時、仕事上の付き合いがあったという男性に話を聞いた。

「勇二郎さんはリビアに人脈を築いて、直接、石油を仕入れたいと考えていました。それでリビアの王子を日本に招いて接待したんです。勇二郎さんは、とにかく派手にやった。京都では裏千家を訪問してから、お茶屋に上がりました。でも、彼らはイスラム教徒で酒を飲まないから、盛り上がらない。そしたら、勇二郎さんが芸妓さんたちに、『野球拳をしろ』と言い出してね。野球拳を王子たちは喜んだけど、後日、お茶屋の女将《おかみ》からは苦情を言われたそうです。京都から大阪のホテルに戻ったら、今度は女だ、となった。それで勇二郎さんがトルコ風呂《ママ》に案内した。白バイの護衛つきでしたよ。それだけ接待すれば見返りがあると踏んだんでしょう。でも、もう会社がもたなかった」

大阪の大ビル内という一等地にオフィスは構えていたが、社員は六人程度。しかも、勇二郎の妻である恵美子、長男の勇、甥の正二といった身内が半数を占めていた。なぜか、恵美子は旧姓の小川を名乗り、社長の妻だとは知らない来客もあったという。男性が続ける。

「勇二郎さんはとにかく、滅茶苦茶。当時は台湾から小物を仕入れたりしていましたが、本人は石油に関わりたかったんでしょう。恵美子さんと勇二郎さんは、よく会社でお金をめぐって夫婦喧嘩をしていた。当時、百合子さんはカイロに留学中で、長男の勇さんもカイロに派遣されていた。『国際三昌カイロ支局』だって。勇さんからは『カネを送ってくれ』という悲痛なテレックスがよく入っていた。彼にタイプライターを貸したら、結局、返してもらえなかった。換金してしまったんだろうと思います。カイロにいる百合子さんからも時おり、テレックスが送られてくる。すると、勇二郎さんが、それを持って各企業を回って、お金を集めるわけです。『カイロから、こんな情報が入りました。私が現地に行って確認してきます』と言ってね。自宅に招かれたこともありますが、とても荒れていて、奥さんは、『仕事をしているから家のことができない』とこぼしていました」

借金が膨らみ、最後はかなり危ない筋から金を借りた。厳しい取り立てを受け、隣近所からの苦情が増していく。

そんな勇二郎がこの頃、すがった相手がいる。先にも紹介した浪速冷凍機工業（ナミレイ）社長の朝堂院大覚（松浦良右）である。

業務用の大型冷蔵庫を開発して会社の業績を伸ばし、二十代にして巨万の富を得た朝堂院は、若い頃から武道と政治に惹かれ、日本だけでなく中東や東南アジアでも政界に資金を流していた。親アラブ派の彼は、ナイル川の近くに魚の加工工場を建て、エジプト政府との共同事業にも乗り出していたという。

そんな朝堂院に人を介して、勇二郎の破産処理を助けて欲しいという話が持ち込まれたのは一九七五年から七六年頃のことだった。朝堂院が振り返る。

「人に頼まれて相談に乗ったが、勇二郎というのは、ほんとうに人望のない人間やった。関西電力の芦原義重や、大協石油の中山善郎に取り入り、関西経済同友会の幹事にもなっておったが、自分より下だと思う相手には、とにかく虎の威を借りて、ふんぞり返る。逆に自分より上だと思った人には取り入ろうとして、追い払われても付きまとう。勇二郎に金を貸した人の中には、立場上、断りたくても断れなかったという人も多かったよ。とにかく、良くいう人間がひとりもいない。破産して気の毒だ、というような意見がまったく聞かれんかった。なんとか整理しようとして、俺もずいぶん金を使うことになった」

芦屋の自宅にはもう住めなかった。借金取りから匿《かくま》うために東京に呼んでアパートに住まわせ、しばらく、勇二郎をカバン持ちに使ったという。当時、朝堂院は三十代半ば。勇二郎は五十代。朝堂院は勇二郎に振り回された。

「とにかく大風呂敷で平気で嘘をつく。ワシの前でもや。嘘をつくなと怒って、ポカッと殴ってやっても、ケタケタ笑っておる。それでまた、すぐに嘘をつく。コイツ、大丈夫か、どうなってんのやと不安に思うこともあった。恥という感覚がないから突進していく。無茶苦茶な行動力はあるんや。でも、だからといって何ができるかというたら何もできない。法螺を吹いているだけや」

当時、朝堂院は後藤田正晴や石原慎太郎との付き合いが深かった。ある日、朝堂院の事務所で石原と勇二郎が顔を合わせたことがあったという。

「勇二郎は興奮して、『石原先生、ワシです。先生の選挙手伝わせてもろうて、自分も衆議院に出させてもろうた小池です』と必死に説明しよったが、石原は、『ああ、そうですか』とにべもなかった。石原からしたら、そんなもんやろ。あいつはスターで、たくさん寄ってくる奴がおるわけだから。よほどの献金者じゃなきゃ、覚えてもいない。石原も人を利用するだけの人間なんやから。勇二郎が石原のタニマチ？　ありえんよ。だいたい、タニマチが選挙に出たりせんよ。それは多少、石原に金を使ったかもしれん。でも、それも人から巻き上げた金やろ。とにかく、政治が好きで好きで、自分が政治家になりたくてしかたなかったんや。だから政治家に近づいた。福田や中曽根には体《てい》よく追い払われて石原に接近したが、石原にとっても大した存在じゃない。勇二郎は選挙に出て金がなくなったんじゃない。会社が左前になったから選挙に出たんや。石原人気にあやかって政治家になろうと考えたんやろ。百合子は政治家にお金を貢いで父の会社は傾いた、石原のせいで家が破産した、選挙に出たお父さんに皆がたかったと思いたいのかもしれんが」

　朝堂院はカイロで、勇二郎に長男の勇とカイロ大学に在学中だという長女の百合子を紹介されたという。朝堂院の記憶では、その時、小池は結婚相手とは、すでに別れていたという。

「百合子からは、ある男を紹介された。結婚相手とは別だ。カイロで空手を教えているヤツやった。ワシに百合子は、その男と一緒に空手の雑誌を作りたいから金を出して欲しいと頼んできよった。ワシが武道好きだから引っ張れると思ったんだろ。数百万、出してやった。

その頃の百合子は、パッとしない、地味な女子学生だったよ。親父はあんなやし、兄貴も頼りない。だから、百合子は肉親をまったくあてにできなかった。生きていくには男を頼るしかなかったんやろ。勉強に励んでいるようにはまったく見えなかった。親父の商売手伝ったり、空手の雑誌作ったり、そんなことしとったんだから。ワシはカイロ大は聴講生だと思っておったよ。勇二郎はワシにさかんに百合子を売り込んできよって、百合子もワシに近づこうとする。おそろしい親子だと思うた」

小池は「結婚生活は半年」「数カ月」と語っている。では、破綻後は、どこで誰と暮らしていたのか。残念ながら、よくわからない。

早川さんの前に再び小池が現れるのは、一九七五年末である。互いに忙しくて疎遠になっていたが、突然、小池から、「離婚したから、また一緒に暮らせないか」と切り出されたという。早川さんは小池から紹介されたガイドの仕事が楽しかったこともあり、二年間の滞在予定を延ばし、そのままカイロに留まっていたという。

その頃、早川さんはザマレックではなく、ガーデンシティといわれる地域で暮らしていた。同居していた日本人女性が帰国してしまい、ちょうど、ひとりになったところだった。だが、前回のことがあるので早川さんは、すぐには踏み切れず、しばらく考えてから小池を受け入れる。以前と同じように、アパート代は折半にした。だが、小池から、「今回、私は夜ご飯を食べないから」と言われて食費は別会計にすると決めた。一九七六年一月から、二回目の同居生活はこうして始まった。

ガーデンシティはザマレックに比べると高級感が落ちるものの、イギリス統治時代の雰囲気が多分に残る優雅な住宅街だった。アパート前の大樹の木陰に小池はイタリア車を駐《と》めた。来客は、まったくなかった。その代わり、ほぼ毎日、小池は夕方になると、どこかに出かけていった。帰宅は遅く早川さんが就寝してから戻ってくる。

暑くなってくると小池は盥《たらい》に水を張り、両足を入れて涼をとりながら机に向った。鉛筆でひたすら文章をノートに筆記している。鉛筆が短くなって持てなくなると、もう一本の鉛筆をセロハンテープで巻きつけて長くして使い切った。進級試験に向けて必死に勉強しているように、最初は見えた。だが、その勉強内容を知って、早川さんは驚く。意味をまったく理解しようとせず、ただ、教科書に載っている文章を図形のように暗記しようとしていたからだ。小池は早川さんに言った。

「テスト用紙が配られても、そこに書いてある問題も、どうせ読めないもの。だから、とにかく暗記した文章をひたすら大きな字で書くの。空白が少ないほどいいんだって。東洋人の女子留学生だから大目に見てくれると思う」

落第

一回目の同居では、おしゃべりばかりしていたが、二回目の同居ではあまり話をしなかった。ガイドの仕事で早川さんもアパートを不在がちだったからだ。離婚した事情も聞くことが憚《はばか》られた。だが、一度だけ、小池から切り出したことがあった。

「あんな田舎だとは、思わなかったから」

山本の生家を訪ねた時の話を小池はした。

だが、早川さんは、そんなことが離婚の理由であるわけがないと思って聞き流した。カイロ大学での勉強を助けてもらおうと思っていたものの、山本の語学力でもまったく歯が立たないとわかり切り捨ててしまったのだろう、と。小池から突然、言い寄られて結婚し、離婚することになった。小池はケロリとしているが、彼は傷ついてはいないだろうかと気になった。だが、なかなか会う機会を得ぬままに時は過ぎていった。

五月の末から数週間にわたるカイロ大学の進級試験が始まり、早川さんは静かに見守っていた。結果は七月上旬に発表される。小池は落第した。

ひどく落ち込み、ふさぎ込んだ。どうしたらいいのかわからず、放心しているようにも見えた。そんな小池を見るのは初めてだった。あまりにショックを受けて無防備になり、いつものように取り繕うこともできなかったのだろうと、早川さんは回想する。

早川さんたちが暮らすアパートの同階に、偶然だがカイロ大学文学部の教授が住んでいた。まったくそれまで交流はなかったが、思いつめた小池は、「どうしたらいいのか、私、聞いてくる」と言って部屋を飛び出していった。早川さんは心配しながら帰りを待った。ようやく部屋に戻ってきた小池は気を高ぶらせていたという。

「驚いた……、社会学科の先生だったの」

そう言って黙り込む小池に、早川さんは尋ねた。

「それで、どうだったの、先生は何ておっしゃったの」

「あなたは最終学年じゃないから、追試を受ける資格はないって。そう言われた」

それを聞いて早川さんはハッとする。四年生じゃなかったのか。早川さんの頭にザマレックのアパートで見た、小池のノートの一文がよみがえった。「This is a pen.」の状態でハーバード大学に入学してしまったようなものだろう。初めから無理なことだったのだ。無理なことに挑戦させられてしまった小池が急に、ひどくかわいそうに思えた。

入学の際、小池に力を貸してくれたのは、ドクター・ハーテムだった。でも、この時、小池は彼に頼みに行こうとはしなかった。また、一度も、その名を口にすることがなかったという。カイロ大学は入学は比較的、外国人には甘い。しかし、進級試験は厳しく、コネも効かないといわれる。ハーテムでも卒業させることは憚られたのか、それとも、ハーテムと、この頃は疎遠になっていたのか。

小池はしばらく落ち込んでいたが、その後、気分を変えようと日本航空の現地スタッフになって働き始めた。カウンターでチケットの手配をする、といった仕事内容だった。この時、はにかみながら早川さんに言った言葉がある。

「ねえ、川村さんのこと覚えてる?」

毎日、ザマレックのアパートで、エアメールを期待して待っていた、かつてのボーイフレンドの名前だった。

「彼ね、ＪＡＬに就職したんだって」

それを聞いて、早川さんは日本に帰りたいのだろうと察した。もう少し頑張れば、というレベルならば、留まる気持ちにもなれるだろう。しかし、それは無理だと誰よりも本人がわかっていたはずだ。

八月の末、エジプトで飛行機のハイジャック事件が起こった。

その後、しばらくして、早川さんの母親が、このハイジャック事件を取り上げた新聞各紙をまとめて送ってきてくれた。

それらを読む中で早川さんは、ある記事に目が釘付けになった。小池が取材に応じていたからだ。だが、なぜか、『山本百合子』と結婚時代の姓になっており、しかも、肩書は『日本航空駐在員』となっている。離婚していると聞かされていた早川さんは、訝《いぶか》しく思った。それに、どうして「駐在員」なのか。

この一九七六年の夏、カイロで小池にアラビア語を習っていた人物がいる。国際ジャーナリストの若宮清だ。若宮は自衛隊員を経て早稲田大学に入学し、平和相互銀行に入行したという変わり種で、一九七六年八月、カイロに語学研修生としてやってきた。若宮ら四人の行員は、まず、アラビア語の基礎を家庭教師について学んだ。その家庭教師が小池百合子だったという。若宮は小池より六歳年長で、当時、三十歳だった。その若宮が振り返る。

「百合ちゃんは確か、カイロ大学はもう卒業していて、日本航空の臨時職員みたいなことをしていたと思う。最初は結婚していて、途中で、『元の小池に戻りました』って言われた記憶がある」

小池からはアラビア語の初歩を教えてもらった。だが、数回習ったところで家庭教師は別の日本人男性に代わり、小池とは、その後、遊び友達になったという。若宮が続ける。

「当時、カイロには百合ちゃんのお兄さんも来ていた。『国際三昌カイロ支局』っていう看板の横に、『ナミレイ』の看板も出ていた。ナミレイは朝堂院大覚さんの会社です。勇さんは妻子と一緒で、百合ちゃんとは別に暮らしていたと思う。

当時の百合ちゃんは、まったく無名。僕は一応、平和相互銀行の行員だから、いろんな人を百合ちゃんに紹介してあげた。そのうちのひとりが日本テレビの上子俊秋専務です。上子さんがカイロに来ることになって、観光ガイドを百合ちゃんに頼んだんだ。最初は金額で折り合わなかったけれど、百合ちゃんが『兼高かおるみたいになりたい』っていうのを聞いてたから、『テレビ局の人とは知り合っておいたほうが、何かといいんだから』と説得した」

若宮はその後、平和相互銀行をやめて国際ジャーナリストに転身する。カイロに若宮が滞在したのは、一九七六年から七八年までの二年間で、小池以上に兄の勇と親しくなったそうだ。当時、小池の兄の勇は「康弘」と改名していた。若宮の著書『国際浪人　面白さがし旅』には、勇（康弘）との、こんなエピソードが綴られている。

「今考えても、ちょっとスリリングな儲け話もあった。私はアラビア語の家庭教師だった小池さんに実兄の康弘（勇）氏を紹介してもらった。康弘氏は当時、日本で父親が経営する貿易会社のカイロ支店長として現地に来ていた。その彼が持ち込んできた話だ」

勇（康弘）から「ＵＡＥ（アラブ首長国連邦）国防相のレターヘッドが入った便箋と封筒を手に入れてくれたなら二万ドルの報酬が入るので山分けしよう」と若宮は持ちかけられる。勇の知り合いのトルコ人武器商人が、武器購入を迷う商談相手に、「ＵＡＥもこのように契約した」と偽の契約書を見せるために、それを欲しがっているのだと聞かされ、若宮は困惑しつつも協力する。ところが、武器商人は結局、一ドルも払ってくれなかった。その後、勇から「本当は二万ドルではなく六万ドルくれることになっていたんだ」と打ち明けられ、その商魂に感服した、という話である。

この勇はカイロで父や朝堂院の仕事を手伝った後、開発コンサルタントとなり、中東、アフリカ、東南アジア、ロシア、モンゴルを転々として仕事を請け負い、現在に至っている。

小池が進級試験に落ちてからも、早川さんとの同居生活は続いていた。

一九七六年九月下旬のある日のことだった。小池は興奮した様子でアパートに戻ってくると早川さんにこう訴えた。

「父から連絡があったの。『サダト大統領夫人が来日することになったから、とにかく急いで日本に帰って来い』って。時間がない。早くお金を集めないと」

日本に帰るための渡航費を小池はアルバイト先を回って、かき集めようとした。だが、それでも、まだ足りなかった。小池は早川さんの部屋に物を持ってやってくると、愛らしく頼んだ。

「ねえ、お願い、これ買って。いくらで買ってくれる？」

早川さんは苦笑しながら、言い値で買ってやった。包丁セットやアイロン、最後は、使いかけの口紅を持ってきた。

「早川さん、お願い、これも買って。まだ少し足りないの。お願い」

渡航費をこうして捻出《ねんしゅつ》した小池は、慌ただしく、日本へと旅立って行った。

その後、日本で何が起こったか。小池がどのように振舞ったか。カイロにいた早川さんが、知るのは約一カ月後のことである。

サダト夫人来日をアテンド、「カイロ大学卒」と売り込む

本来はサダト大統領自身が来日することになっていたのだが、中東情勢が悪化。急遽、代理として妻のジハン・サダト夫人が娘を伴い訪日したのは、一九七六年十月二十五日のことであった。

イギリス人の血が流れるジハン夫人は、四十歳を過ぎてから自分の娘が通うカイロ大学に入学。当時は現役のカイロ大学生でもあった。この点が、小池に有利に働くことになる。サダト夫人とも令嬢とも、カイロ大学文学部で顔なじみだと、勇二郎は百合子を日本アラブ協会に売り込んだ。正式な通訳や接待役はいたがアテンド役の末席にこうして百合子も協会の推薦を受けて、もぐりこむことに成功する。当初の予定どおり、これがサダト大統領の訪日であったならば、小池にこのようなチャンスが巡ってくることはなかっただろう。

十月十日前後、日本に戻った彼女は、積極的にマスコミに近づき自分を取り上げさせた。「カイロ大学を卒業した初めての日本人女性」に新聞記者は疑うことなく飛びついた。

カイロ大学卒、というインパクトは大きかった。新聞だけでなく、ラジオ、テレビにも、小池は次々と出演し、「カイロ大学卒、初の日本人女性」と売り込んだ。小池のことを知っているカイロ支局赴任経験のある、すでに帰国していた新聞記者たちも売り込みに協力したようである。テレビ神奈川には元朝日新聞記者で中東研究家として知られた牟田口義郎、ジハン夫人、小池で出演した。牟田口のことは、以前に読売新聞のカイロ支局員からカイロで紹介されていた。

一九七六年十月二十二日の「サンケイ新聞」は紙面の四分の一、七段を使って写真入りで小池を大きく紹介した。見出しは二つあり、「エスコート役に芦屋のお嬢さん」、「小池百合子さん　令嬢とは同級生　カイロ大新卒、唯一の日本女性」。

リードの文章は以下のように始まる。

「二十五日に、〝世界のファーストレディー〟の一人、エジプト大統領夫人、ジハンさんが来日する。その夫人に影のごとく付き添ってエスコートするコンパニオンは―アラビア語ができて、優雅な女性で、エジプトをよく知る人。そんなむずかしい条件にピッタリの女性がみつかった。この人、関西のお嬢さんで、小池百合子さん（二四）。女ひとり四年間、エジプトのカイロ大学に学び、日本人女性としては初めて同大学で学士号を獲得。ちょうど十月十一日に帰国したばかりだ。在学中、大統領夫人の長女とクラスメートで、夫人とも面識があり、まさにうってつけの適役だ」

男性であろう新聞記者の筆は、以下のように進んでいく。

「『久しぶりに帰国して、職探しでもと思っていたら、突然の〝大役〟でしょう。不安と楽しみと半々です…』

テレビタレントの来栖アンナによく似た百合子さん。夫人の訪日を目前に控え、帝国ホテルに陣どってガンバっていた。長身でほっそりとした体からは、異国の地で、五年間、ホームシックを耐え忍んだガンバリズムはとてもうかがえない。

とにかく、このカイロ大学、エジプト人学生でも卒業できるのは『よくて四人に一人』といわれるぐらい厳しいそうだ。百合子さんは文学部社会学科を規定の四年で、みごとに卒業したのだが、これまでに日本人で同大学を卒業できた人は、数年前、十年間かかって卒業した男性が一人いただけという。

卒業式を終え、十月十一日、日本へ帰ってきたが、ちょうど日本では、ジハン夫人の来日を控え、外務省やアラブ協会（中谷武世会長）がだれをコンパニオンにするかで頭を悩ましていた。アラビア語を話せる人は、極めて少ない。しかも一週間も夫人の行く先々に付き添える女性となるともっと少ない。カイロ大学士、百合子さんの帰国は願ってもないハッピーな情報だった」

「百合子さんが、本気になって外国留学、それもエジプトへ行こうと〝決断〟したのは今から七年前、当時百合子さんは兵庫県の私立甲南高校三年生だった。両親と兄一人。そのひとり娘。おそらく反対されると思ったが、母親は、積極的に『ぜひ行きなさい』と賛成、父親も『視野の広い人間になるには良い試練だ』と賛成してくれた。エジプトの学校の新学期は、十月から始まるので、百合子さんはとりあえず関西学院大学社会学部に入学、約半年学んだあと、昭和四十六年十月、エジプトへ渡った。アラビア語の初歩から勉強するためカイロのアメリカン大学に入学。一年間でなんとか日常会話ぐらいできるようになると、翌四十七年、カイロ大学へ入学し、『ヨチヨチ歩きのアラビア語で一足飛びに高等教育に取り組む冒険』に踏み切った。(中略)この大学は一年に一度のテストで進級が決まり三科目落第すると留年になる制度で、エジプト人学生と一緒に授業についていくのは大変だった。『日本のように遊びに行く所がないから、ほとんど毎日勉強ばかりだった』という」

彼女が若い女性でなかったなら、こんなに大きく、華々しく取り上げられたであろうか。

東京新聞にも写真付きで取り上げられているが、そこではこう書かれている。

「この九月、日本女性として初めてエジプトのカイロ大学文学部社会学科を卒業し、十月中旬帰国したばかり」(一九七六年十月二十七日)

小池は日本社会の、とりわけ日本のメディアの甘さを、この時、はっきりと感じ取ったことだろう。大抵の嘘は見抜かれない、ということを。自分が語ることをそのまま信じて活字にしてくれる男の記者たち。相手が何を喜ぶか、どんな話題を欲しがっているかを考え投げてやればいいだけだった。新聞で活字になれば、それは事実として世間に認定される。新聞記者はあまりにも騙《だま》しやすかった。

「ごめんね。だって、バレちゃうからね」

約一カ月間を日本で過ごした百合子は、十一月になると意気揚々とカイロに戻ってきた。アパートで迎えた早川さんは、わずかな期間で別人のように変わった小池を見て驚いた。まるで、「自分の人生を暗くするものは、もう何もない」とでも言いたげな晴れやかで自信に満ち溢れた表情。試験に落ちた直後の彼女とは、まるで人が違って見えた。

すると小池は嬉しそうにスーツケースから新聞を取り出すと早川さんに見せた。顔写真付きで小池が紹介されていた。早川さんは読み進めて思わず声をあげた。

「百合子さん、これって……」

見上げると小池の視線とぶつかった。驚く早川さんを見て、小池はいかにも楽しそうに微笑んでいた。そんな小池を目の当たりにして、早川さんはさらに当惑した。

「百合子さん、そういうことにしちゃったの?」

小池は少しも悪びれずに答えた。

「うん」

いたずらっ子のように目を輝かせて、上目遣いでじっと早川さんを見つめる。黙り込んでしまった早川さんに向かって小池は言った。

「前に早川さん、私には外交官よりもマスコミだとか、そういうほうが向いているんじゃないかって言ってくれたでしょ。ほんとうに、そのとおりだと思った。私、日本に帰ったら、そっちに進むつもり」

小池があんまり次々とダジャレを言うので笑いながら、そんなことを言ったことが確かにあった。しかし、それとこれと、どういう関係があるのか。こんなに大それたことをしてしまって、この先、どうするつもりなのか。

翌日から小池は浮き立つように日本に帰国するための準備を始めた。

毎日、忙しそうにしていたが、ある日、「今日はピラミッドに行ってくる」と言って出ていった。その時は深く気にも留めなかった。小池がピラミッドに向かった真の目的を早川さんが知るのは、それから何年も先のことになる。

十二月になった。小池は荷造りを急ぎ、明日はいよいよ日本に帰るという前夜を迎えた。早川さんは久しぶりに、ゆっくりと小池と向き合った。小池にとってはカイロで過ごす最後の夜である。五年間のカイロ生活のうちの約二年間を小池は早川さんと暮らしたことになる。

早川さんは夏に試験に落ちた時、口も利けなくなるほど、落ち込んでいた小池の姿を思い出し、わずかな期間の大きな変化を思った。わだかまるものはあったが、小池はとにかく日本に帰りたいのだ。カイロ大学を出られなかった、とは口が裂けてもいえない。卒業したと言わないと帰れないのだろうと察した。

カイロでの最後の夜、小池は突然、早川さんの手を取ると、「はい、これ」といって何かを掌《てのひら》に載せた。小池は両手でしばらく早川さんの掌を包んだ。

「私からのプレゼント。早川さんがずっと持っていてね。絶対に人にあげたりしないでね」

この時の小池の眼差し、言葉、声を、早川さんはその後の人生において何度となく思い出すことになる。

掌に握らされたのは名刺大のプラスチックの小箱だった。中には小さな模造真珠のブローチが入っていた。透明なケースの右下には、「ＪＡＰＡＮ ＡＩＲＬＩＮＥＳ」の文字。勤務先のＪＡＬでもらってきたのだろうと思った。小池はさらに続けた。

「あのね。私、日本に帰ったら本を書くつもり。でも、そこに早川さんのことは書かない。ごめんね。だって、バレちゃうからね」

早川さんが黙っていると、小池は身体を寄せて、下から早川さんの眼を覗き込んできた。

「いい？」

早川さんは頷くよりなかった。

翌日、小池は日本に向けて旅立っていった。

早川さんの当時の日記を読むと、最後まで小池に振り回され続けていた様子が、よくわかる。小池は自分が乗っていたイタリア車を帰国にあたって早川さんに安く譲る約束をしていた。値段も決まり、街外れの空き地で早川さんは小池から運転のコツを教えてもらった。日記には楽しいドライブの思い出として綴られている。

ところが、しばらくすると小池は車の話題を出さなくなる。気づくとアパートの前からイタリア車は消えていた。

小池が別の日本人に売ってしまったのだと早川さんは風の噂で知るが、何も言い出せず小池からも説明はなかった。「残念だけれど仕方ない」と日記には綴られている。

小池は帰国の前日、アパートのドアの前に不要になったノートや教科書を堆《うずたか》く積み上げ、捨てていった。それが雪崩《なだ》れ落ちてしまい、早川さんは積み直した。あたりには手紙類も散乱しており、かき集めようとして、その文面が眼に飛び込んできた。男性からの、あまりにも赤裸々《せきらら》な内容、激しい非難の言葉に早川さんはショックを受けた。

小池が去ってからだいぶ経ち、結婚相手であった山本と、早川さんはようやく会う機会を得た。小池の名前を出すと途端に遮《さえぎ》られた。

「その名前は聞きたくない。初めから利用されているとわかっていた……。利用されただけなんだ」

早川さんはそれ以上、何も言えなかった。

飛行機事故を二度回避という強運物語

それから長い歳月が経った。小池は自分の「物語」を日本で紡《つむ》いでいた。お気に入りの「物語」はますます魅力的なものになっていった。以下に紹介するのは右派の評論家として知られた渡部昇一と、政治家になり大臣を経験した小池による、二〇一〇年に行なわれた対談の一節である。

「**小池**　私は中東にいて、国際政治の冷徹さや二枚舌外交、また領土に対する認識の強さを現実に見て学びました。最も肌で感じたのは、たしか七三年の五月《ママ》、商社マンの通訳としてリビアのトリポリへ行ったときのことです。

　リビア石油公社との交渉だったのですが、結論が出なかったので、乗る予定だった飛行機をキャンセルして一日滞在を延ばしたんです。飛行機は地中海の上を通ってシナイ半島のところで南下し、最後は北上してカイロ空港に到着する予定だったのですが、その途中で、イスラエルの領空を侵犯したとして戦闘機に撃ち落とされました。

　あの時に、背筋が凍るとはこういうことだと実感しましたね。領空、領土、領海は主権そのものです。『一歩たりとも自分たちの領土には踏み入れさせない』という意識を、身をもって学んだんです。

渡部　強運の人ですね。

小池　実はもう一度、同じような経験があります。七六年にカイロ大を卒業し帰国する際、卒業証明書の発行に時間がかかり、一日、一日と帰国を延ばしていました。年内にはと思い、クリスマスの日にエジプト航空を予約したのですが結局、搭乗日を延期しました。すると、その飛行機はタイのバンコクで、飛行場の一キロ手前で工場に突っ込み、全員死亡しました。飛行機の墜落は二度免《まぬが》れました。

渡部　一度ならず、二度までも……。やはり強運です。

小池　話を中東に戻しますが、イスラエルとパレスチナは、まさに一センチ、一ミリの戦いをしていて、そのために夥しい血が流れています。これが中東の現実であり、世界の現実であるにもかかわらず、日本の主権意識の薄さといったらありません」（渡部昇一・小池百合子『ＷｉＬＬ』二〇一〇年十二月号）

一回目の飛行機事故の回避は、「七三年の五月」だと言っている。しかし、その時期に、このような事故は起こっていない。イスラエル軍による撃墜事件があったのは、七三年二月である。本当に九死に一生を得る経験をしたのなら、「たしか」という表現はせず、また事故日を間違えるはずがないだろう（他の媒体でも日時を間違えて語っている）。小池は七三年二月、確かにリビアに行った。しかし、それは商社マンの通訳としてではない。父親の伴《とも》としてである。

そもそも商社がリビア石油公社との交渉に、二十歳の学生を通訳に雇うはずがない。また、アラブの国では、通常、商談は英語で行われる。

二月に小池は父とリビアに行き、カイロに戻ってきた。しかし、「キャンセルしたために飛行機事故に遭わずに済んだ」といったドラマは一切、なかった。それは早川さんの残した記録を読めばわかることだ。

小池はこの旅行で父親に、結婚のことをどう切り出すか悩んでおり、早川さんもその経緯に興味を持っていたため、この月はとりわけ日記や手紙に克明に一日の出来事を書いている。小池が帰宅する日、アパートには、結婚相手の山本が来ていて一緒に帰りを待っていた。リビアから戻ってきた彼女を交えて、三人で遅くまで過ごした楽しげな様子が綴られている。二月の記述のどこにも事故の話は出てこない。早川さんの記憶にも、そのような話は、残っていない。早川さんはいう。

「そんなことがあったなら、私も山本さんも、心配して大変な騒ぎになっていたはずですし、私の記憶にも残っているはずです」

さらに二回目の飛行機事故の話も早川さんの記憶にはないという。

「一九七六年十二月二十五日にタイで墜落したエジプト航空には、結婚を控えた私の友人が客室乗務員として乗っていました。私は訃報を知り、ショックを受け、悲しくてなりませんでした。でも、その便に小池さんが乗る予定だったという話は、私の記憶にはまったくないんです。小池さんが十二月中に帰国したのは確かで、お正月はもうエジプトにいなかった。それは覚えているんですが」

早川さんには忘れ難い思い出がある。

ザマレックの高級アパートで小池と暮らしていた時のことだ。家に押しかけてくる男性たちは小池のことを芦屋のお嬢様だと思って扱い、小池もまた、そのように振舞っていた。だが、早川さんだけは実家から送金のない苦しさを知っていた。彼らが帰った後、小池がぽつりとこぼしたことがあった。「芦屋といってもいろいろなのにね」。

その時の寂しげな横顔――。

また、ある日のこと、突然、来客があり小池が化粧を落としていることを忘れて玄関先に飛び出した。ドアを開けた瞬間、男性は悪気はなく大声をあげた。

「どうしたの！」

横にいた早川さんは身体が固まってしまった。だが、小池はいつもと変らぬ調子で頬に手をあてて言った。

「ああ、これ？　さっきね、ぶつけちゃったの」

男性は少しも疑わず眉根を寄せて「気をつけなきゃダメだよ」と注意し、小池は笑って受け流した。後年、早川さんはこの場面を何度となく思い返すことになる。

小池がいなくなったカイロで、どれだけ経ってからだろう。早川さんは小池が毎晩、家を留守にしていた理由を初めて知った。日本大使館に勤める男性書記官の夕飯を作るアルバイトをしていたのだ、と。

どうして何も言わなかったのだろう。一緒に暮らしていたのに。小池は秘密の多い人だった。自分は何一つ彼女を理解していなかったのだろうか。それとも彼女が心を許さなかったのか。でも、心を許す相手が果たして小池にいるのだろうか。早川さんはいう。

「『絶対に人にあげたりしないでね』といって、百合子さんは私にブローチをくれた。でも、本当はこう言いたかったんだと思うんです。『絶対に人に言ったりしないでね』」

第三章

虚飾の階段

一九七六年十二月に帰国し、正月は久しぶりに芦屋の実家で祝ったが、三が日が過ぎると母の恵美子に「通訳をやりたいなら東京に出なきゃダメよ」と尻を叩かれ東京に出た、と小池は大下英治の取材に対して答えている（『挑戦　小池百合子伝』）。

だが、当時の小池家は借金取りに追われる状況にあり、このような優雅な話ではなかったはずだ。親元で暮らすという選択肢は初めからなかったのだろう。女ひとり、生きていく。知る人のいない大都会、東京を彼女は選んだ。過去を知る人のいない街を。この時、彼女は二十四歳だった。

勇二郎に連れられ小池は大協石油社長、中山善郎のもとを訪れている。父はカイロから帰国してきた娘を、何かの形で雇って欲しいと頼み込んだ。元大協石油の社員は、「社内は大反対だった」と振り返る。

「小池勇二郎の娘なんか、という声が大きかった。でも、勇二郎さんは、東洋国際石油社長、越後友之助さんの親戚でしたから無下には断れない。それで百合子さんを嘱託《しょくたく》という形で雇って、それなりの給料を払うことにしたんです。百合子さんは週二回ぐらい会社に顔を出しましたが、仕事らしい仕事はお願いしてなかった。社内は非常に冷ややかだったので、最初は居心地が悪かったと思います。でも、彼女は若くてスタイルのいい美人で、それに『ジジ殺し』だったんですよ。年配の偉い人たちに次々と気に入られた。中東から客を迎えた時や中央官庁との会食なんかに、中山は百合子さんを連れて行く。宴席や接待ゴルフでの振る舞いは見事でしたよ。一番、力を持っている人をすぐに見抜いて、積極的に近づいていく。すごいな、と社内でも評判だった」

アラビア語を仕事で使うことはあったかと聞くと男性は笑いながら、顔の前で手を大きく左右に振った。

「石油がらみの商談で、アラビア語を使うことなんてないんですよ。これは常識です。すべて英語なんです。商談に百合子さんが通訳で同席した、なんてことはないです。英語の使い手は社内にいくらでもいますし、外部の人に聞かせられない。ましてや勇二郎さんの娘ですからね。彼女は頭の回転が速くて、切り返しがうまいし、関西風のボケとツッコミみたいな楽しい会話をする。ただ、自分たちのような若い一般社員には、別の面も垣間見える。礼儀正しいお嬢さんを装っていても、並み外れた上昇志向が伝わってくる。人を値踏みして近づいているのがわかる。利用されたと後から怒る上司もいましたが、なんで最初からわからないのかなって思って見てましたよ」

他にも帰国後の小池がキャリアを築く上で大いに助けとなった組織がある。勇二郎も関係した、例の日本アラブ協会だ。ドクター・ハーテムが名誉特別顧問を務め、会長は自民党の右派政治家として知られた中谷武世。理事には中曽根康弘ら著名な政財界人が名を連ね、中東に縁を持つビジネスマン、研究者、マスコミ関係者らが会員になっていた。小池は同協会のアラビア語講座で口語（アーンミーヤ）の講師を引き受け、『季刊アラブ』の編集にも携わり、深く食い込んでいった。

同協会に関係することで得られる人脈を小池は父と同じように利用した。かつ、自分の過去を知る中東関係者を高みから把握するためにも、この協会を味方につけておくことを重視したのだろう。

母がカイロで和食屋を出店

帰国後の職歴として、「大協石油顧問」と「日本アラブ協会講師」を彼女は好んで掲げる。だが、この時期、最も深く関わった相手は、先にも紹介した浪速冷凍機工業（ナミレイ）の社長、朝堂院大覚（松浦良右）であろう。

借金取りに追われ、関西に住めなくなった小池の両親を朝堂院は六本木のアパートに匿い、長男の勇（康弘）にはカイロで朝堂院が経営する魚加工工場の仕事を手伝わせていた。帰国後の百合子もまた、朝堂院を頼ったという。

「百合子はワシの神田の事務所に出入りしておって、ワシが小遣いを渡しておった。中東から知り合いが来ると宴席に同席させたが、あいつは英語を使うんや。『なんや、お前、アラビア語、使わんのか』と聞いたら、『私、こっちのほうがいいんです』と言いおった。『着て行く服がありません』と言われて服を買うてやったり。百合子は触れられたくないやろうが、あの頃はどん底の小池家をワシが丸抱えするような状態やった。カイロにあるワシの魚加工工場は勇に手伝わせておったし」

勇二郎と恵美子夫婦の処遇に、朝堂院は頭を痛めていた。勇二郎は関西がダメなら東京で事業がしたい、もう一度、選挙に出たいと語ったが、朝堂院は聞く耳を持たなかった。

「なにを言うとるんや、と。悪評がとどろいておって、いくらワシがバックアップしたところで東京だって無理な話だ。騙されて恨んでおる人たちが、ぎょうさんおるのだから。いつまでも匿っておれんし、ワシはカイロに行かすことにした。この男にやれそうなことといったら、せいぜい料理屋ぐらいだ。女房に手伝わせて、ふたりでやらせればいいと思うた。ワシの知り合いを接待する店にもできる。それでカネは全部出すから、カイロで日本料理屋をせいと送り出したんや。店名はワシの会社が『浪速《なにわ》冷凍機工業』やったから、『なにわ』とワシが決めた。雇われ店長に据《す》えたんや。箸置きに至るまで、ワシの金や。そりゃ、そうやろ、あいつらは破産して一銭もないんやから」

これが、「なにわ」が開店されるに至った経緯であると朝堂院はいう。しかしながら、この「なにわ」開店の話も、小池にかかるとまったく別の物語になってしまう。

小池は、「なにわ」を開店したのは、お嬢様育ちで専業主婦の母の発案だった、とメディアで繰り返し語っている。曰く、小池の留学中、母がやってきてカイロに唯一あった日本料理屋で食事をした。すると、すき焼きの中にキャベツが入っていた。母はそれに憤慨し、自分が店を開いて本物の日本食をエジプトで提供したい、と言い出した。「やりたいことをやらせて」と、専業主婦だった母は譲らない。周囲がいくら「今さら苦労する必要はない」と説得しても聞かず、母はカイロに日本間付きの料理屋を開店してしまった。父親は「油を扱ってきた自分がなんで水商売を手伝わなくちゃいけないんだ」と文句を言いながらも、妻の仕事を手伝うようになった、というのである。

さらに店名の由来まで、小池はわざわざこう書いている。

「専業主婦から料理屋の女将への一大変身である。それも海外での出店となればプロでも二の足を踏む。板前の確保、日本食材の調達、現地の法律や為替など問題だらけだ。しかし、そこは素人のクソ度胸。多くの方に迷惑を掛けながらも実現してしまったのである。(中略)大阪出身ということから『なにわ』と名付けた店も今年、十一周年を迎えた」(「オヤジとおふくろ」『文藝春秋』一九九二年五月号)

大阪出身だから「なにわ」にした、と。しかし、小池家は兵庫県出身で大阪ではない。「なにわ」は浪速冷凍機工業から取った、という朝堂院の説明のほうが、はるかに説得力がある。店のオーナーが、あの朝堂院であったことを知られたくないという思いから、わざわざ「大阪出身」と嘘をついてまで事実を隠そうとしたのであろう。

お嬢様育ちで専業主婦の母が、本物の日本食を提供したいという夢をカイロで叶えたのは、すき焼きにキャベツが入っていることに憤慨したから。なんともマスコミ受けする魅力的な話である。カイロ大学の卒業を記念してピラミッドの頂上でキモノを着てお茶を点てた、という話同様に。耳目《じもく》を集める甘美な「物語」が生み出され、事実に上書きされていく。決して生活のためではない。世間知らずな母の一途《いちず》な思いから始めたことだと。

カダフィ大佐を「インタビュー」

両親も兄も同級生もいない東京での生活。彼女はマスコミ界という虚業《きょぎょう》の中に居場所を得ようともがいていた。

不思議な記事が残されている。

一九七八年二月一日の朝日新聞夕刊。紙面の半分が割《さ》かれた記事だ。「小池百合子さんの大統領夫人会見記」と銘打たれている。小池の経歴が別枠で紹介され、本文は「日本人女性として初めてカイロ大学を正式に卒業した小池百合子さん」が現地でジハン大統領夫人にインタビューする、というもの。一問一答という形式である。

サダト大統領の人柄、大統領の服は夫人のセンスで選んでいるのか、といった、たわいのない質問が重ねられており、ワンピース姿の小池がジハン夫人と向き合う写真も載っている。主役は夫人というよりは、「小池百合子さん」である。

無名の、研究者でも、ジャーナリストでもない二十代女性に対して、破格の扱いと言えるのではないだろうか。しかも、同じ内容、同じ写真を使った記事が日本アラブ協会の機関誌『季刊アラブ』(一九七八年三月号)にも掲載されている。

この時の経緯を、小池は自著で、こう明かしている。

「ちょうど仕事でエジプトにいた兄をカメラマンがわりに、兄妹二人で大統領官邸に乗り込む。インタビューは快適に進み（もちろんアラビア語デース）、写真も二つのカメラを駆使し、フィルム二本分を撮った」

つまり朝日新聞の記者は取材に同席していなかった、ということになるが、朝日新聞に大々的に掲載されたこの記事はカイロ大学を卒業し、大統領夫人とも話せる「小池百合子さん」の名を高める役目を果たしたことだろう。

朝日新聞に限らず、各社の男性記者たちは、小池にさまざまなチャンスを授けた。

中東通としてテレビに登場する新聞記者の大半は、アラビア語を解さない。男社会の中で生きている彼らは小池のような女性に一様に甘く、親切だった。

フリーランスの若い男性ジャーナリストたちは、そのあり様を冷ややかに、かつ、呆れてみていたようだ。元AP通信社の浅井久仁臣は一緒にアフリカや中東で取材をしたこともある朝日新聞の伊藤正孝のことを、人間としては信頼していたと断ったうえで、そんな伊藤が小池に手もなく取り込まれているのを見て、小池のカイロ時代を知るだけに「女を見る目がないな」と感じたと自身のブログ（二〇〇五年八月十六日）で明かしている。

伊藤はこの後、小池の政界入りにも協力し、常に彼女に便宜を計り続けた。また、自分の出版記念パーティーでは、キャスターになった小池に司会を頼んでいる。

新聞各社の男性たちはこぞって、小池に自分の力を誇示しようとした。仕事を紹介する人もいれば、紙面を提供する人、人脈を与える人もあった。

新聞で活字にされた瞬間に「カイロ大学卒」は事実として認定され、流布されていく。その信頼をもとに彼女の世界は広がっていった。

読売新聞出身で日本テレビ専務だった上子俊秋のもとへも、帰国後、彼女はすぐに挨拶に行った。カイロに上子がやってきた際、若宮清の紹介で小池が観光ガイドを務めたことは既に書いた。

折しも、日本テレビはエジプトの砂漠に実物の十四分の一サイズのピラミッドを再現するという大プロジェクトに取り組んでおり、小池も加わるようになる。

一九七八年五月には、上子や日本テレビの撮影クルーと、このプロジェクトのために小池もカイロを訪問する。小池にとっては実に二年ぶりのカイロであった（『挑戦　小池百合子伝』には、日本アラブ協会の旅行でエジプトに行ったところ、日本テレビのクルーとカイロで偶然一緒になり、その場で加わることになったと書かれている）。

小池の言によればカイロまでせっかく来たのだから、隣国リビアまで足を延ばし、若き指導者カダフィ大佐にインタビューを申し込んでみようと盛り上がり、リビアへ。粘って交渉したところ、晴れて上子専務がカダフィと会見できることになり、小池は通訳を務め、また、自身もカダフィにインタビューをしたという。さらには、リビアの片田舎に暮らすカダフィの両親にも会った。

帰国後、「日本メディアで初めてカダフィへのインタビューに成功した」と評判を取った、と小池は自著に書いている。だが、どのような話題を何分間、何語で話したのか、会見の詳細を知ることは現在できず、小池の働きを検証することはできなかった。

竹村健一の番組アシスタントでテレビデビュー

上子との縁で彼女は翌一九七九年四月、日本テレビでタレントとして、ついにテレビデビューを果たす。朝の情報番組「ルックルックこんにちは」のワンコーナー、「竹村健一の『世相講談』」のアシスタントに起用されたのだ。

外国通の評論家として知られた竹村は一九三〇年生まれ。パイプをくゆらせながら、「だいたいやねー」と関西弁で切り出すスタイルが受け、一世を風靡《ふうび》した人である。著作も多いがテレビを主戦場とした評論家の、先駆け的存在であったといっていい。

初代アシスタントの「ミス横浜」が一年で降ろされ、小池に代わった時、現場には「上の指名」に反発する向きもなくはなかったという。竹村も初めは小池に素気なく冷たかったというが、しばらくすると態度が一変した。理由は小池が「使える人間」だとわかったからだろう、と同番組のプロデューサー、細野邦彦は語る。

「僕はもともと芸能番組やってきた人間だから、こんなに地味な子でいいのかなって最初は思った。けれど、総理だとか、そういう人たちがゲストで来るわけだから、バカじゃだめだし、礼儀正しく対応できる人がよかった。彼女は、それができたし、だから竹村さんにも気に入られていった。一度、石原慎太郎さんがゲストで来た時に、『なんであんなの使ってるんだ、あいつの親父、俺の真似して選挙に出たんだよ』って言われたことがあったな。彼女はお嬢様育ちなのに、なぜか肝《きも》が据わってて、闘争心もあった。報道の連中も彼女のことを気に入って、すぐにゴルフに誘い出してた」

この「ルックルックこんにちは」には後に日本新党で小池の同僚となる円《まど》より子も出演していた。彼女は「円より子のニコニコ離婚講座」という自分のコーナーを持っており、いわば竹村と同格であった。だが、小池はアシスタントにすぎず、番組内では竹村の隣で相槌《あいづち》を打つだけの存在だった。なお、余談めくが同番組でレポーターをしていた山谷えり子は、現在、自民党の重鎮《じゅうちん》となっている。

竹村がマスコミ関係者を集めて行う飲み会や勉強会には、常に小池の姿があった。テニスコートでも一緒だった。新聞に目を通す、資料を作る、といった基礎訓練はこの時、身に着けたというが、何よりも小池の中に根深く残ったことは竹村からいわれた、「テレビは何を言うかやないんや、視聴者は、そんなことよりネクタイがどうだ、とか、髪がはねているとか、そういうことを気にするんや」という言葉だったらしい。竹村は視覚が与える情報を侮《あなど》るな、という意味で小池に言ったのだろうが、彼女はこれを極めて表面的に受け取ってしまう。内容ではなく、ファッションや表情が何よりも大事なのだと。

竹村が所有する神奈川県下の温泉付き別荘で、官僚やメディア関係者を集めて行われる研究会では小池が台所に立ち料理を作ることもあったという。

番組に出るようになった彼女は、「努力」をかかさなかった。番組にやってくるゲストには必ず礼状を書き、スタジオ内で並んで一緒に撮った写真を同封したのだ。政財官の有力者との人脈をこの方法で築いたと自著でも誇っている。

一方、アラビア語通訳としての需要は、ほとんどなかった。外務省では中東の重要人物が来日すると何かと人脈を求めて食い込もうとする小池に対して警戒していたという。

一度だけ美智子皇太子妃とサウジアラビアの商工大臣夫人が面会した際の、短い通訳を担当したことがあるが、これは担当官庁が外務省ではなく通産省だったからだと当時を知る人物はいう。

「あのアラビア語で引き受けてしまうのだから相当な心臓ですよ。彼女とすれば自己宣伝になるから絶対に引き受けたかったのだろうけれど。英語とアラビア口語のちゃんぽんだったんだと思います。会議や記者会見の通訳ではないし、日常会話を訳す程度だから、まあ、支障はなかったんでしょうが」

自分をメディアに物語る

世間的な知名度は低かったが、まれに、週刊誌の対談や座談会に招かれた。そんな時は自分の「物語」を猛烈にアピールした。作家の落合恵子、夕刊フジ政治記者の田村玲子らとの誌上座談会では、以下のように語っている。

「**小池**　私がアラビア語を覚えたくて、エジプトのカイロ大学に入学したのが8年前、19歳のときでした。その前に日本人でひとりだけ卒業していたんですが男性で10年かかっているんです。単純計算でも29でしょ。これはいかんと、寝る時間もないほど勉強して4年で卒業しました」

「**小池**　もうちょっと自慢させてもらうと、卒業のとき、一番で出たんです。それでピラミッドの上で記念写真とろうと、男の日本人留学生2人に朝食おごるからと、カメラマンと荷物運びをさせて。(著者注・彼らは)おじさんみたいに年上ですが、すべってばかりいるから、私の下級生なんです。ピラミッドの頂上で着物を着て〝日本女性ここにあり〟とばかりお茶道具を出して……」(『週刊女性』一九八〇年六月十日号)

カイロ大学を卒業した日本人は、私の前にひとりしかいない、その人は十年もかかっているが、私は四年で卒業したと述べている。小笠原良治のことを指しているのであろうが、彼は十年ではなく七年で卒業している。

すでに、この頃から、「卒業を記念してピラミッドの上でキモノを着てお茶を点てた」という話をしていたことが同記事からわかる。

無名の彼女が世に出るための売り物は、カイロへの留学体験とカイロ大学卒という異色の学歴だけだった。だからこそ、ピラミッド写真や〝首席〟が加わりその「物語」はどんどん大きく、より魅力的になっていくのである。

次に紹介するのは、野球評論家・江本孟紀《たけのり》との対談である。

「**小池**　大学を卒業したので日本に帰国しようとして、エジプトエアーを予約したの。ところが出発の2日前になっても卒業証書ができてないの。エジプトって『あしたやる』『あしたやる』というだけなのね。

江本　それじゃ困るね。

小池　こっちは出発の日が決まっているから、卒業証書を書いてるところまで押しかけて行ったら、なんと2年前の人のを書いてた（笑）。

江本　ホントかね、嘘みたいだ。

小池　これはだめだと思った。でも何とか仮のもの出してもらうように話をつけたんです。しかし、それも時間がかかるってんで、出発便を変更したんです。そしたら、私が乗るはずだった便がバンコクで落っこっちゃって、全員死亡……。

江本　エジプト人のスローモーが命を救ったんだ。

小池　それが実は2度目の命拾いだったの。その前のも聞きたい？

江本　聞きたい、聞きたい。

小池　通訳のアルバイトで、72年にリビアに行ったんです。石油探査の仕事でね。探査の結果が出たらすぐ帰るということで、リビア航空を予約してたんです。ところが、実験の結果がなかなか出ないんで、一便遅らせて次のにしたんです。そしたら……。

江本　また落ちた。

小池　うん。その飛行機がイスラエルの上空を侵犯して、ミサイルで撃ち落とされて、地中海に沈んじゃったの。これまた全員死亡……。

江本　……（驚いて声も出ず）」（『週刊プレイボーイ』一九八二年四月二十日号）

「ちょっと自慢になりますが、カイロ大学では、首席で卒業したんです。で、帰国のために乗るはずだった飛行機が、都合が悪くてキャンセルしたら墜落しちゃったんです。同じようなことが、もう一度ありました。わたしって、本当に強運なんです」（『週刊大衆』一九八五年九月三十日号）

小池の帰国後の足取りを調べる中で、私はあることに気づいた。

「小池百合子」よりも、ずっと大きく雑誌で取り上げられている小池姓の女性を見つけたのだ。名は「小池咲子」。あの従妹の咲子である。

咲子は神戸のアメリカンスクールを中退して、イギリスのパブリック・スクールに留学した。だが、ロンドンのカレッジを卒業する頃、父の準一郎が急死してしまったらしい。咲子は働かなくてはならなくなり、オランダ航空の国際線スチュワーデスになるものの、彼女にとっては不本意な選択だったのだろう。精神的に充実できないという葛藤を抱えたようだ。それもあって仕事の傍ら重い録音機を背負い、咲子は趣味で世界各国の「音」を収集するようになる。やがて、それらの「音」に咲子自身が散文調のナレーションを入れたものが、レコードとして発売され評判になる。華やかな外見、国際線スチュワーデスという経歴。レコードより咲子にスポットライトがあたったようだ。

キングレコードから一枚目のレコード「エアポート」が発売されたのは、一九七八年の暮れ。百合子が竹村の番組に抜擢されるのが一九七九年四月であるから、ふたりのマスコミデビューは、ほぼ同時期といっていい。

評判を取ったのは、ここでも百合子ではなく咲子だった。週刊誌や女性誌が「現役スチュワーデスのレコードデビュー」と大きく取り上げている。一方、百合子のデビューは、ほとんど記事になっていない。

一九八〇年には、咲子はNHKのラジオドラマにも出演し、二枚目のアルバム「サラート」を発表。この頃、咲子は中東に惹かれていたようで、中東の民族衣装に身を包んで取材に応じている。砂漠の光景をなんとか音で伝えたいと思い、このアルバムを作ったのだと述べている。

百合子はフランスやイギリスに惹かれながら中東に留学し、咲子はイギリスに留学したが中東に惹かれていったものらしい。ふたりの小池は光と影のように、また蔦のように運命が絡み合う。百合子は必死にテレビ界に食い込もうとし、咲子は苦労なくレコードデビューを果たして、華々しく取り上げられた。咲子も百合子も相手のことを一度としてメディアでコメントしていない。咲子には望めば日本のマスコミ、芸能界に、いくらでも道が開かれたことだろう。だが、彼女自身がそうした世界に興味が持てなかったようだ。機械が好きなので操縦免許を取り将来は「パイロットになりたい」と雑誌の取材で述べている。その後、次第に咲子の名はメディアから消えて見られなくなる。外国に住まいを移し日本にはあまり帰らなくなったようだ。

咲子と百合子のネガとポジのような関係は、ある時期から反転していく。百合子はひたすら有名になりたいと願い電飾の光を求め、咲子は逆に虚飾の世界から姿を消すという形で。

その頃、カイロでは小池の両親がナミレイの朝堂院大覚（松浦良右）の資金援助を受けて日本料理屋「なにわ」を切り盛りしていた。フロアを仕切るのは、主に妻の恵美子だった。小池は築地で買い出しをしては、日本食材をカイロに送っていたという。

勇二郎はカイロでも、大法螺を吹き続けていた。日本にいる時と同じように著名な政治家の名前を呼び捨てにしては、「俺が面倒見てやってたんや」と嘯《うそぶ》いていたという。「日本には何軒もビルを持っていた」、「日本政府から中東とのパイプ役を頼まれカイロにいる」と荒唐無稽な話を繰り返したが、日本で娘がテレビに出るようになると、それが自慢のタネとなり、ますます勢いづいた。

カイロに長く暮らす日本人女性は、ため息まじりに振り返る。

「日本人を見つけると、『小池百合子って、知ってるか。日本人の女で初めてカイロ大学を出たんやで。知らんのか、あんたそれでも日本人か』といったことを周囲に聞こえるように、大声で話しかけると評判でした。捕まると延々と、わけのわからない自慢話を聞かされて、こちらが恥ずかしくなる。『ＪＡＬの支局は、このワシがエジプト政府に交渉して作ってやったんや』『日本の外務省は役に立たん。外交は全部、ワシが東京の政治家と連絡を取ってやってるんや』とか、そんなことばかり言う方でした」

カイロ社会でも商社やメーカーの駐在員の間では「政治ゴロ」と敬遠されたが、娘が著名になると、それを虎の威として問題を起こすようにもなっていった。

その頃、早川さんもまた、カイロで暮らしていた。カイロに根を下ろしたのだ。小池とは疎遠になっていたが一度だけ東京で会う機会があったという。

小池が竹村の番組に出ていた頃のことだ。たまたま日本に帰る用があり、小池と数年ぶりに再会を果たしたという。

小池は新宿御苑の森を見下ろすマンションでひとり暮らしをしていた。カイロで小池が盥《たらい》に足を入れて、涼を取りながらノートに文字をひたすら書き写していた日々が、感慨深く思い出された。マンションから最寄り駅までの道を一緒に歩いていた時、ふいに小池は路面にあった子ども服店に飛び込むと、その場で、早川さんに子ども服をプレゼントしてくれた。それだけでなく、帰国の際には、カイロの両親に届けてくれとあるものを託される。それは積み重ねられたジンギスカン鍋だった。

それが小池との最後の会話になろうとは、知る由もなく。

財産を小池家に掠め取られた大物フィクサー

一九八二年三月、小池家にとって大きな出来事が起こる。「なにわ」のオーナーである朝堂院大覚（松浦良右）が東京地検特捜部に逮捕されたのだ。朝堂院が経営する浪速冷凍機工業は、水処理や真空装置を開発し、総合エンジニアリングとして大きく業績を伸ばしていた。朝堂院はさらに、その収益で企業買収を繰り返し、巨万の富を得ていた。有り余る金は、国内外の政治家に流した。ニカラグア共和国のオルテガ、フィリピンのマルコス大統領やアキノ、エジプトの大統領ナセルやサダト。日本では後藤田正晴や石原慎太郎に。

検察に逮捕された理由は、高砂熱学工業の株を買い占めるにあたって、同社の社員に業務提携を強要した、というものだった。当時を朝堂院が振り返る。

「検察の真の狙いは強要罪じゃない。後藤田正晴の贈収賄《ぞうしゅうわい》を立件したがっていたんや。だから、後藤田に不利な話をするなら起訴はせんといいよった。ワシはそれを拒んで小菅に九カ月間、入れられたんや。すると、勇二郎と勇がどさくさに紛れて、ワシのカイロの財産を掠め取った。『なにわ』も魚の加工工場も。だいたい、勇二郎の破産処理だけでもワシは何億も使っておるのに。小池家だけじゃない。もっと大きく持っていきおったヤツもおる。ワシはすっかり世の中がイヤになって、外国の資産は大半を手放した。それで事件後、名前も本名の松浦良右から朝堂院大覚と変えたんや。ワシが出てきても小池家は挨拶にも来んかった。

ワシも執行猶予の身だから外国には行かれん。何年も経ってから勇に東京の雑居ビルで、ばったり出会うた。アイツは青くなって固まっておった。その点、百合子は肝が据わっておったぞ。ずっと後になってホテルオークラの廊下で、出会うたが、あいつは笑顔で『まあ、オジサマ、お元気ですか』と言いおった」

「なにわ」は朝堂院の逮捕直後、カイロ市内で場所を移転した。名前も一時的に「やまと」に変え、後にまた、「なにわ」に戻している。

一九八二年十月、小池は初めての著書、『振り袖、ピラミッドを登る』を出版するが、それはちょうど朝堂院が小菅の留置所で検察の取り調べを受けていた時期に重なる。カイロから帰国して七年目、テレビに出るようになってから四年目での出版だった。

早川さんはカイロ市内のペンションに立ち寄った際、偶然、その本をロビーで見つけた。日本人旅行者が読み終えて置いていったもののようだった。

表紙には見知らぬ女性の姿があった。中東の民族衣装を着て、歯を見せて笑っている。目頭から、くっきりと線の入った大きな二重瞼、粒の揃った白い歯。著者名は「小池百合子」。だが、この表紙の写真は誰なのか。早川さんが知る小池百合子とは、あまりにも顔が違って見えた。

著者紹介欄を読むと、やはり自分の知る「小池百合子」のようだった。だが、そこには「カイロ大学首席卒業」とある。ここまでしてしまうのか。驚きながら本文を読み進め、早川さんはさらに大きなショックを受けた。

カイロ・アメリカン大学の女子学生寮に入っていたと書かれており、中東各国から集まった留学生との会話が面白おかしく綴られている。だが、それらの話には既視感があった。昔、早川さんが小池に教えてあげた話や、他の日本人留学生の体験談が小池のものとして語られていたからである。最後まで早川さんのことには、一行も触れられていなかった。結婚していたことも。小池の言葉が急に思い出された。

「私、日本に帰ったら本を書くつもり。でも、そこに早川さんのことは書かない。ごめんね。だって、バレちゃうからね」

「あとがき」には、さらにこう書かれてあった。

「ピラミッドの頂上をきわめて、私のエジプト留学は終わった。入学式のかわりに軍事教練で始まったぐらいの大学である。卒業式などまったくなかった。正式の卒業証書が手に入ったのは、なんと二年後であった」

その「卒業証書」の写真も、本の扉にあしらわれている。どうやって、こんなものを手に入れたのか。どうしてここまでしてしまうのか。早川さんには、わからなかった。

蜘蛛の糸

東京で小池はひたすら蜘蛛《くも》の糸を摑もうとしていた。

竹村健一の「世相講談」には、ほぼ毎回、政治家、財界人、学者、メディア関係者ら著名人が招かれる。大物に近づき、可愛がられ引き上げてもらうという父譲りの生き方を、彼女はここで実践していた。父よりも、ずっと上手に。

女が男社会で生きていくために、必要不可欠なもの。それは「人脈」だと彼女は言い切っている。一九八五年に三冊目の自著『おんなの人脈づくり　サクセスウーマンへのPASSPORT』を出版。そこには小池流「人脈づくり」の方法が具体的に披露されている。

彼女はその最も有効な手段として、手紙を挙げ、留学中から実践し三カ月だけ通った関西学院大学の有名教授、田中国夫にもカイロから手紙を送り続けることで人脈を築いたと述べている。

手紙の書き方にもコツがあり、「両者間に通じるあるテーマを取り上げて」書かなくてはいけない、と説く。一例としてハーバード大学講師の板坂元との文通を取り上げ、相手が興味を持つことを書くことが何よりも大事だとして、板坂には、ベッドの左右どちら側に男性は寝るべきか、エチオピアの売春婦の生態、割礼の習慣といったことを、「自分の見聞、体験、知識、思考を駆使して」書き送ったと明かした上で「こういう密度の濃いパイプラインを通すことで、ネットワークはより堅強なものになっていく」と語っている。

とにかく相手に自分を印象づける、そのためには名刺にも工夫を凝らす必要があり、だから自分は、「小池百合子」の下にアラビア語の表記を入れている。相手がそれに気づいて目を落とせば、すかさず、その場で相手の名前をアラビア語で書いてみせる。

会話の中では「〇〇さん」と相手の姓名を入れるようにする。頃合いを見て印象的な贈り物をする。パーティーには、こまめに出席する。これが彼女の誇りとするサクセスウーマンの、「おんなの人脈づくり」であるという。そこから見えてくるものは、当時の彼女の暮らしぶりと、価値観、身の処し方であろう。

「一枚の写真に『お元気ですか』のメッセージを添えて渡し、次の突破口を開く」と彼女はいう。運よくお茶や食事に誘われるかもしれない、と語る。気がある、誘われていると男性を誤解させるかもしれない、という不安は彼女にはなかったのだろうか。

「世相講談」にゲスト出演した自民党の小渕恵三にも、いつものように礼状を書き、彼女は食事に誘われる。「どんな料理がいいか」と小渕に尋ねられた彼女は迷わず、「トゥールダルジャン」と都内最高級のフランス料理屋を挙げた、と誇らしげに後年、エッセイに書いている。人との縁を「人脈」と見る。彼女にとって他人とは何なのか。小池事務所の関係者はこう語った。

「なんだか食うか食われるかという感覚で生きているように見えた。都会のジャングルを、ひとりでサバイバルしているような。無償の愛というものを知らない人なんじゃないか。親や兄弟にさえ気を許していなかったと思う。親友といえる人も見えてこないし、同志といえる人もいない。何より小池さん自身の心が見えない。だから感情が絡み合わない。人間関係が希薄で、しかも長続きしない理由はそこにあると思う」

そうした、ある種の人に対する冷たさが、彼女に社会的成功をもたらした部分もあったのだろう。他人に心を許さない。常に騙されるまいと思っている。用心ぶかく、自分が生き抜くことを考え、得になる人とだけ付き合う。だから利用価値のなくなった人、下り坂にある人との縁はばっさりと切り、時には相手を悪者に仕立てる。なかなか、そこまで冷徹になれないものだ。学生時代の小池を知る、ある元留学生はこう語った。

「あれは中東人の感性なんだろうという人がいる。それは違う。初めから彼女は彼女だった。彼女には自分しかない。その上、その『自分』に頼りになるような技術や知識があるわけじゃない。強みは容姿と、『カイロ大学卒』という肩書きだけ。でも、それに見合った語学力や思考力はない。だから自分に安心できないし、自分の中にこれというものを見出せない。だから、どうしても人を頼るし、利用する。刹那的な生き方になる」

アシスタントのままではいずれ降ろされる

竹村の隣に座を得たものの、慣れてくれば満足しきれない仕事だった。頷くだけのアシスタントである。自著を出し、講演や司会にも手を染めていたが、どこにいっても「竹村さんの隣の人」と見られて終わる。三年が経ち、三十歳となった。当時の感覚では中年とされた年齢である。

甲南女子の同級生は大半が良縁を得て結婚し、子どもを産んでいた。竹村の隣に座っている小池を見ても、お嬢さん育ちの同級生たちは「すごいわね」と口では言っても、心からそれを羨みはしなかった。

いつまでもアシスタントはやれない。いずれは降ろされる。今年でなければ来年。来年でもなければ再来年。テレビ界における女の寿命は短い。今、自分をちやほやしている男たちもいずれは手のひらを返して、より若い女性へと目を移していく。テレビ局に所属する社員でもない不安定な身の上だ。だが、時代が小池に味方する。日本経済はバブル期に突入しつつあり、景気は上向き続けていた。報道の現場にも変化が生じつつあった。

一九八二年、NHKは夜九時のニュース番組、「ニュースセンター9時」の司会はアナウンサーではなく記者が務め、「キャスター」と呼ばれた。また、社内の女性アナウンサーではなく、慶応大学の大学院生の宮崎緑《みどり》を公募で選び、サブキャスターに据えた。宮崎は才色兼備の美人キャスターとして一躍、時の人となる。

これに各局が刺激された。容姿端麗で、学歴があり、英語の話せる女性を、という流れができ上がり、野中ともよ、幸田シャーミン、櫻井よしこらが次々と画面に登場する。田丸美寿々、小宮悦子、安藤優子ら各局の女性アナウンサーも報道番組を担当し、硬派なイメージで売り出された。スチュワーデスに代わって女性アナウンサー、女性キャスターが女性の花形職業となっていく。

一九八五年にはテレビ朝日が夜十時から、ニュースショー的な報道番組、「ニュースステーション」を開始し、メインキャスターに久米宏、サブキャスターに小宮悦子を抜擢して大きな成功を収める。軽妙な久米のトークはもとより、隣に座る小宮の理知的な佇まいと美貌、脚線美が視聴率を引き上げたといわれた。

小宮は小池より六歳年下の一九五八年生まれ。東京都立大学卒でテレビ朝日の社員アナウンサーだった。肩パッドの入ったスーツに身を包み、髪型はショートカット、スカートから見える形のいい足をそろえて横に流す。小宮が作った、この理知的で色気もにじませる女性キャスター像は、ひとつのひな形となり、小池や他のキャスターに踏襲されていく。

一九八五年には男女雇用機会均等法が成立。時はバブルへと突入する。好景気に支えられ都会的な自立した高学歴女性がマスコミ界を中心に、ますますもてはやされるようになった。

週刊誌では「女性キャスター」「女性アナウンサー」特集が盛んに組まれた。しかし、そこで小池が取り上げられることは、まずなかった。一介のアシスタントであり、女性キャスターとは見られていなかったからだ。宮崎緑や、小宮悦子は二十代の若さで、夜の看板番組を背負っている。小池とは境遇が大きく違った。

だが、ひとつだけ、小池には彼女たちにはない大きな強みがあった。欧米ではなく中東の名門大学を出ているという「学歴」である。それは彼女の最大の切り札だった。

一九八四年の八月二十三日、小池は朝日新聞夕刊に掲載された人物紹介に目を留める。それは来日したトルコ人の青年が、日本で性的なサービスをする特殊浴場が「トルコ風呂」と呼ばれていることに対して、苦痛を感じているという内容だった。

小池はすぐさま朝日新聞の知人に電話を入れると、この青年の連絡先を教えてもらい、会いに行ったという。そして、「一緒に国会議員に陳情しよう」と持ちかけた。あとはすべて彼女のペースで進んでいった。

厚生大臣の渡部恒三に新聞記者を通じて陳情のアポイントメントを入れると、彼女は記者クラブに連絡し新聞社やテレビ局に取材に来るよう働きかけた。

功を奏して当日の大臣室には入りきれないほどマスコミ関係者が押しかけた。フラッシュがさかんに焚かれ、テレビカメラが回る中で、陳情書をトルコ人青年が手渡した。翌日、スポーツ新聞に至るまでが、これを報じた。トルコ風呂、大臣、女性タレント、留学生、という取り合わせに妙味があったからだろう。

一カ月後、「トルコ風呂」という名称は消え、新たに「ソープランド」という言葉が誕生した。小池の顔と名前と行動力、それにカイロ大学卒の中東通という経歴が、これによって広く宣伝された。

その頃ちょうど、国会では日本人男性たちがアジア諸国で繰り返す「買春ツアー」が問題視され、度々、議題にされていた。一九八一年には買春ツアー防止対策を求める要望書が女性の市民運動家と社会党系の女性議員によって提出されている。

小池はこの一件からもわかるように、「トルコ風呂」という性風俗の存在そのものを批判したわけではなかった。彼女が問題視したのはトルコという国名を名称に使うことであって、そこにある買春そのものを否定したわけではない。逆に存続を肯定する側に立っていたからこそ、名称変更を思いついたのであろう。

彼女は男の性欲への、性風俗への理解がある、話がわかる女だという印象を男性たちに与えることで男社会を生きていた。

これもまた、彼女の指向性を現わすエピソードであるかもしれない。

ちょうど同時期に、やはり女性の市民運動家が中心になって、喫煙の害、とりわけ煙を吸わされる受動喫煙を問題視する運動が起こり、「嫌煙権」という言葉が広がっていた。すると喫煙家の男性たちが、女やひ弱な男が嫌煙権を主張して、煙草をくゆらせる権利を奪おうとするのはおかしいと反発した。

その筆頭に立っていたのは、パイプをくゆらせる姿で知られた愛煙家の竹村健一だった。彼は嫌煙活動を批判する立場を取り、ヘビースモーカーの小池もこれに同調する。

竹村が発起人になり一九八五年四月一日に京王プラザホテルで開かれた「愛煙家のためのシンポジウム」では、壇上に愛煙家の著名人がずらりと並んで、スパスパと煙草を吸い、盛大に白い煙を吐き出して見せた。嫌煙権を主張する社会に対して物申す、というパフォーマンスである。

ステージ中央に座ったのは竹村と小池で、周囲を「アラーキー」の愛称で知られる写真家の荒木経惟《のぶよし》らが取り囲んだ。小池は中東の民族衣装に身を包み、頭からベールをかぶる妖艶な姿で煙を吐き出し、会場に華を添えた。

彼女は男社会と対峙するのではなく寄り添い、男社会の中で「名誉男性」として扱われることを好んでいたのだった。だからこそ、彼女は次々と大物たちに目をかけられ、引き上げられていったのだろう。

「ワールドビジネスサテライト」へ大抜擢

一九八五年、小池は大きな転機を摑む。六年間務めた竹村のアシスタントを辞めて次のステージへと移ったのだ。迎え入れたのはテレビ東京である。

テレビ東京に移った経緯には諸説がある。

「テレビ東京の天皇」といわれた社長、中川順《すなお》は「自分が竹村健一さんに話してテレビ東京に譲ってもらった」と週刊誌の取材で答えている。

一方で、元日経新聞局次長でテレビ東京に転じた池内正人もまた、「小池百合子に声をかけたのは自分だ」という。その池内に話を聞いた。

「ニュースステーションの成功があって、テレビ東京でも同じような番組を作ってみてはどうかと電通から言われたんだ。後発だから思い切って、女性キャスターをメインに据えようと僕は考えた。初めは小池百合子なんて頭になかったんだけど、あるパーティーで会った時、とても印象が良かったので、その場で、『いずれ、こういう番組を立ち上げるけれど、やってみる気はあるか』と聞いたら、彼女は『是非やってみたい』と言った。でも、彼女はニュース原稿を読んだ経験もなかったからね。だから、まず朝のニュース番組に起用して様子を見たんだ。彼女、夜の会食なんかが好きだから、最初は不満だったみたいだけれど、きちんと務めたよ。それを見て、大丈夫だと思ったんだ」

初期にワールドビジネスサテライトの制作を請け負っていた、テレビ制作会社インター・

ボイスの元社長、静永純一も、小池を起用したのは自分だと主張する。その静永の回想は、池内のものとはまた異なっていた。

「私は仕事でアメリカに行き、ニューヨークでABCの著名なキャスター、ピーター・ジェニングスに会ったんです。すると昨日、日本の女性が飛び込みで自分に会いに来たと聞かされた。それが竹村さんの番組でアシスタントをしていた小池さんだったんです。その後、電通からテレビ東京で新しくスタートするニュース番組の制作を依頼された時、彼女の名前が頭に浮かんだ。『英語が話せる女性』というのが条件でしたが、私は何よりも彼女の前向きな度胸を買ったんです」

肝心の小池は、いくつかの雑誌で、「新宿2丁目の飲み仲間」のテレビ東京社員に声をかけられて引き受けた」と語っている(『毎日グラフ』一九九二年十一月八日号)。

男性たちが、「自分が起用した」と主張するのは、それぞれが小池を気に入り、起用したいと思ったからなのだろう。

彼らの中で最も権限を持っていたのは、当然ながら社長の中川であった。

中川は一九一九年生まれ。戦時中は軍需会社で働いていたが、戦後、日経新聞に入って常務にまで上り詰めた。一九七一年に日経新聞から東京12チャンネル(現・テレビ東京)に移ると、組合運動が盛んで赤字経営だった同社を、辣腕で立て直した。晩年まで中川と親しくつき合った知人のひとりは、こんな言葉を覚えていた。

「中川さんはとにかく小池さんのことを気に入っていた。『経済なんか知らなくたっていいんだよ。とにかく小池は眼が大きくて、キラキラと輝いている。あの眼がいいんだ。それに普通、女の子は行かない中東なんかに留学して、カイロ大学を卒業しているから、とにかく話が面白いんだよ』と言ってました」

小池は一九八五年にテレビ東京に迎えられると、名前を「小池ユリ子」と変えて、平日は「マネー情報」、土曜日は各企業のトップを招いての対談番組「トップ登場」の司会を務め、十分に下地を作ったところで、満を持して一九八八年春に立ち上げられた夜十一時半からの経済ニュース番組ワールドビジネスサテライトの初代メインキャスターに就任する。

テレビ東京そのものは、TBS、テレビ朝日、日本テレビ、フジテレビに比べれば、キー局とはいえず、東京を中心とした小規模なテレビ局であったが、日経新聞をバックにした夜の看板番組でメインキャスターに、女性の身で起用されることの意味は大きかった。前述の池内はいう。「相撲でいえば十両からいきなり横綱になったようなものだ」と。

大変な飛躍だった。収入も跳ね上がった。小池は芸能プロダクションに入っていなかったため、約二千五百万円といわれた出演料は全額、彼女のもとに入った。さらに、講演や対談といった副業も次々と舞い込むようになる。

小池は、英語ではなくアラビア語を選んだように、競争相手の少ない分野で自分の付加価値をつけたいと思い、女性の少ない経済という分野に進んだのだと経緯を語っている。だが、それは後付けの理由であり、彼女は別に経済に興味を持ち、学んでいたわけでもない。だが、それで十分に務まる仕事だった。

政財界は会合やゴルフに女性キャスターを呼びたがる。ゴルフとカラオケで彼女の人脈はますます強く、太くなっていった。シンポジウムのパネラー、官庁の審議会メンバーにも女性がひとりはいたほうがいい、ということで女性キャスターに声がかかる。彼女たちに専門性があるわけではない。だが、権威ある男性たちの好みが反映されるのだ。

政治や経済という分野は男社会のなかの男社会であり、だからこそ、女性には甘くなるという一面があった。

大きな眼、カイロ大学卒業という経歴、ゴルフやカラオケ、気の利いた受け答え、巻き舌の英語によって彼女の道は切り開かれていく。

当時、テレビ東京内は大きく二つのグループに分断されていたといわれる。ひとつは日経新聞からやってくる人々のグループ、もうひとつはテレビ東京の生え抜きグループである。

会社の支配層は日経新聞出身者で固められていた。新聞社がテレビ局を抑え込んでいた時代である。ニュース番組の制作も日経新聞の記者たちが中心になる。ワールドビジネスサテライトの立ち上げ当初を知るテレビ東京の元報道記者は、日経新聞から天下ってくる幹部社員、女性キャスター、政財界人の関係を半ば、あきれながら見ていたという。

「キャスターといってもの外国のキャスターとは全然違う。自分で取材をし、調べて、自分のオリジナルで専門性のある意見をいうわけじゃない。女性キャスターはいってみればタレント、女優ですよ。経済なんて何も知らない女性を連れてきて、それらしく見せてしまう。そういうことがテレビは可能なんです。小池さんもそうですよ。現実には外見で男性幹部に選ばれているわけですが、女性キャスターのほうも自分が経済通であるように次第に錯覚していく。政財界の男性たちが彼女たちを、チヤホヤしますから。女性たちは、彼らに話を適当に合わせているだけなのに、『彼女はなかなか頭がいい、よくわかっている』なんてね」

ワールドビジネスサテライトに出演するようになり、水を得た魚のように自信を深めていく小池を見て、安心すると同時に不安を感じたと語る人がいる。制作に関わっていたスタッフのひとりである。

「テレビというのは、本来はこわい世界なんですよ。何十万、何百万という人たちに見られるんですから。そんなところに出る。普通の神経ではやれないことです。画面に出て自分の話し方ひとつ、表情ひとつで、世間を誘導できるわけで、とんでもない万能感を得られてしまう世界。大変な自信と高揚感を出演者は得る。すると、その快感から離れられなくなっていく。俳優は自分の表現として演技をするわけですから、見る側も、これは俳優が役を演じているのだとわかる。でも、キャスターは『自分』として出る。虚像と実像が溶け合ってしまう。視聴者も本人も。私はずいぶん、いろんなキャスターやアナウンサーを見てきたけれど、向き不向きははっきりしている。半端な心臓じゃ務まらないですよ。乗れる人と乗れない人がいる。小池さんは何の疑問もなく、乗れてしまう人なんだ。平気ではったりができる。虚業に疑問を抱かない。見識や知識がなくても、それを上回る器用さと度胸があった」

テレビ東京幹部は社長の中川以下、日経新聞出身者で占められており、小池は彼らを押さえていた。何より中川のお気に入りであることは全社員が知っていた。当時、現場プロデューサーだった男性は、こう振り返る。

「小池さんは社長や幹部とつながっている。だから、現場の社員には、それがプレッシャーになる。『ジジ殺し』って言われてましたよね。社内外で権力者とつながっているから。彼女はあまり現場の人間となじんで一緒に番組をつくっていこう、という感じじゃなかった。壁があった。今はここにいるけれど、いつ離れるかわからないという感じ。渡り鳥のイメージは当時からありました。いつも次を考えているような。いつも何かを狙っているような」

中東では戦乱が続いていた。それも「キャスター小池ユリ子」にはプラスに働く。

八年間にわたって続いたイラン・イラク戦争が終結するのは一九八八年である。翌年、時代は平成へ。中国では天安門事件が起こり、ドイツを東西に分けていたベルリンの壁が崩れてソ連は崩壊へと向かう。

一九九〇年八月、イラクのサダム・フセインが、クウェートに侵攻して湾岸危機が勃発。西側諸国がクウェート支援の立場を取ると、イラクはクウェートにいた日本人を含む外国人をイラクに連行して人質にする。

この湾岸危機でも、小池は派手に立ち回った。

前年、日本アラブ協会事務局長に就任していた小池は、自分には中東に人脈があり協会を代表して人質交渉に携われると主張して、イラクの首都バグダッドに飛ぶと現地から衛星中継でワールドビジネスサテライトに出演した。

神経をすり減らして対応に当たっていた外務省は、突然、押しかけてきて、勝手な行動をする小池や佐藤文生元衆議院議員（日本アラブ協会所属）に苛立ったといわれる。

日本アラブ協会の理事である中曽根康弘元総理大臣が日本側の交渉代表者として自民党議員団とともに現地入りし、また、イラクと特別なルートを持つアントニオ猪木参議院議員もやってきた。様々なルートで人質解放の交渉が同時に展開されていった。

結果として人質になっていた日本人の一部が解放され、中曽根とともに帰国できることになると、小池もこの飛行機に同乗した。

帰国後、小池は自分の番組だけでなくメディアに盛んに登場し、積極的に取材を受けた。いつの間にか、人質交渉を成功させた立役者と称《たた》えられるようになり、週刊誌には、「中曽根康弘の密使」、「影の立役者」といった文字が躍った。また、どの記事も決まって、「カイロ大学首席卒業、アラビア語ペラペラの才女」だと判で押したように小池を紹介した。

そんな中で、『月刊テーミス』だけは、小池が現地で目立とうとしてパフォーマンスに走り現場を混乱させていた、ゆえに外務省員たちは陰で「バカ百合子」と呼んでいたというエピソードを紹介し、さらにはエジプト考古学を専門とする早稲田大学教授、吉村作治の「（小池の）カイロ大学首席卒業はあり得ない」というコメントも載せた。

この記事を小池も読み記憶に留めたのだろう。後に、別件で小池に会った同誌の記者は差し出した名刺を目の前でビリビリに破り捨てられるという経験をすることになる。

小池はテレビ番組で外務省批判をし、外務省の働きではなく自分たちの力で人質は解放されたのだというニュアンスの発言を繰り返した。

カイロの「なにわ」でも例によって小池の父が、「湾岸戦争を解決したのはワシと百合子や。外務省は能無しだ」と吹聴していた。以前から外務省のことを小池は敵視し、ことあるごとに見下す発言を繰り返した。それは外務省の、とりわけ中東関係者に自分の「過去」や、小池家の事情を掌握されていたからであろうか。

女性キャスター、四十歳の壁

東西冷戦構造の終結は、日本の政治状況にも大きな変化をもたらした。

ワールドビジネスサテライトのメインキャスターになって三年が経過する頃から、現場のスタッフには、小池が「焦りと飽きを感じているのがわかった」という。

「NHKやほかの民放とは違って、しょせん、テレビ東京ですから全国区にはなれない。他局では次々と若い女性キャスターが出てきて、小池さんよりも脚光を浴びていた。彼女は収入面でもテレビ東京に不満を感じていた。ここにいてもしょうがないと、見切りをつけていたと思う」(テレビ東京社員)

男性キャスターは、四十代、五十代と年齢を経るにつれ重用されていく。しかし、女性にこの法則は当てはまらない。当時は「四十歳が上限」と言われていた。その上、ハイビジョン化で映像の質が格段に上がることになり、年配の女性キャスターの間には不安の声が上がっていた。小池は自分よりも若い女性が隣に並ぶことを極度に嫌がっていたという。

この頃、小池は財界で活躍する女性経営者の奥谷禮子に「私もビジネスを始めてみようかしら」と漏らしたという。奥谷が語る。

「私の世代で仕事をしている女性というのは、これ、という一芸を持っている人たちが多い。小説家だとか、漫画家だとか。そうでないとなかなか難しい。でも、小池さんには深い専門性はなかった。だから彼女は必然的に『とらばーゆ』を繰り返すんだと思って見ていました。居場所を次々と変えていく。テレビ界は華やかで水が合ったと思うけれど、女性は四十歳までという使い捨ての世界。だから早く次を探したいと焦っていたのだと思う」

この人と結婚したい――相手は東大助教授

四十歳という年齢の壁が迫ってくる中で、彼女は冷静に次の転職先を探していた。彼女には何をやりたい、というものはなかった。ただし、人からうらやましがられ、スポットライトを浴び、注目される仕事でなければ満足できなかった。キャスターよりも華やかで敬意も払われ、四十歳以上の女性でもマスコミに取り上げられるような職種は何か。


私生活では、女性にしろ男性にしろ、親しい人の影が相変わらず見えなかった。独身の彼女には男性たちとの、それなりの付き合いがあったことだろう。だが、彼女は親しい人にも、そういった私生活はあまり、明かさなかったという。池内はいう。

「男性の影はまったく感じられなかった。彼女も、そういうことは仕事仲間の僕らに話さなかったしね。だいたい、過去に結婚していたことだって僕らにずっと内緒にしていたぐらいだから。ある日、それがよそからわかって、ものすごく驚いたんですよ。そういう点では徹底して秘密主義だったのかもしれない」

ひとりの男性と長期にわたって交際している様子はまったく見られなかったという。時間をかけて愛を育《はぐく》んでいくような余裕や感性が彼女には欠けていたのかもしれない、と語る人もいる。キャリアを築く上で独身であることが有利に働くこともあったのだろう。結婚願望のようなものは彼女から感じ取れなかったと、多くの人が口にする。

だからこそ、知人たちは小池から「付き合っている相手がいる」と告げられた時、まずそれだけで驚き、次に相手の名を知らされて、さらに驚いたという。

相手の男性もまた、マスコミ界では知られた人であった。小池から直接、相手の名を聞いたという人は、こう振り返る。

「彼女から『彼、東大の助教授なの、英語もフランス語もペラペラなの』と聞かされた。とても嬉しそうで。その時、同時に、彼女の学歴コンプレックスを感じた」

小池が、めずらしくのめり込み、結婚まで望んだ相手はテレビによく登場する、国際政治学者の東大助教授だった。

男性は小池よりも四歳年長で当時は四十代の前半、二度の離婚歴があり大蔵省に勤める女性キャリアと協議離婚してから、まだ、そう時間は経っていなかった。

この東大助教授の男性と小池には、共通点が多くあった。ともに上昇志向が強く、野心家で有名になりたいと、もがいて生きていた。故郷を離れて東京での成功を求め、テレビ界に居場所を得たが、まだ満足しきれず飢餓感が満たされきれずにいる。

ふたりの家庭環境や生い立ちにも、似たところがあった。

男は貧困の中で立身出世を願って机に向かい、そのために学歴を求めた。小池もまた「学歴」を武器にしてきた。

助教授の父親は、かつては炭鉱に関係した事業家だった。小池の父が中東で求めたのは石油、男の父が九州の山間部で求めたのは石炭である。男の父も政治家に憧れ、選挙に出たが落選。その後、生活に困窮して八百屋を営んだ。小池の父もまた、落選し、その後、カイロで日本食屋の店長になった。

小池も助教授も昭和二十年代生まれ。占領期から日本が復興を遂げる中で、商売に失敗した政治好きな父のもとで成長した。それ故か、強い野心を抱き、金には非常にシビアな人間になった。みじめな過去と決別したいという強烈な思いを原動力にした。英語や外国語を話せるようになりたい、外国に行ってみたいと強く夢見た点も、ふたりに共通する。

男は高校進学も危ぶまれる中で奨学金を得て東大に進学すると、助手を経て助教授に。だが、彼の野心は学者の道に専心することでは満たされなかった。テレビに出ると面白いように金が入り、女性たちが群がってきたが、それでもまだ十分ではない。

彼は政治を研究するのではなく、政治家そのものになりたいと欲するようになる。権力そのものへの憧れがあったのだろう。父が目指し、挫折した道での成功を彼は夢見る。今は官僚となった元ゼミ学生はこう振り返る。

「ゼミの飲み会では、ビールジョッキを掲げて、『総理！』と学生たちが叫ぶんです。先生は将来の総理です、という意味を込めて」

田原総一朗が司会を務める「朝まで生テレビ」、「ビートたけしのTVタックル」、「サンデープロジェクト」といった政治討論番組の常連になると彼は、強い口調で現役の政治家たちを言い負かした。

北海道に別荘を購入すると、彼は小池と週末を過ごした。ふたりの蜜月は、しばらく続いた。四十歳の壁が迫ってくる中で、結婚を望んだのは小池だった。

小池は皆に恋人を結婚相手として披露したいと考え、竹村健一が所有する温泉付きの別荘でパーティーを開くと、知人たちを数人、招いた。ところが、夜、酒が入り、次第に宴席が荒れていく。ついには酒乱気味の男性が助教授を殴りつけた。

助教授は口の中を切り小池は慌てた。殴った男性は酔いつぶれて寝こんでしまうが、翌朝、小池に横腹を蹴られて目を覚ます。小池は激しく怒っていたという。

それが原因というわけではないのだろうが助教授は小池から離れていった。

周囲に交際を吹聴していただけに小池にとって、この破局は屈辱だった。だが、それにしても、なぜ助教授は小池から離れたのか。両者の交際を見ていた人物は、こう回想する。

「とにかく、彼はものすごくモテていましたから。『東大助教授』という肩書が、今よりもずっと魅力的に映った時代でしたし、その上、テレビ論壇のスターでしたから収入も破格だった。IT長者なんてまだいない時代です。高学歴のキャリアウーマンや華やかな職業の自立した女性たちが、彼との交際を望んで寄ってくる。彼はそういう女性たちと次々、付き合った。でも彼女たちと結婚しようとは思っていなかった。結婚するなら、『お嬢様』風の女性をと考えているようだった」

助教授は、あっさりと小池を切り捨てると、ずっと年下の、著名な「お嬢様学校」を卒業した女性を妻に選んだ。甲南女子の小池の同級生のような、裕福な家庭で、親に大切に育てられた、キャリアウーマンタイプではない、愛らしい女性を。そして、見事に彼は落ち着き、家庭の幸福を手に入れるのである。

この破局から数年後、国会議員になった小池は、自分の失恋経験をわざわざ関西のテレビ番組で自ら披露している。

「キャスター時代の頃です。私はある男性と約一年間お付き合いをしていました。その方はとてもステキで、前向きの生き方をしている人でした。いつものように会ってデート。その時も『また電話するよ』と言って、普段と変わらない感じで、別れたんです」

ところが、いくら待っても電話がないので、意を決して小池から電話を入れた。すると、相手から、こんな言葉が返ってきたという。「何か用?」。

なぜ、こんな話を自らテレビで明かしたのだろう。

復讐だろうか。自分は忘れていない、自分を見下したことを決して許さないと知らしめたくて、したことなのか。

テレビでこの失恋話を語った時、彼女は国会議員だった。そこに、おそらくは意味があるのだろう。政治家になること、それ自体が彼女にとっては自分を見下してきた人々に対する復讐だったのではないか。見返してやりたいという思い。その中には、この助教授も含まれていたはずである。そもそも政治家になるというのは、この助教授の夢だった。

小池は男の夢を盗《と》ったのだ。彼が成りたくても成れずにいるものに、いとも簡単になって見せた。そして、かつて自分を見下した相手を、見下ろし返したのである。相手を見下ろすためには、まず、自分が一段、高みに上がらなくてはならない。だから彼女は上へと昇り続けるのだろうか。

その後、助教授も東大を飛び出して政界入りを遂げる。自民党の国会議員となり大臣となり、さらには都知事となった。だが、その座もまた、かつて自分が捨てた女に奪われることになる。助教授の名は舛添要一である。

第四章

政界のチアリーダー

昭和末から平成にかけて、日本の政界は「政治とカネ」の問題で揺れ続けていた。

リクルートコスモスの未公開株が国会議員らに譲渡されたリクルート事件が発覚し、自らも疑惑の渦中にあった竹下登総理は、消費税導入を強行採決で押し切ると二カ月後に退陣。

一九八九年六月、続いて総理の座に就いたのは宇野宗佑《そうすけ》だった。

リクルート事件に関与していない「カネ」のクリーンさで選ばれた宇野。だが、就任直後、代わりに女性問題が噴き出した。宇野に愛人関係を持ちかけられたと花柳界《かりゆうかい》の女性に週刊誌で暴露されたのだ。自民党にとっては痛手だった。

自民党が「カネ」と「女」の問題で失点を重ねる中で、相対的に土井たか子を党首に戴《いただ》く社会党が勢いづいた。

自民党の男性議員を厳しく国会で追及する土井の人気が高まり、「おたかさんブーム」が巻き起こると、社会党は同年七月の参院選に女性候補者を多数、擁立《ようりつ》し大勝する。初当選した社会党の女性議員たちは「マドンナ議員」と呼ばれた。

自民党は五五年体制後、初めて社会党に大敗して参院で過半数割れとなる。この責任を取って宇野は辞任。わずか二カ月の短命政権であった。代わって海部俊樹が総理の座に就いた。日経平均株価は十二月二十九日の大納会では、史上最高額の三万八千九百五十七円となり、バブル経済に、まだ日本は浮かれていた。

翌一九九〇年、イラクがクウェートに侵攻して湾岸危機が起ると、自衛隊派遣をめぐって政界は揺れる。社会党は全面的に派遣に反対し、自民党の一部も反対に回った。結果、多国籍軍に莫大な支援金を送ったが国際社会では評価されず、一九九二年にはPKO法（国際平和協力法）が成立することになる。

一九九一年十一月五日、党内基盤の弱かった海部は辞任に追い込まれ、元大蔵官僚の宮澤喜一が総理になった。

日本新党から出馬宣言

そうした中で、日本政界にも新しい潮流が生まれる。

一九九二年五月、細川護熙《もりひろ》が新党結成の意志を『文藝春秋』（一九九二年六月号）で発表。発売日前から情報が流れ騒然となった。

戦国大名を祖先に持ち、母方の祖父は近衛《このえ》文麿《ふみまろ》という家系に生まれた細川は、朝日新聞記者を経て政界入りした。自民党田中派（経世会）の参議院議員を務めた後、熊本県知事に転身。二期を務めたが三期目には出馬せず、新党を立ち上げて国政に復帰すると宣言したのである。細川は五月七日に記者会見を開くと、持論を語った。

「地方行政はすべて中央に権限を握られている。地方分権を進めるためにも、冷戦が終結した今、国際政治の新しい潮流に見合った政治を行うためにも国政の改革が必要だ」

とはいえ、この段階では新党の名称も、メンバーも、綱領も、まだ決まってはいなかった。準備が整わぬ中でマスコミ報道が先行してしまったのだ。

記者会見後、細川は夜のニュース番組に次々と出演したが、小池がキャスターを務める「ワールドビジネスサテライト」も、その中のひとつだったという。細川が回想する。

「番組に出演して、なかなかいい質問をされる方だな、とは思いましたが、その段階では小池さんに新党に加わって頂こうとは考えていませんでした」

だが、番組の収録時、いつになくスタジオの片隅で小池が細川を相手に熱心に話し込んでいるのを見たと、当時のスタッフはいう。

前述した朝日新聞の伊藤正孝は、細川と小池をつないだのは自分であると述べている。伊藤は朝日新聞時代、細川の先輩だった。そこで細川に小池を新党に誘うようにと、間に入って話を進めたというのだ。だが、伊藤の仲立ちだけが直接の契機だったとは言い切れない。

小池自身は「自分は当初、出るつもりはなく、周囲の女性たちに声をかけたが誰もいなかったので、それなら自分がやるしかないと思って引き受けた」、「あまりに細川さんが頼りなく見えたので、自分が助けてあげるしかないと思った」とメディアで繰り返し語っている。だが、細川は、「三十年近く前のことですから」と前置きした上で、「お会いしてから、そう日を置かずに、お受け頂けたと記憶しています」という。

四十歳の壁が迫ってくる中で、次の転身先を探しているように見えた、と語るのは小池の知人のひとりである。

「彼女にとって細川新党は渡りに船だったと思う。テレビの世界では、それ以上の発展は見込めなかった。若い女性たちが次々と出て来る中で、彼女は次のステージを求めていた」

五月二十二日、細川は正式に新党結成を宣言。党名は「日本新党」だと発表し、自ら代表に就任した。その頃には、小池にも声がかかっており参議院選に出馬するらしい、という噂がテレビ東京内で駆け巡っていた。だが、小池は涼しい顔で噂を打ち消した。

ワールドビジネスサテライトの他、彼女は日本の有名企業の社長とゴルフをする土曜日の番組「グリーン放談」の司会も担当していた。

テレビ東京会長の中川順は小池の肩を持ち、「あり得ないこと」と社内外で発言していた。そんなことが仮にあれば、真っ先に自分に相談があるはずだと考えていたからだ。

小池は周囲に気取られぬように身近な人にも本心を隠した。その一方で、朝日新聞記者を通じて、比例の順位を上位にするよう、細川に交渉していた。

噂が駆けめぐり公示日が迫る中、正面から一度、確認する必要を感じた池内正人は番組収録後、小池をホテルオークラのバーに誘うと、「どうなっているんだ。本当のことを言ってくれ」と強く迫った。すると、小池は初めて「日本新党から出馬したい」と打ち明け、涙をこぼしたという。池内が当時を振り返る。

「俺は反対したよ。ようやくキャスターとして乗ってきたところじゃないか。議員なんて、バカバカしい。キャスターのほうが、よほど世の中に影響を与えられるし、どうせ陣笠《じんがさ》議員じゃないかって。そうしたら、彼女が『最初は陣笠でも、陣笠で終わるつもりはありません』って言ったんだよ。それを聞いて、もう話は固まっているな、と思った。で、『そうか、じゃあ、明日で降板だ。話は終わりにしよう』と言ったんだ。隣にいた外人客が、しきりにこっちを見るし、決まりが悪かったんだよ。彼女はハンカチで涙をぬぐいながら化粧室に立った。でも、戻ってきたらケロッとしていて。『これからもよろしくお願いしますね』と言われた。あれれ、さっきの涙は何だったんだって思ったよ（笑）」

テレビ東京を辞めたいきさつを小池自身は次のように語っている。

日本の政治状況を、ただブラウン管から伝えているだけでいいのか、自ら飛び込み政治改革に身を投じるべきだと思った。何千万もの年収を捨てて、海のものとも山のものともわからない日本新党から出馬するのは、バカなことだと止められたが振り切った。テレビ東京の幹部には、こう告げた。「小池は飛行機事故で死んだものと思ってください」――。

芝居がかった決め台詞であるが、池内は、「僕は聞いてないし、社内でも聞いたことないな」と笑う。

小池の退社は社内では悪評と混乱を招いた。逃げるように去り、きちんとした挨拶を周囲に残せるような状況ではなく、こうした凛々《りり》しく、クールな言葉を発せられるような場面はなかったはずである。うやむやのうちに番組降板となり、現場は混乱し、怨嗟《えんさ》の声が湧き起こった。小池を庇護《ひご》し、出馬の噂を打ち消してきた会長の中川はメンツを潰された。

小池は飛行機事故を偶然、二回も回避して命拾いをした、という「物語」を語ってきたが、本当にそうした経験をしているのならば、決して口にはできない台詞であろう。

小池は六月二十六日を最後に、ワールドビジネスサテライトの画面から消えた。だが、三日後にはもっと強く、もっと華やかなライトを全身に浴びていた。

二十九日、細川と並んで臨んだ出馬記者会見。小池は自慢の英語を交じえて意気込みをこう語った。

「タイム・イズ・ナウ。国民の間にある政治不信を国会の中に飛び込んで内側から変革していきたい」

目標は政権交代であり、自民党を下野させることだと明言した。会場には各テレビ局が詰めかけていた。週刊誌の女性キャスター特集では、ワールドビジネスサテライトに出演するようになってからも、それほど大きく扱われることはなかった。彼女はこの時、初めて全国区の人となったのである。テレビ東京の関係者が振り返る。

「テレビ東京そのものがマイナー局ですから、彼女は小宮悦子や宮崎緑のようには名前も顔も知られていなかった。彼女がＮＨＫやテレビ朝日のキャスターだったなら、もっと出馬を悩んだでしょう」

会長の中川には最後まできちんとした挨拶がなかったと、中川の晩年を知る人は語る。

「竹村さんの番組でアシスタントをしていた無名の小池さんをテレビ東京に引っ張り、応援したのは中川さんだった。それがなければ政界入りだってない。それなのに、どうして、ひと言の相談も中川さんにしなかったのか。出馬を告げて反対されたなら、そこで袂を分かてばいい。小池さんはまだ若くて、外国暮らしも長かったから常識に欠けていて、悪気なく不義理をしてしまったのかと私は思った。でも、その後の彼女の生き方を見ていると、そうじゃなくて、わざと相手に痛手を与えるような縁の切り方をしているように思える。小池さんはよく、お父さんが政治家になろうとして借金をし、大変な思いをしたと語っていたそうです。だから、世間への怨みがあるんでしょうか。社会的な地位の高い人にすり寄っていくイメージがありますが、最後はそういう人を足蹴《あしげ》にする。お父さんのことが影響しているのか、成功した男性を貶めたいという心理もあるように見える。男が組織の中で上り詰めるというのは、大変なこと。努力して権力闘争を乗り越えて、ようやく、そのポジションを摑む。でも、小池さんのような若い女性は、見た目と感じの良さで、あっという間に成功してしまう。男の成功者の苦労はわかっていないと思う。だから平気で男の人のメンツを潰すし、立場への配慮がない。義理とか、情とか、筋を通すとか。『そんなに落ち込むなら、初めから私に近づかなきゃよかったでしょ。そっちが悪いのよ。私を誤解したんだから』とでも思っているような」

ミニスカートで戦う

出馬宣言後、小池はテレビだけでなく、積極的に取材を受けた。「多くの人の期待を裏切っている既成政治への怒りから出馬を決意した」と理由を語り、また、自分の履歴に絡めて説明するようにもなっていく。

「私は1971年から5年間、中東にいた経験がある。その間、通訳や取材者として、数多くのアラブの政治家たちに会った。その中にはイラクのフセイン大統領のような人もいるが、彼らはひじょうに政治的駆け引きに長《た》け、良かれ悪しかれ命がけだ。ところが、今の日本の政治家たちは、永田町での水面下の駆け引きは天下一品だが、いざ対外交渉となるとさっぱり……。それもこれも、日本の政治システムに問題があると私は思う」（『週刊ポスト』一九九二年七月十七日号）

日本の政治家が来るたびに通訳に駆り出され、国際政治の場を目の当たりにした。商社の通訳もした、と語る。こうした魅力的な嘘にマスコミは飛びつき、活字にしてしまう。彼女は蜘蛛が糸を吐き出すように自分の「物語」を作り続けた。

党首の細川は当時、五十四歳。スマートで長身、顔立ちも端正で、立ち居振る舞いは優雅だった。細川家と近衛家を背負う出自も含めて、有権者、とりわけ女性たちの心を強く捉える要素をいくつも持っていた。

そんな細川の隣に、小池はミニスカート姿で寄り添った。

キャスター時代から、彼女は脚を見せることを好み、ひとつの売り物としてきた。選挙戦も自分の強みで戦おうと考えた彼女は、マスコミに向かって、わざわざ「選挙もハイヒールとミニスカートで通します」と宣言した。社会党の女性議員を念頭において、「自分はこれまでの女性候補者のようにはならない、女性としてエレガントで美しくありたい」とも発言している。子ども時代から彼女はファッションが人の心に与える影響を熟知していた。

立候補者に比例順位を細川が伝えたのは、公示日前日の七月七日だった。すると、途端に党内はもめ始める。比例順位の一位は細川である。党首だから当然だろう。だが、なぜ小池が二位なのか。

当時、お茶の間では小池よりもテニスプレーヤーの佐藤直子、「ニコニコ離婚講座」の円より子のほうが知名度は高かった。それなのになぜ、佐藤が九位、円が七位なのか。小池が参加する前から細川を支えてきた党員の一部からも、強い不満の声が上がった。日本新党の綱領を考えた男性候補者が小池の下位に置かれたのも、納得がいかない、と紛糾した。

この時、小池を二位にするように細川に強く働きかけていたのは朝日新聞記者だったと、円より子は最近になって明かしている（公式ブログ　二〇一七年五月十二日）。

佐藤直子はこの比例順位を知って、小池より自分が下位に置かれたことにショックと怒りを覚え、公示日前日に出馬を取りやめてしまった。日本新党に噴出した、小池をめぐる最初のトラブルだった。

投票日は七月二十六日。日本新党は佐藤が抜けた結果、予定よりも一名少なくなり十七名が立候補した。

小池は公示日後、しっかりとメイクし、約束どおり色鮮やかなミニ丈のスーツを着て、ハイヒールで登場した。計算どおりマスコミが殺到した。小池が街宣車のはしごに足をかけると、地面に頭をこすりつけるようにしてカメラマンたちはローアングルで構えた。小池は、「それ以上、近づいちゃだめよ」と笑顔で注意しながら、はしごを登っていく。男性有権者も、選挙カーにへばりつくようにして小池を下からのぞきこんだ。

小池は「私は日本新党のチアリーダー」と語り、ミニスカートで全国を飛び回った。

小池は街頭演説を初めて体験し、「女優が舞台に立ちたいと思う理由がわかった」と語っている。肝心の演説の中身は、一本調子の自民党批判であった。それが彼女の唯一の主張だったからである。雑誌では、「デブで腹黒い政治家はもういらない」と口にしている。

この時、彼女が優先したのは演説の内容ではなく、自分のビジュアル・イメージだった。何を言うかではなく、何を着るか、どんな髪型にするか、それが人の心を左右するという考えは母の教えであり、テレビ界で竹村健一から学んだことでもあった。

白い手袋やタスキをやめ、ファッショナブルで都会的な女を演出した。社会党の女性議員を嘲笑する気持ちが、根底にはあったのだろう。

新党を結党してからわずか二カ月で迎えた投票日。日本新党は、約三百六十二万票を得る。

比例代表の得票率では、共産、民社を上回った。比例順位の四位までが当選することになり、小池は細川、寺沢芳男、武田邦太郎とともに、晴れて参議院議員になった。

先月までニュース原稿を読んでいたのに、たった一カ月で国会議員に。

男たちが全生涯をかけて、命がけで挑んでも、なかなか摑むことのできない大きな夢を彼女はあまりにもあっさりと手にしたのだった。

初当院は八月七日。彼女はこの時も、何を着て行くかに知恵をしぼった。ミニスカートにハイヒールは外せない。だが、それだけでは定番だ。何をしたらマスコミが喜んで取り上げてくれるかを考えた。

当日、彼女が選んだのはサファリ・ルックだった。サファリ（草原）に探検に行く時のようなファッションをいう。緑色のジャケットにヒョウ柄のミニスカートを合わせた。

狙いどおり記者やカメラマンが殺到し、「どうしてそういう服装で」と問われた。小池は用意してきた答えを投げてやった。

「国会には猛獣とか珍獣とかがいらっしゃると聞いたので」

記者たちは大喜びで小池を大きく扱った。小池に聞けば、見出しになるようなコメントを言ってくれる。以後、テレビや週刊誌、スポーツ新聞の記者たちに彼女はエサを与え続ける。

議員となった彼女のもとには、取材依頼が殺到した。キャスター時代よりもずっと注目されていた。政界に女性の数は少なく、彼女の大好きな「希少価値」が生まれたのだ。

いきなり週刊誌に連載コラムを持った。それも『週刊ポスト』、『週刊朝日』、『女性セブン』の三誌である。他にも雑誌の取材や対談を次々と引き受け、テレビ出演も断らなかった。国会議員として体験したこと、感じたことを伝えるためだと語っているが、それなら一誌で十分だろう。自己顕示欲の強さ故か、あるいは、できるだけ多くの週刊誌を自分の味方につけておきたいと考えてのことか。ネットもSNSもない時代、自己発信できる媒体を持つことは大変な強みだった。新人男性議員にはとても太刀打ちできない。それは見方を変えれば、彼女がタレント議員として見られていたことの証《あかし》でもある。

だが、彼女自身には「タレント議員」という自覚はまったくなかった。この自己評価の高さが周囲との軋轢を、後々、生んでいくことになる。細川を含めて男性たちは、小池の野心や上昇志向の強さを、人となりを、まだ十分に理解してはいなかった。

小池は当選後も、ミニスカート姿を売り物とした。『週刊ポスト』の連載コラムのタイトルも「ミニスカートの国会報告」。毎回、ミニスカート姿の写真を添えた。求められれば、あるいは求められなくても、ミニスカートでポーズを取った。国会議事堂をバックにミニスカートでスツールに浅く腰かけて脚を斜めに流す。そんな写真が当時の雑誌には、あふれかえっている。

男性の国会議員や記者の間では、小池がソファに腰かけ、脚を盛んに組み替えることが話題になった。わざわざ小池の部屋に挨拶に出かけては、「あれは、やっぱりわざとかね」と囁き合った。

セクハラという言葉もなかった時代。女性議員の多くが男性議員や後援会の男性、有権者から受ける性的ないやがらせや、悪質な冗談に苦しんでいた。だが、小池はそんな中で、むしろ、男たちを性的魅力で翻弄し、男の下心さえも逆手に取っているかに見えた。殺到するマスコミに彼女は「物語」を語り続けた。カイロ大学首席卒業、裕福な家庭に生まれ育った芦屋令嬢、大きな眼をした外国語に堪能な才女。それが彼女が世間に与えたい自己イメージなのだった。

階段を一段上がったという高揚感があったのだろう。知名度と立場と権力を得た彼女は、その力を自制しようとはせず、むしろ誇示し、行使した。自分にとって都合の悪い人物、自分に歯向かった人間、気に入らない相手に対して、容赦なく。

まず、小池の比例順位に納得がいかず、出馬を取りやめたテニスプレーヤーの佐藤直子が標的にされた。『週刊ポスト』の連載エッセイ「ミニスカートの国会報告」第一回目のタイトルは、「佐藤直子さん、どうぞお健やかに」。佐藤をここぞとばかりに、こき下ろしている。「もう遠い過去の話ですがその意味で、若い人にも知られた佐藤直子さんが出馬を辞退したことは残念でした。候補者のバラエティが増えれば、それだけもっといろんなことができたかもしれないからです。私自身は一度しかお会いしたことはなく、辞退の理由はわかりません。聞くところによれば、私たちと基本的感覚が違ったようです。ＰＫＯとＰＫＦの区別もよくご存知なかったようで」（『週刊ポスト』一九九二年八月十四日号）

あからさまに小馬鹿にし、からかった。

高みに立ち見下したい、見返したいという思いがみなぎっていたのか。『週刊朝日』の連載エッセイには、こんな一文を寄せている。

「ちなみに議員になってからというもの、たくさんのはげましのお手紙に交じって、かつてのボーイフレンドからの突然の近況報告や、父の事業失敗で煽《あお》りをくらった人から恨みの手紙などまで届くようになった。ボーイフレンドは、私が『芦屋の社長令嬢』ではなくなったと告げたとたん、雲隠れした人。『所詮《しょせん》、そんな人だったのよ』と友人たちは慰めてくれたものだ。諸行無常」（『週刊朝日』一九九二年十二月四日号）

父親に騙された人に、すまないと思うのでもなく、ボーイフレンドからの連絡になつかしさを覚えるのでもない。

ここに書かれているボーイフレンドとは、カイロから小池が熱心に手紙を書き送っていた川村誠であろう。だが、彼が去っていったのは、小池が「芦屋の社長令嬢」ではなくなったからなのか。彼女が「芦屋の社長令嬢」だったことはあるのか。わざわざ活字にした理由は、やはり、自分を見下した相手への復讐だろうか。

「父の事業失敗で煽りをくらった人から恨みの手紙」は、実際にはかなり深刻なものだったという。彼女のもとには、以前から勇二郎に騙された人々からの、恨みの手紙が届いていたが、国会議員になって前にも増した。小池の口調は軽いが、金を踏み倒された人たちの恨みは深いのである。そのせいで家や仕事を失った、中には自殺を考えさせられるほどの損害を受けた被害者もいたといわれる。だが、そうした抗議の手紙を目にしても小池の心は痛まないのか、軽い調子でエッセイのネタにされてしまうのだった。

学歴疑惑はうやむやに

カイロでは、その勇二郎が有頂天になっていた。日本の国会議員や財界人に国際電話をかけては、こんなことを頼んでいたという。

「娘の百合子が国会議員になりました。先生、ついては百合子が外務大臣になれますよう、是非、お力添えを」、「将来は総理に」。

娘と同じように勇二郎もまたマスコミ好きだった。喜んで取材を受けては、そこでも大法螺を繰り返した。

「ユリ子が国政選挙に出たと知るや、大学時代に保証人になって下さったエジプトの元首相、ドクトル・アブデル・カーデル・ハーテム氏などは『私も日本に行ってユリ子の選挙応援を是非したい』と申し出たくらい。当選は『アクバル』『アハラム』という向こうの大新聞に写真入りの一面トップで報じられ、オールアラブの元首やキングから祝電が山のように届いています」（『週刊現代』一九九二年八月二十二日号）

ハーテムが首相だったことはなく、また一面トップで報じられるわけもない。

自分もかつては石原慎太郎の選挙に携わり、衆議院選にも出たことがあると、過去の自慢話を持ち出すこともあった。以下のように。

「(私は)『日本の新しい世代の会』の参謀総長でした。全国から十人一緒に出ましたが、細川はいちばんちび(若い)でした。今みたいに保守系の新党をつくろうということだったわけです。実は、あの時は大変な事件がありまして、岸(信介)さんとの間でね。私は、外交関係の秘密を全部知っていたんでね、あれが出てきたらえらいことだと、岸さんあたりが考えたんでしょう。私と同じ姓の候補者を(自民党)公認で立ててきたんです。しかし、特攻隊精神を持つ海軍中尉だった私は、それでも戦い、敗れました。でも満足でした」(『サンデー毎日』一九九三年七月十八日号)

勇二郎が石原慎太郎の「日本の新しい世代の会」の参謀総長だったという事実はない。また、細川を「ちび」といい自分は幹部だったように発言しているのも事実に反する。自分が選挙に負けたのは岸信介に警戒されたからで、自分を落とすために自民党はわざわざ自分と同じ「小池」という名字の男を探してきて同じ選挙区から出させた、とまで語っている。岸信介が「小池勇二郎」を知っているはずもないだろう。勇二郎には、こうした癖があった。

親子は、阿吽《あうん》の呼吸で協力態勢を取っていた。共犯関係と言ってもいい。父と娘はふたりで「物語」を作っていたのだ。親子であっても、そこには利害が見え隠れする。

エジプト社会は、コネと金がすべてだと言われる。

権力を持った者は、権力を失わない限り、批判されることがない。すすんで従おうという者たちが寄ってくる。ゆえに権力者になれば、大抵の無理や虚偽がまかり通る。

日本はエジプトにとって最大のＯＤＡ（政府開発援助）出資国であった。その日本の国会議員という立場がどのような意味を持つのか。

小池は絶対に隠し通さなければならない秘密を抱えていた。だが、国会議員になったことでその秘密は暴かれにくくなった。

選挙期間がもっと長く、その間に自民党やマスコミがカイロで綿密な取材をしていれば、すべてがその時点で明らかにされていたのかもしれない。

「小池は学歴を詐称している。カイロ大学は卒業していない」という噂は選挙中から、政界を駆けめぐっていた。

小池は選挙後、週刊誌の連載エッセイで、自らこの話題を取り上げる。

「元気印の私が目障りでしかたがない人たちが、『小池百合子の学歴詐称疑惑を調査しろ』と、カイロにまでさぐりを入れているとか。残念ながら私のカイロ大学卒業証書はホンモノ。このページで証明します」（『週刊ポスト』一九九三年四月九日号）

卒業証書らしきものを載せて、「これが証拠の卒業証書」とキャプションを付け紹介している。しかし、名刺の半分の大きさで、何が書かれているのかまったく読めず、「証明」にはなっていない。

「知人から教えられたのですが、私には〝学歴詐称〟の疑いもあるんだそうです。私はカイロ大学を卒業しているのですが、〝実は中退なんだ〟ですって！　それを証明しようとして、カイロ大学時代の同級生をしらみつぶしにあたっているそうです。知人から『自民党のそうしたやり方は尋常じゃないよ。気をつけて』と忠告されました。自民党という、権力を握った人たちにはたくさんの手足がある。それらを駆使して、モグラ叩きよろしく相手を叩きつぶす――そういう手法に国民が嫌悪感を持つということ、自民党のそうしたやり方は通じないよと、国民が知っていることを、それ自体、いまの自民党にはわからなくなっているんですね」（『週刊ポスト』一九九三年四月二十三日号）

こうした見せ方と小池の自信たっぷりな口調、小池と親しい新聞記者たちの擁護で、噂は封じられてしまう。日本新党への世間の高い期待が小池に幸いした面もあるだろう。

とはいえ、その後も学歴詐称疑惑は選挙の度に持ち上がった。だからこそ、議員になってから、彼女はカイロに、カイロ大学に毎年のように足を運び続けるのである。

キャスターになり、国会議員になった。階段を一歩、あがるごとに彼女は過去と決別し、過去を塗り替えていった。劣等感に苛《さいな》まれた過去と。

象徴的な出来事があった。小池が政界入りしてから間もなくのこと、従妹の咲子が亡くなったのだ。

まだ三十代の若さで病を得て、異国に没したようである。

同じ一族に生まれ、ネガとポジのようであった関係に終止符が打たれたのだ。小池が十分に活躍を見せつける、その前に。咲子の早すぎる死を、小池は、どう受けとめたのだろう。

党の広報を担う

小池が議員になった一九九二年、秋に国会がスタートすると、自民党は、さらに強い逆風にさらされた。リクルート事件が燻《くすぶ》る中、新たに東京佐川急便事件が起こったからだ。東京佐川急便の渡辺広康社長から、自民党竹下派会長の金丸信に五億円が闇献金《やみけんきん》として渡ったのではないかという疑惑が浮かび上がり、さらには渡辺社長を介した暴力団と竹下元総理との関係までが明らかになった。

きっかけは首相の座をめぐって、安倍晋太郎、宮澤喜一、竹下登の三人が激しく争っていた頃に遡《さかのぼ》る。右翼団体の皇民党が、「日本一金儲けのうまい竹下さんを日本の総理に」と大音量の拡声器で皮肉を込めて、竹下を褒《ほ》め上げたのだ。後に「褒め殺し」と命名される手法である。これに音《ね》を上げた竹下が金丸に相談。金丸がさらに顔の広い渡辺社長に相談した結果、渡辺が指定暴力団を使って皇民党に働きかけた、という構図が浮かび上がり国会が、連日この問題で紛糾したのだ。

すると、小池は日本新党も皇民党にならって、「褒め殺し」しようと言い出す。小池からこの案を聞かされた細川は、決して乗り気ではなかったと、当時を知る元日本新党議員は回想する。

「細川さんは人を批判するにしても、品の悪い方法は好まない。だから、小池さんの『褒め殺し』をいいとは思っていなかった。ただ、お殿様だから、はっきりと『ダメ』とも言わない。でも、小池さんは細川さんから許可は得たと言って銀座の街頭で『褒め殺し』をしたんです」

例によって、あらかじめ宣伝しておいたため、マスコミがたくさん集まった。銀座の街頭で聴衆やテレビカメラを眼下に、小池は街宣車の上で大声を張り上げた。「不正に受け取ったお金を子分にばらまいてくれる。なんて金丸先生は子分思いなんでしょう」、「政治改革の必要性に気づかせてくれた、最大の功労者。是非、金丸先生には議員を辞めないで頂きたい」。

東京佐川急便事件は日本新党にとって、圧倒的な追い風となった。

記者会見時、いつも細川の隣に位置を占める小池は、日本新党の顔だった。だが、実際には国会での答弁や政策会議といった政策の芯の部分には、ほとんど関与していなかった。そうした能力は小池に求められず、彼女もまた、関心がなかったからだ。彼女が求めたのは、スポットライトと華やぎ。それをわかっていたからこそ細川も、マスコミ対応と広報、党員の選定といったことだけを任せたのだった。細川は、当時をこう振り返る。

「例えば、『政治家総とっかえ』といった、私ではとても思いつけない、キャッチコピーを小池さんは考えてくれる。また、日本新党は政治家志望者を公募したんですが、全員を入れるわけにはいかない。断らなきゃいけないんですが、小池さんは、はっきりと物の言える方で、そういう役割には向いていた。ですが、日本新党の綱領つくりや、政策の立案、国会対策などには関わっていませんでした」
これが党首に次ぐ存在と世間では捉えられていた彼女の実像だった。小池自身も自分が日本新党で果たした仕事を、こう振り返っている。
「政治のプロには考えもつかないような発想をどんどん取り入れてみました。バレンタイン・デーには銀座において街行く人の胸に真っ赤なハートのシールを貼りまくる作戦。シールには“I love you & Japan New Party”と書いてあります。小さな子供がお母さんにシールが欲しいとねだる姿を見て、成功したと思いました。同じく銀座での『金丸さん、ホメ殺し大会』もマスコミを含めて黒山の人だかりでした」（日本新党出版部編『日本新党　変革の記録』）
目立つことが好き。同僚たちは皮肉を込めて、そんな小池を「スポットライト中毒」、「広告代理店のような人」と評した。

翌一九九三年一月は皇太子妃に外交官の小和田雅子さんが内定する慶事で幕を開けたものの、バブルの崩壊が深刻化する年となった。

自民党最大派閥で鉄の結束を誇った田中派の流れを汲む竹下派（経世会）が、東京佐川急便事件への対応をめぐって、ふたつのグループに分裂する。

小沢一郎のもと羽田孜《つとむ》、渡部恒三らが集まった中堅以下の小沢グループと、野中広務、小渕恵三、梶山静六、橋本龍太郎ら年長者を中心にした反小沢グループに。この竹下派内の抗争は派を超えて、やがて自民党全体に波及していく。

宮澤総理は選挙制度改革を公約にしていたものの、自民党内部の反発を抑えることができず、法案を次の国会に先送りした。野党がこれに反発して、内閣不信任案を提出。すると、小沢ら自民党員の一部が造反して野党側につき、六月十八日に不信任案は可決され、解散総選挙の運びとなった。

田中角栄に寵愛され、若くして経世会（後の竹下派）幹部に抜擢《ばってき》され、剛腕で知られる小沢は仲間を引き連れて自民党を飛び出すと、二十三日、新生党を立ち上げた。また、政権運営に疑問を抱いた武村正義、鳩山由紀夫、田中秀征らも離党し、新党さきがけを結党する。日本新党は細川と小池が、衆議院への鞍替えを表明して参議院議員を辞職。自民党が揺らぎ、新党が次々と生まれる中での衆議院選となった。

土井たか子と衆院選で対決

七月四日が公示日、十八日が投票日。

小池は生まれ故郷の芦屋市を含む兵庫二区から立候補すると表明した。かつて父、勇二郎が立った選挙区である。三田市、伊丹市、尼崎市、宝塚市、淡路島が含まれ、有権者は百三十六万人。定員は五名だった。

なぜ、この選挙区を選んだのか。そこには故郷という以上の理由があった。「注目されると思ったからだ」と小池本人が語っている。なぜ注目されるのか。それは、この兵庫二区に土井たか子という最大のスターがいたからである。マスコミが「女の一騎打ち」と面白がって報じるであろうことは、誰の目にも明らかだった。

公示日直前の六月二十八日の記者会見で小池は、「党のチアリーダーから政治改革のチアリーダーになります」と語り、また、ミニスカートにこだわった。

選挙戦が始まると狙い通りの展開になった。テレビ局は「女の闘い」「新旧マドンナが対決」と、この選挙区ばかりを連日、取り上げた。「芦屋の令嬢が挑む戦い」と報じられ、甲南女子の同級生たちが次々と外車で応援に駆けつける、と書いた週刊誌もあった。芦屋のお嬢様、というイメージがこの時、改めて強く全国に流布された。それもまた、小池がこの選挙区を選んだ狙いであったろうか。小池は、こう語っている。

「マスコミや世間は土井たか子さんと私を指して『女の闘い』と、はやしたてましたが、私にはそんな意識はありませんでした。土井さんにしても同じでしょう。女性が政界に進出する意義は認めますが、女であることを振りかざすつもりはありませんし、『女だから』という目で見られたくもありません」（『週刊ポスト』一九九三年七月三十日号）

だが、もちろんこれは建前であって、本心ではなかった。

彼女は「女」を前面に出して戦っていた。小池は「半年前に足首をくじいて我慢していたが病院で調べたら、骨折だとわかったので」と言い、突然、選挙が始まると片足にギプスを付けて登場した。ミニスカートから伸びる脚が、ますます注目された。演説会には、わざわざイスではなくスツールを用意して、それに浅く腰かけた。

若い美人候補者と比べられることになった二十四歳年長の土井は、「やりづらそうだった」という。土井の応援に行った社民党の福島瑞穂が振り返る。

「メディアは取材に来ても、ファッションだとか、そんなことばっかり取り上げていた。土井さんは、ファッション、なんて選挙で考えたこともない。政策を取り上げられないで、見た目ばかりを言われるのは、不本意だったと思います。でも、いつもどおりに戦っていました。もともと土井さんは、お嬢さん育ちで、小さなことは気にしない。小池さんの悪口とか、そういうことは選挙戦では一切、言わなかったと思います」

小池は四十一歳、土井は六十四歳。テレビキャスター出身の美人と、社会党の地味な高齢女性という対比をマスコミは面白おかしく取り上げた。

小池は化粧にミニスカートで自分の魅力を振りまいたが、それは容姿に自信のある若い女の傲慢さと有権者に伝わる面もあり、必ずしも有利に働くばかりではなかったようだ。

この選挙を取材したノンフィクション作家の島崎今日子は「兵庫2区を揺るがせた14日間」(『婦人公論』一九九三年九月号)という優れたレポートを残している。それによれば、小池は徹底して都会人のスマートさで戦おうとし、また、どの演説会場でも一般聴衆よりもマスコミのほうが多かったと書いている。スイスのテレビ局から取材された小池は「スイスなまりの英語で答えた」と島崎に語ったという。男性たちからは「べっぴんやなー」と声が上がる一方、女性たちからはそれをたしなめる冷ややかな声も上がっていた、と。島崎はまた、小池がきれいなスーツに身を包み、ミニスカートをはいて完璧な化粧をしていても、靴は一足だけで、それがひどく汚れていたと指摘し、土井は服に合わない時もあったが、靴を何足か替え、それらはいつもきれいに磨かれていた、と細部を描写している。土井を「女の武士」、小池を「美女の衣装をつけた野心家の青年」と島崎は評した。

同じような感想を述べる人は他にも多い。フェミニストの論客、田嶋陽子法政大学元教授は私の取材に対して、「小池さんは女の皮はかぶっているけれども、中身は男性だと思う」と述べ、こう続けた。

「フェミニズムの世界では『父の娘』というんですよね。父親に可愛がられて育った娘に多い。父親の持つ男性の価値観をそのまま受け入れてしまうので彼女たちは、女性だけれど女性蔑視の女性になる。男性の中で名誉白人的に、紅一点でいることを好む。だから女性かといえば女性だけれど、内面は男性化されている」

同じような意見は福島瑞穂からも聞いた。

「女性議員が超党派で一緒に女性の問題を解決しようと集まることがあるんですが、小池さんはそういうところにはあまり参加しない。シスターフッド的な面があんまりない印象です。自民党でも、たとえば野田聖子さんはシスターフッド的なんですが」

元日本新党の女性議員も、「小池さんの発想には自民党のオジサン議員的なところがあった」と回想する。

「例えば有名な財界人を呼んで高級ホテルで朝食会をしようとか、そういうことを小池さんは提案する。自民党のオジサン政治を批判していたけれど、彼女の中にはそういうオジサン的な感性があった。社会的地位の高い男性との交流を誇る部分があるように見えた」

その一方で小池自身は雑誌取材で、さかんにこう主張していた。

「政治家というと、オジン臭くて、ダサくて、お金に汚いというイメージがあるでしょう。それを、私は少しでもスッキリやっていきたいと思ってるんです」、「金丸さんなんてイギリスだったら抹殺よ」。「無責任嘘つき政治家総とっかえ」を日本新党のキャッチフレーズにしたのも彼女だった。


土井も小池も自民党の金権政治を激しく批判する点は共通していた。だが、この時期に、もう一つの争点となっていた中東へのPKO派遣に対する意見は真逆だった。小池は出馬記者会見で「いまだに戦場に子どもを送らないように、などと時代錯誤なことを言い続けている」と自衛隊の海外派遣に明確に反対していた社会党を批判し、「古い政治家はいらない」と土井を当てこすった。また、街頭演説でも小池は「長年、自民党の一党支配を許してきたのは、土井さんが委員長をしていた社会党に責任があります」と語り批判した。

土井は経済的に恵まれたインテリ家庭で育ち、医者であった父の教育方針で、戦前に生まれた女性としてはめずらしく、非常に高い教育を受けた。憲法学を大学で教えていたが、恩師や社会党委員長に説得され政界へ。四十一歳で初当選を果たしたが、二十四年前のその選挙で同じ兵庫二区に出馬し落選したのが、小池の父であることは、すでに述べたとおりである。

小池は選挙中に『週刊朝日』の取材者に対して、「かたきうちとか因縁といった時代がかった考えはありませんけど、父が選挙に負けたときのくやしさは今も残っています」(一九九三年七月十六日号)と述べている。だが、選挙中、自分から父親の出馬を積極的に語ることはなく、また触れられることも嫌がっていた。『サンデー毎日』の記者に、なぜ父のことを語らないのか、と聞かれた際には、「いちいち説明できないでしょ」、「父のために選挙に出たわけではない」と突っぱねている。父親のことを知る人も多い地元で「小池勇二郎」の名前は出したくない、という思いと、土井たか子を負かすことによって自分の過去に打ち勝ちたいという思いが相剋《そうこく》していたのだろうか。

この選挙にはまた、別の因縁もあった。兵庫二区には自民党から候補者がふたり立ったが、ひとりはベテランの原健三郎、もうひとりは勇二郎の友人で、勇二郎が出馬した際に選対本部長を引き受けた、あの鴻池祥肇。しかも、その鴻池の選対本部長は濱渦武生。二十四年前はまだ大学生で小池家に泊まり込んで勇二郎の選挙を手伝った、あの濱渦である。彼らとの因縁はこの後も、半世紀以上、続くことになる。

選挙結果は土井の圧勝に終わった。二十二万票を得て一位当選。だが、小池も目標に掲げた十五万票に一万四千票届かなかったものの二位で当選を果たした。三位が新生党から出馬した宮本一三《いちぞう》。四位が公明党の大物、冬柴鐵三《てつぞう》。五位にようやく自民党の原健三郎が入り、鴻池は落選した。原は「政策論争のできない人が出てきてかき回されるとかなわん。実績はなくても人気はあるから、浮動票がとりにくくなる」と小池への不快感をあらわにした。

自民党だけでなく、社会党も支持率を低迷させていたが、土井の強さだけは別格だった。新参の小池に圧倒的な実力を見せ、地盤を守り抜いた政治家は、後々まで土井、ただひとりである。

当確が打たれ一位での当選がわかった時、土井は選挙事務所で支援者を前に深々と何度も頭を下げると新聞記者の代表質問に凜々しく、きっちりとした言葉遣いで答えたと前述の島崎はレポートしている。だが、記者から、「女同士の対決でしたね」と問われた時だけは、表情を曇らせて、こう応じたという。

「選挙期間中、どの取材もその質問ばかりで他の質問はいただけなかった。私はかねがね、女性の国会議員がもっと増えてほしい、女性の候補者が複数出てくるのが当たり前になる状況を求めていると申し上げてきました。それが私の持論でございました。二十一世紀になると、こんなこと当然になりますよ。それを取り立てて言うのは、おかしいとお思いになりませんか」

一方、小池は当確が出ると、真っ白な風船を割ってブーケを取り出して持ち、地球儀の中からは百合の花の冠を取り出して頭にかぶると報道陣のフラッシュを一身に浴び、シャンパンで乾杯した。選挙中から本人が考え抜いた演出なのだろう。「期待する風、改革の風。勝因は風に乗ったことです」と小池は語ってはしゃいだ。泥臭くない選挙にすると言って演説の合間には鳥の声を流した。徹底して浮動票を頼りとするイメージ戦略の選挙だった。

だからこそ選挙が終わってから、売れた顔とミニスカートだけで勝負していた、教養や知識が感じられなかったと女性の識者から批判されることになる。

また、この選挙では他にもマスコミの注目を一身に集めた女性候補者がいた。新潟三区から無所属で初出馬して当選した田中角栄の娘、真紀子である。高市早苗も奈良県から無所属で初出馬し、当選した。

細川政権誕生、総務政務次官へ

日本新党は圧倒的な追い風を受けて五十七人中、細川、小池を含む三十五人が当選。その中のひとりであった鮫島宗明は、「猫も杓子も日本新党なら当選するという状況だった」と回想する。自民党から飛び出した小沢一郎が羽田孜と立ち上げた新生党も大躍進を遂げ、自民党は横ばい。社会党が大敗した。

すばやく動いたのは小沢だった。公明党、社会党、民社党、社会民主連合、民主改革連合と渡りをつけると、非自民で連立を組んだ。一方、日本新党は新党さきがけと手を結び、キャスティングボートを握った。自民を取るか、小沢のつくった非自民連立を取るか。どちらについても政権を取れるという状況下、党首の細川は小沢と会談して結論を出した。

細川が首相になることを条件に、非自民連立政権を立ち上げることに合意したのである。結成されて一年余り。党員が四十人程度という少数政党が総理を出したのである。これが小池の政界での原体験となる。身近にいた細川が一年もせず、総理になったのだ。彼女にとって総理は政界の細く、長い道を歩んだ先にあるものではなく、目の前にあるものとして認識されたのではないか。

政権運営の相談に小池が与ることは相変らずなかった。彼女はあくまでも彼女自身が口にしていたように「チアリーダー」であり、グラウンドで試合を戦っていたのは男たちだったからだ。小池は議員になって、まだ一年未満という政治の素人である。だが、チアリーダーはすでに自分をエース選手と錯覚し始めていた。

八月九日、政治改革を公約に掲げて細川政権が誕生。「八頭（党）立ての馬車」と脆弱さが危惧《きぐ》されながらの船出だったが、熱狂的な人気によって支えられた。支持率は驚異的な高さであった。

「大臣に任命されるのではないか」という噂がマスコミの間で流れて迷惑した、と小池は語っているが、強くそれを期待していたのは本人だった。「小池さんは外務大臣をやりたいと盛んに訴えていた」と鮫島は振り返る。細川が総理ならば、自分も大臣になれるはずだと思っていたらしい。この認識のズレが後々、党に禍《わざわい》していくことになる。

細川は民間からの起用として、労働省の元官僚で男女雇用機会均等法制定の立役者として知られる赤松良子を文部大臣に迎えた。また、公明党の広中和歌子が環境庁長官、土井たか子が衆議院議長に任命される。

小池には総務政務次官の座が与えられた。それだけでも異例の厚遇であったが本人は不満だったようだ。鮫島はいう。

「小池さんは外務大臣が無理なら、外務政務次官をやらせてくれと強く細川さんに主張したそうで党内で問題になっていました」

ひと悶着の末、総務政務次官になった小池はメディアを通じて、「日本はもっと規制緩和をするべき」だと盛んに主張した。政治改革、行政改革を徹底して、金融自由化を進めるべきである、と。だが、その説明はどこか空虚で上滑りだった。

彼女は基本的に耳学問の人だった。周囲の男性たちの会話から表面的に話題を取り込む。中東問題にしても、経済問題にしても。受け答えはソツがなく、どんな専門家よりも理解しているように見せることができた。キャスターという仕事から体得した演出力や、演技力で。だからこそ、彼女の政界入りを喜び支える人々も一方に控えていた。財界人や新聞記者は、それぞれがブレーンを気取った。

小池の後援会長を引き受けたのはオリックスの社長、宮内義彦である。規制緩和や新自由主義を強く訴えた財界人のひとりで、小池が中退した関西学院大学の先輩でもあった。

小池はまた、日本新党の勉強会に、こうした財界人を呼んだ。「テニス仲間だから、いつでも声がかけられる」といって宮内のような財界人や連合のトップを連れてくる。女の人脈。それが彼女の力の源泉となる。

小池は与党議員となると、それまで以上にマスコミに登場して自民党を批判した。「自民党の悪習をただす」ことが自分の使命だと語り、細川の政治姿勢を徹底して支持した。

対アジア平和外交を目指し、過去の日本の行為をはっきりと「侵略」だと認めて、近隣のアジア諸国に謝罪の意を表した細川の外交姿勢を当時の小池は、こう称賛している。

「胸襟を開くスタイルの細川首相の韓国訪問は、成功でした。これまで、日本が『徴用』と置き換えていた言葉を『強制連行』と明確に示し、過去の植民地支配を謝罪。これを受けて、金泳三大統領も、『歴代の自民党政権の首相にはできなかったこと』と評価しています。細川首相はわずか24時間の韓国滞在で、戦後48年間続いた日韓の溝を大幅に埋めた」(『週刊ポスト』一九九三年十一月二十六日号)

彼女の発言や価値観は、その時々、誰に身を寄せているかで大きく変わる。彼女には国家観や理念はなかった。細川と自民党総裁、河野洋平との間で話し合いがもたれた時も、小池は細川を手放しで、称賛している。

「民間臨調の会合で細川首相と河野総裁が同席したことがあります。この時、細川首相は政治改革をはじめとする一連の課題について『白刃を交える覚悟でやる』と、凄まじい言葉を使って決意のほどを示しました。これに対して河野総裁は『改革は国家100年の計』という内容の発言。一瞬にして会場が白けてしまったほどです。まさに改革が議論されている瞬間に『100年の計』という感覚では、自民党には何も期待できないことを自ら告白したようなものです」(『週刊ポスト』一九九三年十二月三日号)

彼女は、ひたすら細川を褒め上げていた。細川を最も理解する側近の中の側近、という印象を世間は受けた。だが、実際には細川が総理となって官邸入りした頃から、彼女の存在感は薄まっていたという。江田五月は、連立政権内での印象をこう振り返る。

「日本新党の中では、存在感を発揮されていたのかもしれませんが、連立政権の中では、あまり目立っておられなかった。政策の話し合いの場などに日本新党の代表として参加されるようなことはなかったです。世間では連立政権の中心にいるイメージだったと思いますが」

だが、その日本新党の中でも、小池の存在は衆議院選後、低下していたという。それはまず単純に、党員の数が増えたからだった。鮫島は回想する。

「日本新党は躍進して、三十五人も当選者を出した。その中には政策に通じた人も多かったんですね。元官僚、あるいは松下政経塾の出身者、弁護士なんかがいましたから。それで、相対的に彼女の存在感が薄くなってしまった。でも小池さんには自分は結党メンバーで、自分が党を作ったんだ、というような意識があってね。細川さんが総理という一段高いポジションについてしまったので、細川さんとも距離が生じていた。細川さんも連立政権の運営ということでは日本新党員より、自民党出身のさきがけや、新生党の面々を頼りにしたので」

小池は自分のほうが先輩なのだと新人議員の前で、ことさらに振舞う。新人の中には小池より年上で政治経験のある人もいた。だが、そういう相手にも、「偉そうに」するので敬遠されていったという。

細川が党首を超えて総理となったため、党員との関係は、どうしても疎遠になる。すると、次第に小池が公邸に行っては、「細川さんから意見を聞いてきた」と党内で、党首の代弁者のように振舞うようになっていった。元日本新党議員が振り返る。

「小池さんは『呼ばれた』という言い方をしていたけれど、実際には公邸に押しかけていたんですね。そのうちに細川さんがそれを知って、来させないようにしてくれと指示を出した。日本新党の事務局長を務めた永田良三さんからは、『小池さんの言葉を細川さんの言葉だと思わないように』と、わざわざ党員に注意があった」

小池は自ら自動車を運転して公邸に押しかける。細川夫人のいない一九九三年のクリスマスイブ。夜十一時過ぎに小池がひとりでやってきた際には、さすがに公邸詰めの新聞記者たちも唖然とした。怪文書が出回ったこともあり、独身の小池と細川の関係は、さまざまに噂された。元日本新党のある議員は私にこう語った。

「私はそんな関係だったとは思いません。ただ、そう誤解されるように振舞ってしまうところが小池さんにはあった。普通、女性なら、そういう噂が立ったら、嫌ですよね。でも、彼女はそういう噂も政界ではパワーになるという考えだったのかもしれません」

細川は日本新党を結党するにあたり、自分の私的財産を担保に入れて十一億円を借金し、党の運営費に回していた。まだ政党助成金制度のない時代である。新党を立ち上げるには、巨額の費用が必要だった。選挙を戦い、党の事務所を借り、事務員に給料を払うために。

日本新党の財政委員長だった鮫島と円より子は、党運営の厳しさに直面する。党事務員にボーナスが払えないという状況に至り、党財政の窮乏を訴えて衆議院に当選した議員全員に月に五十万円を運営費として党に入れて欲しいと頼んだ。だが、猛烈な反発をくらい、党執行部へ異議申し立てをされた。その急先鋒に立ったのが、「小池百合子、野田佳彦、茂木《もてぎ》敏充の三人だった」と円より子は明かしている（「論座」朝日新聞デジタル　二〇一九年三月三十一日）。あの時、党費を納めることに皆が賛成してくれていれば、政党交付金が支給されるまで日本新党は存在できたのではないか、とも円は書いている。また、鮫島はこんな回想を苦笑交じりにもらした。

「細川さんも個人で十一億円を負担しているのだから、と説いたら小池さんが、『あら、十一億円で総理になれるなら安いものじゃない』と言ってね」

細川おろしに加担

国会では政治改革法案をめぐって自民党と細川連立政権が激しく対立していた。連立を組んだ八党派の関係も盤石《ばんじゃく》とはいえず、日本新党の内部も党運営費をめぐって、もめているという状況だった。

それだけでなく細川内閣はアメリカとの貿易交渉という難問も抱えていた。

十二月十四日午前三時五十二分という異例の時刻に突然、細川は記者会見を開くと、コメ自由化を部分的に容認すると発表する。この記者会見で、細川は初めてプロンプターを使った。プロンプターとはテレビでアナウンサーが原稿を読む際に、目を下に落とさなくても読めるように演説原稿を目線の先に映し出す機械である。

これを記者会見で取り入れるようにと、前々から進言していたのは小池だった。とはいえ、彼女がこの日の記者会見を事前に知っていたわけではない。だが、プロンプターの使用があまりにも話題になったため、小池が細川の会見を事前に知っていたようなイメージが周囲には流布された。

翌一九九四年二月三日、深夜一時に細川はまた、突如、記者会見を開き、三パーセントの消費税を廃止して、新たに国民福祉税七パーセントを開始する構想を発表した。だが、政権内も寝耳に水で混乱をきたし、世論の共感も得られず撤回を余儀なくされる。

この頃から急速に細川政権は求心力を失っていった。国会では佐川急便からの借金、NTT株の購入など細川個人の資産運用に不正の疑いがあると自民党から執拗に攻撃された。細川が窮地に陥ると、驚いたことに小池が党内で活発に動き出した。

日本新党の議員に、「細川さんは辞めるつもりよ」、「私に党首を譲ると言った」と語って回り、自分への支持を求めるようになったという。まだ細川が国会で自民党の追及に必死に耐えている時期だっただけに、小池のこの言動に眉をひそめた党員も多かった。

総理となってから約八カ月後の一九九四年四月八日、細川はついに辞意を表明する。自分が辞めることで連立政権を守ろうという意図があったのだが、連立そのものが、すでに揺らいでいた。日本新党内は総理辞任のニュースに蜂の巣をつついたような騒ぎとなった。

この時、総理の座だけでなく、日本新党代表の座も降りるべきだ、と声高に主張したのが、他ならぬ小池だった。この小池の態度を見て、「殿に引き上げてもらって今があるのに」と党員の多くが唖然とした。小池はこの時、自分が党首になろうとしていた。当時、日本新党に所属していた石井紘基《こうき》は、日本新党には政策や理論ではなく人気を優先する価値観があり、それが小池をクーデター工作に走らせたと分析している（『週刊ポスト』一九九四年十一月十一日号）。もしくは自分が党首になれないのなら、新党を立ちあげようとも小池は考えていたという。そんな小池の意を受けて熱心に立ち働いたのは、当時、小池の秘書をしていた中田《なかだ》宏だった。後の横浜市長である。

党で何度も会議が持たれたが、小池はそこで激しい執行部批判を繰り返し、細川更迭を主張した。だが、細川は結局、党代表の座は降りなかった。小池に任すわけにはいかず、小池以外の人を立てようとしても角が立つと考えたからだろうか。小池には副代表のポストを与えて収めた。鮫島はいう。

「小池さんがあからさまに細川批判をするようになり、そんな小池さんから、人はますます離れていった」

細川のあとを受けて総理になったのは、新生党党首の羽田孜だった。だが、実権を握っていたのは、同党代表幹事の小沢一郎。それは誰の目にも明らかだった。

羽田内閣はスタートした直後から、その小沢の強引な政権運営に対して社会党と新党さきがけから反発の声が上がり、わずか二カ月で潰《つい》えてしまう。

すると、すかさず自民党の野中広務が動いた。小沢に嫌気がさしていた社会党と新党さきがけに声をかけ、連立政権から離脱させると自民党側に引き込むのである。

こうして、自民党、社会党、新党さきがけによる連立新政権が六月に発足。まさか自民党と社会党が手を組む時代が訪れようとは。昭和時代には到底、考えられなかったことだ。

おそらくは、それが社会党を説得する条件だったのだろう。首相に指名されたのは社会党の村山富市だった。自民党が社会党と組んだ上に社会党の党首を総理に戴くとは。それはまさに、小沢一郎という人物への憎悪が生んだ保革連合政権であった。

この流れの中で、日本新党内に居場所のなくなった小池は、小沢に積極的に接近していく。さすがに他党からも、小池のこの振る舞いは失笑を買った。

「まったく、機を見るに敏《びん》だな」

「褒め殺し」までして、とりわけ自民党の中でも田中派の流れを汲む経世会を罵倒《ばとう》してきた彼女の過去と、あまりにも矛盾していたからだ。「自分を政界に導いたのは田中角栄。田中の築いた金権政治への嫌悪から政界に入り、自ら改革したいと思ったのだ」と語ってきたのは小池であり、小沢はその田中の秘蔵っ子だ。実際、小池は、新生党や小沢のことを、ほんの少し前まで、以下のように否定していた。

「新生党に懐疑的です。かつては自民党の中枢にいた人たちの集団で、その清算はまだ終わっていません」(『週刊ポスト』一九九四年八月六日号)

過去の清算をしないのは彼女だった。

小沢一郎へ急接近

一九九四年九月二十九日、山口敏夫の長男の結婚披露宴に呼ばれた小池は、むりやり小沢をステージにあげるとデュエットの相手をさせ、皆の前で「瀬戸の花嫁」を歌ってみせた。

小池にリードされながら、真っ赤になって音程を外しつつ小沢は熱唱した。すでに搦《から》め取られつつあった。

自社さ政権に対して、野党側も手をこまねいているわけにはいかない。小沢は新生党、日本新党、公明新党、民社党、自由改革連合をまとめて、巨大新党を作ろうと画策していた。

十一月に立ち上げられた新党準備委員会の中心にいたのは当然ながら小沢だった。そして日本新党副代表として小池も同会の広報活動委員長になると、露骨に小沢を褒め上げた。

「言うこととやることが一致している。問題をウヤムヤにしないで、一つ一つやってゆく。それも、決して一人で進めるのではなく、みんなと相談しながら決めている。準備会で一緒に仕事をしていく中で、マスコミ情報で知らされていた私の〝小沢観〟も変わりました」(『FOCUS』一九九四年十二月七日号)

小池は「小沢さんを私が悪役からヒーローにしてみせます」とまで語り、過去に自分が小沢を批判したのは、マスコミの誤った「小沢観」のせいで誤解させられていたのだ、とした。

新党の党首にふさわしいのは小沢だ、とまで小池は口にしている。だが、十二月八日の党首選に小沢は出馬しなかった。表舞台に出ることを好まぬ彼は、幹事長を最初から希望したのだ。党首には海部俊樹が選ばれ、党名は公募で「新進党」に決まった。

十二月十日の結党大会は横浜市の新名所「みなとみらい21」で行われ、小池は江田五月とともに広報担当として大会運営に携わった。

後々まで語り草となる党名を書いた一枚の大布で客席を覆う演出は、小池が懇意にしていた広告代理店「電通ＥＹＥ」の発案だった。巨大野党の誕生にふさわしい、アメリカ的なゴージャスな結党大会は話題を集め、小池自身も自分の功績としている。

一方で大会当日、小池はトラブルも起こしている。記者会見で参加議員数を誤って発表し、記者に、「正確な数字を出してくれ」と注意されたことから口論となり、記者団から後日、厳しく抗議されたのだ。

村山政権で明けた一九九五年一月十七日、阪神淡路大震災が起こった。小池は翌日には東京から選挙区である兵庫県に向かい、バイクで被災地を回ったと述べている。この時、すぐに被災地入りをしなかった村山総理の対応を執拗にメディアで攻撃した。

三月には続いて地下鉄サリン事件が起こる。株価は下落し一ドル八十円台の円高となり日本中が暗い空気に包まれた。

そうした中で七月、参議院選が行われた。この選挙で注目されたのは新進党から立候補した女性キャスター畑恵の当選であった。

畑はＮＨＫ出身の元女性アナウンサーで、政治経済番組で活躍してきた。キャスターとしての知名度では畑のほうが小池に勝り、年齢も十歳ほど若かった。政財界に彼女のファンは多く、入党に男性党員たちは色めき立った。新進党の新しいヒロインと週刊誌は書き立て、スポットライトを畑が独占するようになる。

その少し前には自由党（柿澤〔弘治〕自由党）から高市早苗も新進党に移籍してきていた。

若い女性たちの参入により相対的に小池の影は薄くなった。

この畑と小池は初めから傍目にも折り合いが悪く、ほとんど挨拶を交わそうとしなかった。畑は当選したものの自分の比例順位を低く設定した小沢を恨んでおり、また、それは小池の入れ知恵によるものと考え、小池のことを嫌悪しているのだと噂された。党の広告塔をめぐって争っている、「ミニスカートの争いだ」と書き立てた週刊誌もあった。

畑と小池は対立し、それぞれが張り合って政治資金集めのパーティーを開いた。どの財界人がどちらにつくのかと、そんなことばかりが話題になる中で、海部の任期満了を迎え新進党の党首選が行なわれた。

細川ら旧日本新党系は羽田孜を次期党首に推《お》そうとした。これに危機感を抱いた小池は旧新生党系をまとめ小沢を党首にしようと画策した。表に出ることを好まず、しり込みをする小沢を小池は必死に説得して出馬させた。

小沢の事務所に押しかけると、小池は党首選用の写真を自分の眼で選んだ。「イチロー、命賭けます」というキャッチコピーを考え、さらには「党首選では、これを締めるように」とネクタイをプレゼントした。小沢は、すべて小池に言われるままに従った。小池は党首選に向けて取材を積極的に受けると、小沢を褒め上げ、細川を痛烈にこき下ろした。

「やることは着実にやる人と、八艘《はっそう》飛びする人との違いじゃないですか。（中略・旧日本新党の国会議員が羽田の応援に回っているのは）政治の世界は、よく就職で世話になったとか、結婚式に来てくれたとかが優先されてしまう。それを党首選びでやってていいのか。私は今回、極めてはっきりしたビジョンについて行く訳で、小沢さん個人について行くかどうかはこれからです」(『サンデー毎日』一九九五年十二月三十一日号)

しかし、その後は小沢を党首にするのは通過点であり総選挙に勝って、小沢総理で日本の改革を実現させたい、とまで語るようになる。

小池はこの時、自分の生存をかけて闘っていた。細川の推す羽田が党首となったなら、古巣の日本新党員に恨まれている小池の居場所はなくなる。そんな小池に対抗するように細川の推す羽田陣営には畑が入った。

熾烈な戦いになったが、最後に制したのは、小沢・小池組だった。

その結果、畑はここから茨の道を歩むことになる。小池は畑にスポットライトが当たることを許さず、党のヒロインの座を明け渡さなかった。

村山首相は一九九六年一月に退陣を表明。かわって自民党の橋本龍太郎が首相になった。この時も小池は週刊誌で「小沢党首に対抗するには河野洋平総裁では弱すぎるので、自民党も本気を出して橋本龍太郎を出したのだ」と、小沢の力量を褒め上げている。

小沢が党首になり新進党が勢いづくと、小池の存在感も増していった。会合では常に小沢の横に座った。小沢は岩手県水沢市出身で口が重い。剛腕と恐れられてもいた。側近たちも番記者も、いつ怒り出すかしれない小沢に気を遣いピリピリとしていた。ところが、そんな小沢を小池は、いともたやすく手なずけた。ネクタイを持って近づき、あっというまにネクタイという首輪をかけて手綱を握ったのだ。まるで猛獣使いのように。政界内で小池は再び立場を強くした。「権力と寝る女」と陰口を叩かれても、彼女は意に介さなかった。

小沢のポスターを作る際には、ヘアメークの女性を小池が押しのけた。

小池が小さなハサミで、小沢の眉毛をチョキチョキと切り、化粧ブラシを走らせる。小沢はされるに任せている。小池が、「ほーら、良くなった」と小沢に鏡をのぞかせる。偶然、その場に居合わせた番記者は大きなショックを受けたという。

「化粧された小沢さんの顔は、まるでお稚児《ちご》さんのようでした。私はこの光景を見て、小池さんのことを男を喰い散らして生きていく、ゴケグモのように思った」

小沢の真意を聞こうとして、取材者たちは小池のもとにやってくる。かつて細川の代弁者を装ったように、彼女は小沢に最も近く小沢から本音を引き出せる側近として振舞った。階段を上り、細川を見下ろす立場に立った小池は攻撃の手をまだ緩めなかった。政策面で小沢と対立していた細川を、容赦なく小ばかにする発言を繰り返した。

毎日新聞の政治部記者、岩見隆夫のインタビューでも小池は細川をこき下ろし、小沢を褒め上げた。岩見に、最初は細川に期待してついていったのではないのか、と問われても、気にせず論点を多少ずらして、こう言い返している。

「そうですね。要は、男性はみんなそうかもしれないけど、『僕ちゃん、偉いんだもんね』と思っている(爆笑)。みんな自分が一番だと思ってる。それに細川さんは小沢さんの政策提言に異議を唱えてますが、それはおかしい。日本新党のときにご自分が作った政策にウリ二つなんですよ、これが。小沢さんへのやっかみとしか思えない。それが反小沢の正体です」「私は、細川さんの役割は、もう終わった、と思っているんです。（中略）『僕ちゃん、偉いんだもんね』をもう一度証明したいという自我だけなら、私が支える必要はない」（『週刊宝石』一九九六年二月八日号）

バカにしきった口調は、自分に党首を譲ってくれなかった細川への恨みか。愛憎のもつれか。それとも、自分の変心を正当化し、世間に知らしめたかっただけなのか。

六月、ある出来事が起こった。小沢と距離を取る船田元《はじめ》が与党である新党さきがけ代表幹事の鳩山由紀夫と会い、新党構想を立てていると報じられたのだ。小池はこの噂に対して、船田を批判し、「会社ならクビだ」と攻撃した。

船田は党内で孤立してしまった。すると、同じく小池や小沢から嫌われ孤立していた畑が彼を擁護するようになる。ほどなく、ふたりの交際が写真週刊誌にスクープされた。「将来の総理候補」「プリンス」といわれてきた船田元議員には妻子があり不倫だと騒がれ、評判は地に落ちた。畑もまた「小池のライバル」、「政財界のヒロイン」の座から転落する。

「ゲッベルスになれる」

橋本内閣の下で九月二十七日、衆議院が解散された。

すると、薬害エイズ問題で名を挙げた厚生大臣の菅直人と鳩山由紀夫が新党さきがけを離党し、新たに民主党を結党する。社民党からも入党者が相次ぎ、最終的には百四十三人を公認し、一躍、台風の目となった。

自民党、新進党、民主党という三つの核ができ、投票日は十月二十日。しかも、初めての小選挙区比例代表並立制による選挙であった。

小池にとっては二度目の総選挙であり、前回は日本新党、今回は新進党からの出馬だった。この時、彼女は芦屋市を含む兵庫七区ではなく隣の兵庫六区へと選挙区をずらした。理由は明白だった。兵庫七区には土井たか子がいる。三年前の選挙では土井に大差をつけられた。小選挙区制では兵庫七区から一名しか当選できない。土井がいては無理だ。そこで小池は芦屋市に隣接する伊丹市、宝塚市、川西市を選挙区とする、兵庫六区に鞍替えしたのである。

一九九四年頃から小池が六区を狙っているらしいという噂はあったが、それが現実となり当惑したのは地元宝塚市出身で、市議、県議を務めて、今回初めて六区から国政に自民党公認で挑戦することになっていた、阪上善秀《さかうえよしひで》だった。

「土井さんがいるからといって、地元の芦屋を捨てて、こちらに来るなんて」と阪上が批判すると、小池は「そういった地元意識こそおかしい。国会議員は地元への利益誘導のために存在するものではない」と言い返した。前回、街頭演説で芦屋に立ち、「ここは私が生まれ育った故郷。出馬するならここしか考えられません」と語ったことは、もう過去として切り捨てていたのであろう。

前回は、「新旧マドンナ対決」と言われたが、今回は、「都会的な保守系新党の女性議員対県議あがりのオジサン自民党議員」という構図になった。メディアは「美女と野獣対決」「イメージ選挙対どぶ板選挙」と打ち騒いだ。選挙が始まると小池は再び自民党批判を繰り返した。それ以外に語ることがなかったからだろう。

小池は接戦を制して一位で当選。二位の阪上は小選挙区では落選したものの、比例で復活当選を果たした。小池とこのような形で関わりを持ってしまったことにより、この後、彼の人生は非常に過酷なものとなっていく。

自民党は前回よりは票を伸ばし二百三十九議席を獲得したものの、やはり単独過半数には至らなかった。そこで引き続き、社民党、さきがけとの連立を組み、第二次橋本内閣が組閣された。野党第一党は新進党で百五十六議席、民主党がそれに続き、五十二議席を確保した。

橋本は小沢と党首対談を重ねながら行政改革を進めようとしたが、逆に自民党内の族議員から激しく反発された。さらに一九九七年十一月には三洋証券、北海道拓殖銀行、山一証券といった大手金融系企業の倒産が相次ぎ、国民の間には不安と政治不信が広まっていく。

そうした中で十二月、新進党は二度目の党首選を行い、小沢が制して党首二期目に入った。小池はこの時も、小沢の選挙戦を指揮している。

ところがだ。それから一カ月も経たずして小沢の強権ぶりを批判する声が高まると、小沢は新進党を突然、解党してしまう。そして、自分のシンパだけを集めて一九九八年一月、新たに自由党を立ち上げるのだ。

一方、細川、羽田、鹿野《かの》道彦、岡田克也らは、ここで小沢と袂を分かち、四月、新たに立ち上げられた民主党に参加した。結果、民主党が最大野党となる。

小池は、小沢に従って自由党に参加した。「尊敬する小沢さんにどこまでもついていく」、それが当時の彼女の口癖だった。小池は週刊誌上で周囲を批判した。

「自分の選挙のことばかり考え、三々五々に散っていく。自民党に入った人もいた。人間、こういう時に本質が出ますね」

小沢は自由党に百人以上が参加すると踏んでいたらしい。だが、ふたを開けてみれば、小池百合子、二階俊博、野田毅《たけし》、河村たかし、西村眞悟ら衆参合わせて五十四人のみだった。

池坊保子も、この時、小沢から離れたひとりである。池坊は小池の印象をこう語った。

「私は小沢さんに説得されて政治家になった。彼の政治理念を聞いて心打たれたからです。でも、小沢さんにはわがままなところがあって、途中から、ついていけなくなった。選挙の広報を私が担当したんですが、小池さんが突然、乗り込んできて、『なにこれ、センス悪いわね』と言って、ポスターの図案を変えられてしまったことがあった。その時、『これは組織じゃないな』と思った。だから、自由党には行く気になれなかった。小池さんには別に政治家として、やりたいことはなくて、ただ政治家がやりたいんだと思う。そのためにはどうしたらいいかを一番に考えている。だから常に権力者と組む。よく計算高いと批判されるけれど、計算というより天性のカンで動くんだと思う。それが、したたか、と人には映るけれど、周りになんと言われようと彼女は上り詰めようとする。そういう生き方が嫌いじゃないんでしょう。無理をしているわけじゃないから息切れしないんだと思う」

小池は自由党で広報委員長代理になり、全面的に広報を担当した。政見放送には党首の小沢だけでなく、小池も横に並んで出演した。ふたりのかけ合いで進むというスタイルは、当時、まだめずらしく評判になった。

同年七月の参議院選では、小池が制作会社と組んでテレビコマーシャルを作った。「ボクが永田町で嫌われるワケ」というキャッチコピーを考え、ボサボサ頭で寝起きの小沢が、歯を磨き、ネクタイを結び、姿を整えていくのに合わせて、ナレーションで「ボクが嫌われる理由」として、「妥協しない」、「言い訳をしない」、「決断する」といった言葉が画面に流れる。小沢にコミカルな演技をさせた、このコマーシャルは大いに受け自由党は票を伸ばした。小池のテレビ的発想は平成の感性そのものだった。「あなたはゲッベルスになれる」と小沢は人前で小池をほめそやしたという。

四十六歳を目前にした子宮筋腫手術

この参議院選に先立つ五月、小池は短い期間だが入院している。彼女は子宮筋腫だと病名を明らかにし、病室にメディアを招くと取材を受けた。「子宮を失う女の哀しみ」を滔々《とうとう》と語り、病床にある自分の写真を撮影させた。

細川とも小沢とも、男女関係だと噂を立てられ、「色気でのし上がっていく」と痛烈な陰口を叩かれていた。女性票がもうひとつ伸びないのは、主婦層を味方につけられないからだ、ともいわれていた。小池が応援にくると女性票が減るので断ったと語る男性議員もいた。政治評論家の渡辺正次郎は、週刊誌上で手厳しく小池をこう批判している。

「国会では予算委員ですが全く目立っていません。専門的な知識はないし、彼女自身の政治哲学や政治信条などもないようです。彼女はただ注目を浴びていたいだけです。だから、日本新党ブームのときは、細川にべったりとつき、新進党になったら、小沢にすり寄る。時の人気者や実力者にぱっぱっと身を置き換えるのは、まさに小池の女としての資質ですよ。女の性《さが》っていうヤツですね。とにかく努力不足です。もっと政治のことを勉強したほうがいい。今、彼女は党内でも相手にされてません」(『週刊女性』一九九七年一月二十一日号)

美しさや若さや独身であることが一時期はプラスに働いたとしても、ある時期からはマイナスとなる。独身でいると男性を渡り歩いているといった悪い噂をたてられやすい。それを打ち消すには、結婚するか、女としての魅力を完全に封殺するよりない。だが、容姿を売り物にしてきた彼女にそれはできない。

家庭に縛られず自由を謳歌する独身女性、出産も子育ても経験していないという女性は、土井たか子のような地味な社会派の闘士でない限り、主婦層を敵に回してしまう。小池は子宮筋腫という病を得た時、これを広く公表して、自らを病ゆえに子どもを持つという最大の夢を持てなかった女だと定義づけし、主婦層への接近を試みたのではないだろうか。

小池は病後、ことあるごとに、「私は子どもを持ちたかったが、子宮筋腫になり諦めなくてはならなくなった」と語るようになる。しかし、彼女が子宮筋腫の手術を受けたのは、四十六歳の誕生日を迎える直前のことである。

震災被災者への冷たい態度

七月の参議院選では、民主党、自由党が議席を取り、自民党が大敗。橋本が敗北の責任を取って退陣し、代わって小渕恵三が首相になった。

その小渕内閣を小沢は激しく揺さぶった。政界は小沢を中心に動いており、その傍らには小池の姿があった。新進党、自由党で小池の同僚だった西村眞悟は、当時の小池の立場を「姐さん」と位置づけ、こう語った。

「男に、ああいう生き方はできないよ。彼女の立場は、やくざの世界でいうところの『姐さん』や。子分とは立場が違う。彼女自身も、そういう見られ方を好んでいた。たとえば、小沢さんを囲んで飯を食うとする。俺は必ず向かい合って座る。彼女は必ず小沢さんの真横に座る。俺は『小沢先生』と呼ぶ。向こうは党首なんやから。でも、彼女は『小沢さん』と呼ぶ。『ねえ、小沢さん。西村さんを叱ってよ』なんて調子で話しかける。傍から見れば、俺よりも小池のほうがずっと上と映る」

すると、西村は、こんなたとえ話を始めた。

「昔、豊臣秀吉の時代に、耳掻き専門の坊さんがおったそうや。将軍は坊さんに膝枕で耳を掻かせる。少し離れたところから見ると、坊さんが秀吉の耳元で何かを囁いているように見える。坊さんも、そう見えるようにする。すると、大名たちは坊さんにペコペコして、付け届けをする。坊さんはただ耳掻きしてるだけなんだが」

そこまで言うと、西村は急に「あの笑顔は大変やな」と呟いた。「眼が笑っていない」という。「孤独の深さが伝わってくる。いつも表情を作ってる。人にどう思われるか、人にどう思わせるかを考えているんか」

彼女は一見、小沢という権力者に寄り添い、懐柔しているように見えた。だが、細川政権の時と同じように、やはり任されるのは広報であり、政治の核の部分ではなかった。党の広告塔となり、スポットライトを浴びる。男はそれで充分、満足しているはずだと考える。しかし、彼女はそうは思っていない。仕事や役割というよりも、地位を求めていた。それが満たされず、次第に不満を募らせていく。だが、それに男は気づかない。小沢に側近として仕えた平野貞夫が当時を振り返る。

「小沢も、我々も古い人間だからメディア対策なんてわからない。だから、テレビ界出身の小池さんのアイディアには助けられた。テレビに出る時のネクタイの選び方だとか、テレビ出演時の話し方、表情の作り方とか。でも、小池さんに政策面で強い主張があったという記憶はない。経済面では新自由主義っぽいことを言ってはいたけれど、それも強い印象としては残っていない」

権力者に近づき、上に引き上げられたいと願う。反面、彼女は女性議員同士の集まりには興味を示さず、また、社会的弱者への関心も薄かった。

強者に憧れ、自分も強者でありたいと願い、蜘蛛の糸を見つけては上っていく。自分の足下は見ようとしなかった。下を見るのは怖かったのだろうか。

彼女には、自分は自力で必死に這い上がってきた、という思いがあるのだろう。公人となってからも、だから、彼女は自分に助けを求める人々に対して冷たかった。時には残酷な仕打ちをしている。昔、世話になった人でもマイナスだと思う相手は切り捨てた。秘書に居留守を使わせ、時には「追い払って」と言いつける。

上に上がろうとする自分の足に、つかまろうとする人がいる。それが重ければ、自分も地の底へ落ちてしまうと思うのか。彼女は生存し続けなければならなかった。その思いが強すぎたのだろうか。

阪神淡路大震災の被災者にも、彼女は非常に冷たい態度を取っている。

小池自身は「自分は地震を知った時、いち早く現地入りした」とマスコミで語り村山首相の判断が鈍かったために被害が大きくなった、と繰り返し社民党の批判をした。また、台湾やトルコで地震があった際には、すぐに支援物資を送り、阪神淡路大震災を経験した国会議員であることを国内外にアピールした。さらに、この時の経験から、「震災時にいかにお湯で溶く必要のない液体ミルクが大切であるかに気づかされた」といい、国内では安全性の面で規制があり、製造されていなかった液体ミルクの製造普及を後押しする活動をするようになった、とも述べている。こうした、人の気づけない問題に気づけるのが自分である、と。

だが、被災者や地方議員の間では、小池は「何もしてくれなかった国会議員」として記憶されている。ある地方議員は、こう回想する。

「小池さんが震災の支援活動に携わったと言っていることが信じられない。何もやらない、何もしてくれない国会議員だった」

兵庫県を地盤とする別の元国会議員は、「震災に限らない。彼女は地元への愛がなかった。地元のために協力しようとしたことが一度もなかった」と述べ、さらにこう続けた。

「彼女は根無し草なんや、と思う。選挙区への思い入れなんて初めからなかった。生まれ育った兵庫をむしろ嫌悪していたように思えた。それは、確かに小池家のことを知っている古い人もいて、嫌な記憶もあるのかもしれない。でも、ここから立候補した以上、それは覚悟しなきゃいけないし、地元のために尽くさなきゃいけないでしょ。地元で問題が起こった時、超党派で話し合おうとしても、彼女はほとんど参加しなかった。地元に仕返しするために、国会議員になったんか、と思うことさえあった」

阪神淡路大震災後、家を失った人たちは仮設住宅に入居したが環境は劣悪だった。本来の住まいに戻れず、財産を失い、未来に絶望して自殺する人も相次いだ。仮設住宅で餓死した人さえいた。これで先進国といえるのか。市民たちは憤った。

被災した個人に対して税金で支援するという法律はなく、家が全壊しても一円も公的な支援金を得られない。これで、どうやって立ち直れというのか。

震災からだいぶ経っても、被災者の厳しい現状は変わらず、芦屋の女性たちが一九九六年、数人で議員会館に小池を訪ねたことがあった。

窮状を必死に訴える彼女たちに対して、小池は指にマニキュアを塗りながら応じた。一度として顔を上げることがなかった。女性たちは、小池のこの態度に驚きながらも、何とか味方になってもらおうと言葉を重ねた。ところが、小池はすべての指にマニキュアを塗り終えると指先に息を吹きかけ、こう告げたという。

「もうマニキュア、塗り終わったから帰ってくれます？　私、選挙区変わったし」

女性たちは、あまりのことに驚き、大きなショックを受けた。

テレビや選挙時に街頭で見る小池と、目の前にいる小池とのギャップ。小池の部屋を出た彼女たちは別の国会議員の部屋になだれ込むと、その場で号泣した。

どうして相手をわざわざ傷つけるような態度を取るのか。それとも相手が傷つく、ということが理解できず、マニキュアを塗りながらでも、一応は相手をしなければと思ったのか。それとも確信犯か。

選挙区が変わったとはいえ、こんなことをすれば、インターネットのない時代でも人から人へと伝わっていく。現に、彼女たちは地元に帰って、芦屋の「山村サロン」で報告会を開くと、小池から受けた仕打ちを涙ぐんで、地元の人々に伝えているのだ。選挙区が兵庫七区から六区に移ったと言っても、そう離れているわけでもない。

似たような話は他にもある。ガムを噛みながら応対された。約束の時間に行ったのに、さんざん待たされた挙句、まともに質問に答えてもらえなかったというインタビュアーたちは大抵が無名の女性たちである。約束の時間にインタビューに行ったが、小池は積み上げた祝儀袋に自分の名前を書く作業をやめようとしない。インタビューを始めたが、下を向いて筆を走らせながら、「ぐもーん（愚問）、次」「それで？」「はあ？　それ私に聞くの」と言うばかりで、まともに応じてくれなかった、あんなに嫌な思いをしたことはない、という取材者の声がある。「偉くなった」という喜びを、彼女はこういう形でしか実感できなかったのだろうか。それとも政界でのストレスを発散する手段だったのか。

阪神大震災後、被災者の苦しみは長く続いた。

金融破綻した証券会社や住宅金融専門会社には公的資金がつぎ込まれるのに、防ぎようのない自然災害で家を失った国民には、なぜ一円の税金も支給されないのか。

この現実に対して、市民たちがついに立ち上がる。被災者の個人補償を盛り込んだ市民立法を考えて国会議員に突きつけ、議員立法として国会で成立させて欲しいと迫ったのだ。

作家の小田実《まこと》が代表となり「市民＝議員立法実現推進本部」が立ち上げられた。

こうした市民の動きに、社民党、共産党、新社会党と民主の野党議員たちが超党派で呼応し、超党派でこの市民立法を推進しようという流れが生まれた。逆に自民党からは議員立法の流れを抑え込もうという圧力がかけられた。

急先鋒に立ったのは勇二郎の友人、あの鴻池祥肇だった。尼崎を地盤とする自民党議員であった彼は、「国はこんなにやってくれています、と地元で説明するのが国会議員の役目やないか」と協力を求める社民党の新人議員を怒鳴りつけた。あくまで鴻池は自民党員として、忠実に自民党の方針に従おうとしたのだろう。この時、小池は自民党ではなく、自由党の議員だった。だからこそ、被災者は野党であり、また女性である彼女に期待した。だが、小池は自民党議員以上に、この法案に冷たかった。

「自民党でもないのに……」

市民と野党議員の両方に小池への失望が広がった。自由党の方針ということではなく、あくまでもそれは小池個人の意思であり、行動だったのだろう。

こうした小池に対して、同じ兵庫六区の阪上善秀が取った態度は真逆といえた。自民党員でありながら、彼は被災者支援法の成立を支援しようと個人で判断し、社会党議員らと行動したのだ。

自民党員で被災者支援法に協力した阪上と、非自民党員でありながら被災者支援法にかかわりを持つまいとした小池。これがまた、小池の怒りを買うことになり、阪上は後、復讐されることになる。

被災者支援を訴える市民＝議員立法は、国会で撥《は》ねのけられ続けた。与党である自民党の協力を何とか得なくては廃案になってしまう。そう考えた社民党の田《でん》英夫は自民党の大物、野中広務に相談に行った。すると野中は二つ返事で「それは必要な法案だ、自民党の根回しはしておく」と引き受けたという（魚住昭『野中広務　差別と権力』）。

野中が約束を果たしたこともプラスに働いたのだろう。小田実らが新社会党の栗原公子とともに、自民党の村上正邦に会いに行くと、「君たちの思いはわかっている」と言われ、話は急速に進んでいった。こうして一九九八年五月、家屋全壊で百万円の個人補償という「被災者生活再建支援法」はようやく成立するのである。

橋本内閣の後を継いだ小渕恵三内閣は、一九九八年七月に発足してからというもの、株安に苦しめられ続けていた。景気対策で自由党党首の小沢に協力を求めるが、ことごとく撥ねつけられて小渕は苦しむ。同じ派閥（田中派、竹下派）の先輩にあたる小渕に、小沢は手を緩めなかった。

この状況を打破しようとして自民党の野中が、また、周囲を驚かす大きな決断をする。不倶戴天の敵である小沢に頭を下げて、連立を組もうと持ちかけたのだ。小渕政権を維持するための苦渋の決断だった。野中は、「悪魔（小沢）にひれ伏してでも、という心情であった」と後に語る。

翌年の一九九九年一月、自民党と小沢が率いる自由党が手を組み、十月には公明党も参加。自・自・公の連立政権が成立する。

ここまで小沢に従ってきた自由党員たちは、与党となった幸運をかみしめた。小池にとっては二度目の与党経験である。与党の水は、やはり甘美なものがあった。

しかしながら、もともとは水と油。小渕首相と小沢の関係は改善されず、連立を組んだところで根本的な問題は解決されなかった。このまま連立を続けるべきか。自由党内でも話し合いが持たれた。小沢の側近だった平野が振り返る。

「自民党と自由党で連立を組んだけれど、だんだん政策をめぐる矛盾が広がってきた。党としてどうするかを話し合った時、小池さんは真っ先に、『小沢さん、自民党とは別れましょうよ、私たちだけで小さくてもやっていきましょう』と言ったんですよ。小沢も私も非常に感激してね。それで、そのつもりでいたんです」

小沢が連立政権から離脱する意向を党員に伝えると、党内には反対意見が起こったが、小池は当然、小沢に同調すると信じていたという。平野が続ける。

「ところが、どうも小池さんの動きがおかしい、野中さんと公明党が何か動いているという情報が入ってきた。まさか、と思った。そこで私は小沢さんに夜遅かったけれど電話して、『党首みずから小池さんを説得してください』と頼んだんです。小沢さんは『わかった』と言って電話を切った。しばらくして、小沢さんから電話があり、『ダメだった』と。『自由党の比例第一位にするから』と言って引き留めようとしたところ、小池さんに『自由党から比例で当選者が出ると思ってるんですか』と言われたって。私はそれを聞いて唖然としました。この直前にずいぶん、小池さんのパーティー券をさばいてあげていたし。ものすごくドライで日本的な感性じゃないと思った」

小沢に反旗を翻した自由党員は、二〇〇〇年四月に保守党を結党して政権内に残った。党員は小池のほか、海部俊樹、扇千景、野田毅、二階俊博ら。小池は小沢と、この時、決別する。

自民党の小渕首相は病に倒れてから約一カ月後の五月十四日に逝去した。この小渕の早すぎる死が平成政治の流れを大きく変えてしまう。

密室で森喜朗が選ばれて総理となり、六月二十五日、衆議院選が行われた。小池にとっては三回目の衆議院選である。一回目は日本新党、二回目は新進党、今回は保守党からの出馬だった。

自民党は連立を組んだ保守党と、当然ながら選挙区の調整をすることになった。兵庫六区には自民党の阪上善秀がいる。阪上と小池のどちらを立てるのか。自民党は小池を小選挙区に立て、坂上を比例に回すと決定した。おそらくは、小沢から離反するにあたって、彼女の出した条件であったのだろう。

阪上にとっては耐え難い決定だったが、党の方針には逆らえない。「次回の選挙では阪上を小選挙区に小池を比例にする、交互にそれを繰り返すコスタリカ方式を取る」と言われて、致し方なく納得する。

この時は小池も阪上も無事、当選を果たした。まさか、その約束さえ反故《ほご》にされようとは予想もせずに。

小沢と決別した小池は、細川の時と同様、小沢批判をマスコミで繰り返した。

「あれだけ利用しておいて」

小沢の側近たちは唇を噛んだ。

第五章

大臣の椅子

カイロで、「小池百合子が国会議員になった」と耳にし、早川玲子さんは茫然とした。いったいどうするつもりなのか。ばれたらどうするつもりなのか。それでも、「おめでとう」と言うべきなのか、よくわからなかった。悩んだ挙句、小池に思い切って国際電話をかけた。小池は不在だった。「本人にお伝えします」と言われたが、いくら待っても電話はかかってこなかった。

伝言が伝わらなかったのだろうか。早川さんは再び電話を入れた。同じように秘書が出てきて、同じように言われ、やはり電話はなかった。

避けられているのだ、と早川さんはようやく気づいた。疎《うと》ましく思われているのだろう。以後、電話をかけるのをやめた。

風の噂に小池がカイロにやってきたと聞くこともあった。もちろん連絡はなく、立ち去った後に知るばかりだった。

勇二郎はカイロで、ますます勢いづいていた。「なにわ」に行くとテーブルに寄ってきて、自慢話が止まらなくなる。それを嫌って敬遠する日本人も多かった。娘が国会議員になってからはさらにひどくなり、尊大に振舞うことが増え、トラブルを起こして大使館まで巻き込まれることもあった。

だが、そんな勇二郎でも、さすがに早川さんに対してだけは慇懃《いんぎん》だった。顔を合わせる機会があると、向こうから挨拶にやってきて、探るように話しかけてくる。

「どうですかね。最近、百合子とは話してますかね」

「いいえ、もう百合子さんは私のことなんか忘れているんでしょうし。いいんですよ」

すると、勇二郎は大げさに否定する。

「まさか、そんなことは絶対にありませんよ。それにしても、連絡がないとはいけませんな。おそらく忙しいんでしょうな。そうだ、私が百合子に言っておきますよ。たまには連絡をするようにと」

そんなことを言って、そそくさと離れていく。

一方、百合子の母、恵美子の態度はまた違った。早川さんを見ると、いつもうつむいてしまうのだ。小声でこんな言葉を呟く。

「なんでしょうかね、うちの百合子は……、なんでしょうかね、うちの百合子は」

あんな大それたことを言ってしまって、と、身の置き場もなく弁明しているように見え、その姿が痛々しくて、思わず早川さんも目を伏せてしまうのだった。

かつて自民党総裁選が、こんなにも話題を集めたことがあったろうか。長く変わり者と評されてきた清和会の小泉純一郎が、一躍、時の人となっていた。街宣車の上で彼は叫んだ。

「自民党が変わろうとしないなら、私が自民党をぶっこわす！」

隣には田中真紀子の姿があった。「私がつけば、必ずあなたは当選する」。そう説得して小泉を担ぎ出したのは、この田中角栄の娘に他ならなかった。

二〇〇一年四月、森内閣の後を受けて小泉内閣が誕生する。小泉は「聖域なき構造改革」を日標に掲げ、「郵政民営化」を断行すると宣言。支持率は七〇パーセントを超えていた。

小泉はそれまでの自民党総裁とは、まったく異なる空気をまとっていた。痩身《そうしん》で、鼻筋が通った端整な顔立ち。ライオンヘアと命名された、やや長めのたてがみのような髪型。趣味は歌舞伎とオペラ鑑賞。身振り手振りを交じえて自説を主張し、短く結論を最初に述べる。離婚歴があり独身。演説会場には女性たちが殺到した。

田中の人気もまた、すさまじいものがあった。迫力のあるスピーチと独特の個性。小泉との組み合わせの妙も受けて、世間から圧倒的な支持を得た。

その田中は念願の外務大臣に就任すると、外務官僚を相手に派手な喧嘩を始めた。「外務省は伏魔殿《ふくまでん》」と攻撃し、外務省員が応戦する。その攻防さえもまた、小泉人気を引き上げた。国民が政治に刺激を求めていたからだろう。

この騒動の中で九月十一日、同時多発テロがアメリカで勃発する。ブッシュ大統領はテロ組織、アルカイーダの犯行と断定して翌月にはアフガニスタンを空爆。親米路線を取る小泉は、すぐさまアメリカの軍事行動を支持すると表明した。

年が明けて二〇〇二年一月、東京でのアフガニスタン復興支援会議の運営をめぐって、田中と外務省幹部は、ふたたび激しく対立した。そこに外交通の鈴木宗男議員も参入して、騒ぎはいっそう大きくなった。

同月末、外交に支障が出ると判断した小泉は、田中の更迭を決定。大臣から降ろされた田中は涙ぐんで悔しさをにじませ、以後、小泉批判に転じていく。

世間は田中に同情し、内閣支持率は約三〇パーセントも一挙に下落した。この田中騒動が、後々、小池に幸いすることになるのだが、それはまだ、誰も知る由もない。その頃の小池は自民党と連立を組む保守党の、一議員に過ぎなかった。

小泉政権の支持率は下落し続けたが、ある日を境に急激に回復する。八月三十日、いつものように福田康夫官房長官は飄々《ひょうひょう》と記者会見場に現れると、飄々と切り出した。

「小泉総理は九月十七日、北朝鮮を訪問して金正日総書記と会談する」

拉致問題、安全保障問題を平壌で話し合うというのだ。この発表に、世間は度肝を抜かれた。拉致問題が一挙に進展するのではないか、という期待が日本中にみなぎった。

九月十七日、政府専用機で小泉は平壌に到着。小太りで、かきむしったような髪型の金正日総書記に出迎えられたが、小泉は笑顔を見せずに握手した。会見の中で北朝鮮側は、日本人十三人を拉致したことを認めて謝罪。さらに五名が存命、八名は死去した、と小泉に告げ、生存者五名の一時帰国を認めると述べた。日本国民の多くがテレビに釘付けになり、この報に接した。

北朝鮮拉致問題を利用

超党派で結成された、「北朝鮮に拉致された日本人を早期に救出するために行動する議員連盟（拉致議連）」は、二〇〇二年四月に改組され、自由党の小池も副会長のうちの一人になっていた。

小泉が訪朝した九月十七日、東京の外務省飯倉公館には被害者家族と、この拉致議連の議員たちが待機していた。そこへ「五名生存、八名死亡」という残酷な情報がもたらされる。沈痛な空気が流れる中で記者会見が開かれたが、被害者家族が並ぶ中央に、なぜか小池の姿があった。「いつもテレビに映り込もうとする」と拉致議連の中でも問題になっていたという。ある議員は、こう振り返る。

「自分の人気取りのために拉致問題を利用しようとする議員が多かった。拉致問題への国民の関心が高く、北朝鮮への憤怒が渦巻いていたので拉致議連に入れば選挙に有利だと、そんなふうに考える議員もいた。拉致被害者のご家族との写真を宣伝に使ったり」

死亡という知らせを聞かされ、記者会見で横田めぐみさんの父、滋さんはマイクを握ったものの、涙に言葉が詰まってしまった。妻の早紀江さんは気丈にも自分の思いを、夫の分まで訴えた。夫妻の真後ろに立つ黄緑色のジャケットを着た小池の姿は、嫌でも目立った。小池が被害者家族の肩に手を回しつつ、涙を拭う姿が映し出された。

だが、テレビが報じたのはここまでだった。

会見が終わると取材陣も政治家も慌ただしく引き揚げてしまい、部屋には被害者家族と関係者だけが残され、大きな悲しみに包まれていた。するとそこへ、いったんは退出した小池が足音を立てて、慌ただしく駆け込んできた。彼女は大声を上げた。

「私のバッグ。私のバッグがないのよっ」

部屋の片隅にそれを見つけると、横田夫妻もいる部屋で彼女は叫んだ。

「あったー、私のバッグ。拉致されたかと思った」

この発言を会場で耳にした拉致被害者家族の蓮池透さんは、「あれ以来、彼女のことは信用していない」と二〇一八年八月二十二日、自身のツイッターで明かしている。

当時、小沢から離れて保守党に所属していた小池は、小泉訪朝をメディアで厳しく批判した。なぜ、もっと強硬に出なかったのか。初めに国交正常化ありきで拉致事件の真相究明がないがしろにされた、小泉外交は手緩《てぬる》くて見ていられない、と。

「納得できないのは、小泉首相は北朝鮮がテロ国家であることをわざわざ足を運び、確認した上で、国交正常化交渉再開に向けての共同宣言に署名したことだ。ふつう相手がテロ国家であることが判明すれば、国交断絶に踏み切る。テロ国家であると確認しつつ、国交を結ぼうとは考えない。日本側には焦る理由がまったくない。であるにもかかわらず、会議終了後、『拉致』という言葉すらない平壌宣言にさらさらと署名し、日朝国交正常化交渉へと前のめりで突っ走った小泉首相と外務省に危なっかしさを感じざるをえない」（『正論』二〇〇二年

十一月号)

北朝鮮にもアメリカにも利用されたのが今回の小泉訪朝だ、国交正常化ではなく経済制裁こそが正しいと小池は持論を繰り返した。

小池はこれまで常に敵をつくって攻撃するという手法を取ってきた。最初に敵としたのは、「自民党」だった。その後、土井たか子と戦った時は「社会党」になった。次が「北朝鮮」や「中国」だった。これらの国に差別的な感情を持つ日本人の感情を煽り、憎悪をかき立て、自分への支持を取り付けていた。

日本新党が解党した理由も北朝鮮問題だったと小池はある時期から盛んに述べるようになる。小池曰く、アメリカを訪問した際、米国の高官たちから「さきがけの武村正義代表は北朝鮮とつながっている」との情報を得たので細川に、「アメリカが懸念しているので武村さんを切ってくれ」と進言した。それなのに細川は自分の意見に耳を貸さなかった。北朝鮮と繋がる武村さんを切れなかったところに日本新党が解党した理由がある、と小池は自説を述べている(元外務省国際情報局長の孫崎享《うける》は、国連中心の安全保障を打ち出した細川内閣を分解させようと考えたアメリカ側が、武村を外せと言ってきた、との説を取っている)。

一本調子な北朝鮮批判、対北朝鮮強硬姿勢は、人気を頼りとする彼女の数少ない「政治信条」なのだった。

小泉訪朝から約一カ月後の十月十五日、拉致被害者五名は北朝鮮から日本に「一時帰国」

という形で帰国することになり、拉致議連の議員たちも出迎えのため飛行場に集まった。その時、会長代行の中川昭一が議員たちに語った言葉を、西村眞悟は覚えていた。西村が振り返る。

「中川さんは『被害者の方々がタラップを降りてきても、我々は、しばらく遠慮しよう。家族と何十年ぶりに再会するんだ。そこに割り込むようなことは慎もう』と言うた。俺もそのとおりだと思った」

やがてチャーター機が空に現れ、着陸した。蓮池薫さんら被害者の五人が笑顔を見せてタラップを降りてきた。議員たちは、しばらくは中川の忠告を守っていた。だが、ひとりが走り出すと我も我もとカメラが回る歴史的光景の中へと飛び込んでいった。小池ももちろん、そのうちのひとりだった。西村眞悟が回想する。

「結局、動かなかったのは、俺と中川昭一のふたりだけやった」

小池は、「カイロ大卒の外交通」として常に振舞ってきた。

日本の外務省は「お公家さん集団」でなっておらず、日本の国会議員には国際感覚がない。だから、北朝鮮問題ひとつ解決できないのだ、といった威丈高《いたけだか》な発言を週刊誌で繰り返した。よほど自分を外交通として認知させたかったのだろう。野田聖子との雑誌対談では北方領土問題に携わってきた鈴木宗男を「四島返還を国是としてやってきた外交方針をねじまげたことは許せない」と批判し、さらにこう語っている。

「この間モスクワへ行ってきたんです。『四島返せ』って。ロシア側との会議をやってきたんだけれども、ロシア側の人たちは、残念だ、残念だって言ってた。大変失望した、宗男さんがこういう形で政治の世界で片すみに追いやられるということはと（著者注・鈴木は斡旋収賄罪で起訴されていた）。逆に言えば、いかに（著者注・鈴木が）ロシア側の要望に応えていたかということですよね」（『正論』二〇〇二年六月号）

中東が専門だと自称するがアメリカが9・11後にアフガニスタンを攻撃しても独自の意見や視点を打ち出したことはない。ただ無責任に、小池はこんな発言をしている。

「今回のイラク攻撃で、小泉総理はアメリカ支持を打ち出した。であるならば、安保理で右往左往するアメリカとのネゴの際、『油井の一つも日本によこせ！』といった剛の者が一人くらいいてもよい」（『Ｖｏｉｃｅ』二〇〇三年五月号）

サダトと会った、アラファトと会った、カダフィと会ったとアラブの指導者たちの名前を挙げている。だが、アラブの指導者といっても、主義や主張は、まちまちである。親アラブなのか、親イスラエルなのかもよくわからない。ただ、「会った」と自慢するだけで終わっている。さらにカダフィは明治天皇を尊敬しており、机上には明治天皇の写真を飾っていると発言したこともある（『週刊朝日』二〇一一年三月十一日号）。だが、そんな小池をメディアは以下のように持ち上げてきた。

「数ある国会議員の中で、アラビア語を駆使して中東各国首脳と自由自在に話すのは小池氏以外に見当たらない。カイロ大学文学部を卒業し、年間何度も中東や西アジア、中央アジア

のイスラム諸国を往復。独自の視点によるイラク戦争分析を聞いた」(『週刊ポスト』二〇〇三年四月十八日号)

アラビア語を自由自在に話すと書いているが、それは彼女の「カイロ大学卒業」という学歴を信じてのことであって、記者が確かめたわけではない。

小池は同誌の中でアラブ諸国は宗教色が強いので義勇兵が集まりやすい、アラブの民衆はアメリカと結託した自国の王族を恨んでおり、それが反米のもとにある。アラブ諸国の支配層は民主化が進んだ結果、自分たちの立場が危うくなることを恐れている。イスラムを理解しないで早急に民主化を進めてはいけない、といった意見を述べているが、これのどこに「独自の視点」が現れているのだろうか。それなのに、記事の最後はこう結ばれるのだった。

「(外交を熟知する)小池を外相にして働かせてはどうか」。

小泉総理の自民へ入る

田中真紀子更迭によって低迷した支持率は、北朝鮮への電撃訪問によって六五パーセントまで回復し、十月二十七日に行われた衆院補選は自民党が圧勝した。

これに焦ったのは、野党よりも自民党と連立を組む保守党だった。次の選挙で自民党が大勝すれば保守党と連立を組む必要がなくなり、切り捨てられるのではないか。焦った保守党は民主党議員の一部を引き入れて人数を増やし、新たに保守新党と名を改め、存在感を高めようと考える。

野党では民主党が力をつけていた。しかし、そこに小池が受け入れられる余地はまったくなかった。なぜなら、かつて足蹴にした細川や小沢がいるからだ。万が一、入れてもらえたとしても、一兵卒にされてしまう。だからといって、保守党、あらため保守新党に未来があるとも思えなかった。彼女は常に勢いのあるものに付く。落ち目のもの、弱いものは、初めから目に入らない。その時、一番、強い者を求める。行先は決まっていた。

十二月二十五日、保守党は解党され、二階俊博や扇千景が中心になり保守新党が立ち上げられたが、小池の名はそこにはなかった。残ってくれと二階に強く懇願されたが振り切った。二十八日、小池百合子は自民党入りを発表する。

「自民党の歴史的使命は終わった」、「自民党一党支配の是非を問う」、「自民党に代わる保守新党をつくる」とミニスカート姿で絶叫した日々から、ちょうど十年。政界渡り鳥とはいえ無節操にもほどがある」という批判の声に対して、彼女はこう言い返した。

「自民党を外から壊すのではなく、内から壊すほうが早いと思った。小泉総理が自民党をぶっ壊すと言っている。小泉総理でなければ自民党には入らなかった」

自民党に移籍した際の経緯は詳しくはわからない。山崎拓が森喜朗につないだという説もあれば、小泉政権に強い影響力を持っていた財界人、オリックス会長で小池の後援会長でもある宮内義彦が橋渡しをしたという噂もあり、判然としない。

男女雇用機会均等法が昭和の終わりに成立し、平成になってから、早くも十五年が経過していた。体面上、閣僚にひとりも女性を入れないわけにはいかない。だが、女性議員の数は少なく、閣僚になれる年齢の女性議員はさらに少なかった。それ故、男社会ゆえの逆転現象が生じていた。小泉内閣には田中真紀子の穴を埋めてくれる女性議員が必要だった。

高市早苗は客観的に見れば、最も入閣の条件をそなえていた。新進党を経て自民党入りした彼女は、清和会の流れを汲む森派の優等生である。だが、小泉からすれば、森の影響下にある議員だった。二世議員の小渕優子や、野田聖子には親の代から続く人間関係があり、小泉の完全な持ち駒とはなり得ず、また、やや若すぎた。田中の他に森山真弓、川口順子《よりこ》を小泉は入閣させていたが、このふたりは官僚出身で印象が薄く、地味だった。

いきなり環境大臣に

こうした状況下で二〇〇三年九月二十二日、小泉は内閣改造をする。派閥や慣例を無視したのは、小泉の持論、「自民党をぶっ壊す」ためでもあったのか。小泉は自民党入りしてから十カ月にも満たない小池をいきなり環境大臣に任命する。

これには小池が属する自民党の森派(旧清和会)の中からも批判の声が上がった。「環境問題に詳しい議員は他にいるじゃないか」、「女じゃなきゃいかんというなら高市早苗を任命するのが筋だろう」と。

さまざまな噂が駆け巡った。

「細川、小沢ときて、今度は小泉か」

独身の総理と女性大臣。小泉は六十一歳、小池は五十一歳。

政党を替え、常に権力者の横に収まりポストを得る。細川、小沢、小泉では思想も政治信条も異なるのに、その隣に収まってしまうのはなぜなのか。

小池自身は後に、そうした批判にたいして、こう豪語するようになる。

「私が権力者のところに渡るのではなく、私のサポートでその人が権力者になるんです」

(『女性セブン』二〇〇八年一月三・十日号)


小泉に弁当を届けているといった、たわいない陰口に交じって、学歴詐称の噂が、ふたたび政界を駆けめぐった。

二〇〇四年一月、民主党の古賀潤一郎が除名処分を受ける。アメリカのペパーダイン大学卒業という古賀の学歴が虚偽であることを自民党が暴いたからだ。派閥の会合で森は、小池を前にこんな話をしたという。

「古賀さんの件があり自民党の中でも小池百合子さんのカイロ大学はどうなんだろうという声が上がりましたが、伺いましたところ、きちんと卒業していらっしゃる。しかも、首席ですか、ということがわかったのです」

会場は笑いと拍手に包まれたというが、それらは心から送られたものだったのか。

まわりは敵だらけである。小池は田中真紀子の轍《てつ》を踏むまいとした。田中は外務大臣になってすぐに、事務次官の首をすげかえることで省を支配しようとして返り討ちに遭い、最後は小泉に更迭された。小池は逆に小泉の意向に従い、官僚と良好な関係を築き、女であっても組織の長を任せられる政治家だと、官庁と官邸の両方から評価されようと考えたのだろう。

環境省の炭谷茂事務次官は厚生省の出身で小池とは面識があった。官僚は人事に敏感である。人事権をちらつかせることで心を掌握することができる。小池は小泉の了解を得ると炭谷の事務次官任期を延ばした。田中との違いは切るか延ばすか。本質的には変らない。人事で人の心と運命を支配し操る方法と快感を、彼女はこの時から体得していく。それがまた権力を実感させるのだろう。


環境省（当時は庁）は水俣病への対策から生まれた省庁であるが、その歴史と在り方を根本から考えさせられる水俣病関西訴訟の最高裁判決が、二〇〇四年十月十五日に下された。熊本県、鹿児島県から関西に移り住んだ後、水俣病を発症した患者が国と行政の責任を問い、損害賠償と謝罪を求めて起こした集団訴訟である。

大阪高裁は二〇〇一年四月二十七日、原告側勝訴という画期的な判決を出した。だが、小泉内閣は上告した。それから三年、最高裁は高裁判決を支持するとして、熊本県と国の訴えを棄却したのである。

果たして最高裁まで争う必要があったのか。政府と環境省は上告したという過去も含めて、この判決を真摯に受け止めなければならなかった。ところが、最高裁判決が出た後も、環境省と小池大臣が取った対応は、原告側の神経を逆なでするものだった。一向に記者会見を開かず原告側に会って謝罪しようとしなかったのだ。なかなか会見を開こうとしないことに怒りを覚えた原告団と支援者、患者たちは、環境省になだれ込んだ。

ようやく会見が開かれることになり小池が姿を現した。苦しみ続けてきた患者を前にして、小池は座ったまま女優がセリフを読むように、官僚の作り上げた原稿を棒読みし、最後に席を立つと、「あらためて謝罪し、長い間のご苦労に対し申し訳ないという思いを表明させていただく」と、とってつけたように頭を下げ、五分で会見を打ち切り部屋から出ていこうとした。あまりにも慇懃無礼な態度に原告団から罵声《ばせい》がとんだ。

「大臣の対応は儀礼的で人としてのぬくもりが感じられない」

小池の態度は、判決には不服であり謝罪する気もないが、形だけは謝罪しておくという意思表示として原告側には映ったのだ。

なぜ、小池はわざわざ、そういう態度を取ったのか。

それは彼女が、官邸に、霞が関に評価される大臣でありたいと望んだからだ。官邸も環境省も他省も、この判例が他の公害判決に影響を及ぼし、訴訟が増え、賠償が発生する流れができることを懸念しており、彼女はその意向を汲んで、動いていたのであろう。

その後、体裁は整えようと最高裁判決後に、小池は大臣直轄の「水俣病問題に係る懇談会」を立ち上げた。元東大総長の有馬朗人《あきと》、ノンフィクション作家の柳田邦男、政治評論家の屋山太郎ら十名が委員に選ばれ、二〇〇五年五月十一日に発足。翌二〇〇六年は水俣病公式確認から、五十年の節目の年にあたる。それまでに報告書を出してもらいたい、と小池から注文がつけられた。懇談会委員たちは真摯に課題に取り組み、やがて、ひとつの結論を下した。

「司法が指摘したように、これまでの国の設定した水俣病認定基準そのものがおかしい。そこに問題があった。これを見直し、基準を引き下げ救済の範囲を広げるべきだ」

これに対して慌てたのは環境省の官僚だった。彼らは懇談会に介入するようになり、委員たちの考えを変えさせようと画策した。「認定基準には触れず、過去の検証を生かした未来への提言だけにして欲しい」と語る環境省幹部に気骨のある委員たちは、激しく反発した。

「いったい、大臣は何を考えて、この委員会を設立したんだ。認定基準の見直しこそが、今、必要なことだろ」

激しい怒号が飛び交った。

一方、国会の環境委員会でも、「最高裁の判決を受けて、今後は水俣病患者をどう救済するつもりか」、「認定基準をどう考えるのか」と野党議員に小池は激しく追及されたが、ここでも小池は環境省の振り付けどおり、「水俣病患者かどうかの判断条件の見直しは考えていません」と繰り返すばかりだった。

最高裁判決は、水俣病の認定基準に問題があるため、救済から漏れている被害者がいることを問題視し改善を求める、という内容である。それなのに最高裁が下した判決に大臣は従わないつもりなのか。小池の国会答弁を聞いて被害者たちの怒りの声は高まった。

「大臣は環境省の役人のいうがままになっている」

「司法により国の責任が認められた以上、謝罪し、速やかな救済をするべきだ」

水俣問題を患者側から支援している女性ジャーナリストが回想する。

「最高裁判決が出た夜の記者会見場に私もいましたが、小池さんにはまったく『心』が感じられなかった。政治家は、立場上、謝りたくても謝れない時もある。そういう時の苦しさはこちらに伝わってくるものです。でも、小池さんにはそれがまったくなかった。この人には病の苦しみや他者が抱える苦悩は、理解できないのではないか。とても冷たい人なのではないかと感じました。まったく何も学んでいないように見えた」

クールビズ

小池にとって水俣問題は関心の持てない事柄だったのだろう。それは環境省にとっても好都合だったはずだ。代わりに彼女好みのエサを与えられていた。それがクールビズである。

夏の薄着の推奨はオイルショック以降、自民党が課題としてきたことであり、大平正芳内閣では「省エネルック」の名で宣伝された。

小泉政権でもこの流れを踏襲したが、これに小池が飛びついたのだ。「省エネルック」に代わって、彼女は得意の公募で名称を募集すると「クールビズ」という言葉を選び出し、記者会見をわざわざ開くとボードを持って説明した。ネクタイをしない薄着姿を、「クールビズ」として推奨していく、と。

小池は自ら環境省の広告モデルを引き受け、ミニスカートにハイヒールでスツールに浅く腰かける得意のポーズを取った。それは六月一日の新聞各紙に全面広告として掲載された。クールビズに名を借りた、小池百合子の広告であった。

愛知県で開催されていた「愛・地球博」では、環境省主催で「クールビズ・コレクション」と銘打ったファッションショーが行われた。

わざわざ自ら「ファッションモデルをしてください」とトヨタ自動車会長で経団連会長の奥田碩《ひろし》や、オリックス会長の宮内義彦らに連絡を入れた。彼らもまた嬉々として応じた。相手の虚栄心をくすぐる、負担のない頼みごとは、人間関係を密にする一番の方法であることを、もちろん彼女は知っていた。彼らが当日、モデルとして着用するスーツの採寸にまで小池はわざわざ付き合い、それをまたマスコミに取材させた。

こうして国の税金を使ったファッションショーは開かれ、奥田や星野仙一らが、ランウェイをモデルとして闊歩した。会場には小池の兵庫六区後援会の人たちが招かれた。その後も環境省の後援で各デパートでは「クールビズ・ファッションショー」が行われた。水俣病の救済には使われぬ税金は、こうしたものに流れていった。小池は現在に至るまで「クールビズ」の発案者だと胸を張り続けている。

百合の柄の浴衣を着て、丸の内で「打ち水」をするパフォーマンス。レジ袋を使わずに買い物をするように風呂敷を使おうと推奨し、小池がオリジナルにデザインした風呂敷がメディアで宣伝され、風呂敷展覧会を主催して予算を使う。エネルギー政策では二酸化炭素を排出しない原発をクリーンエネルギーだと主張した。

だが、小池がクールビズに夢中になっていた、まさに二〇〇五年六月。大変な公害問題が持ち上がる。

大手機械メーカー、クボタの尼崎にあった旧神崎工場の従業員や周辺住民が、次々と中皮《ちゅうひ》腫《しゅ》や肺がんで亡くなっていることが発覚。工場が扱っていたアスベストが原因であると毎日新聞が六月二十九日に報じ、クボタも事実を認めて謝罪したのだ。

アスベストは別名を石綿という。繊維状の鉱石でセメントや砂と混ぜると安価で熱に強い建設資材となるため、「夢の資材」として広く日本全国で使われてきた。だが、吸い込むと胸膜ががん化する中皮腫や肺がんになってしまう。他の先進国で使用が規制されても、日本では経済成長が優先され、長く野放しにされたという経緯があった。

国会では野党から、「なぜもっと早くに禁止しなかったのか」と責任を追及され、中川昭一経産大臣、細田博之官房長官、尾辻秀久厚労大臣が非を認めて謝罪した。だが、小泉政権は救済を考えるとしながら、具体的な策を早急に講じようとはしなかった。

なぜならば、ちょうど小泉が政治生命をかけて取り組む郵政民営化法案をめぐる攻防も、最高潮を迎えていたからである。「私に抵抗する人、それはすべて抵抗勢力だ」と小泉は叫び、国会は白熱していた。

人々は「郵政民営化」の意味を深く考えることなく、力強い首相の言葉に酔った。長引く不況で給料はあがらない。何十年も勤めた会社から、ある日、突然、リストラされる。終身雇用制度が揺らぎ、人々の間では不安感が増していた。安定しているように見える公務員は格好の憎しみのターゲットとなった。

小泉から信頼され郵政民営化を含む経済政策を一任されていたのが、慶応大学教授の竹中平蔵だった。市場における競争においてのみ経済は成長する。だから、政府はできる限り規制を取り払い、自由な経済活動に任せるべきである。構造改革は痛みを伴うが、それに耐えて乗り切れば、あとは経済成長が待っている。医療、介護、福祉、教育分野も規制緩和を広げて、民間に競争原理を広げればいい。それが竹中の主張だった。

佐々木実の著作『市場と権力「改革」に憑かれた経済学者の肖像』には、この竹中の生い立ちや経歴が詳しく描かれている。

竹中は一九五一年生まれ。小池とは同世代である。出身は和歌山県で履物店を営む父が夜遅くまで働く後ろ姿を見て育ったという。決して裕福な環境にはなかったが、一橋大学経済学部に進学。彼もまた英語の習得に熱中し、アメリカに留学したいと強く願い夢を叶えた。激しい野心と上昇志向を持ち、年上の有力者の懐に飛び込む。論文には盗作の噂が付きまとう。彼もまた、小池同様、学歴、留学経験、英語力を武器にして蜘蛛の糸を必死で摑み、のぼっていった人である。政界では小泉総理、財界ではオリックス会長の宮内義彦から信任を得た点も両者に共通する。

郵政解散、東京十区から立候補

郵政民営化関連法案は国会に提出され、七月五日に衆議院本会議で採決の日を迎えた。自民党執行部は党議拘束をかけたが、それでも造反者が出たため、五票差という僅差での可決であった。十三日から参議院に審議は移ったが、こちらでは八月八日の本会議で、あっさりと否決された。すると小泉は臨時閣議を開いて、解散を主張した。

直近の二〇〇四年七月の参議院選では、小沢が選挙を主導した民主党に負けている。閣議で麻生太郎に「解散して勝てると思うのか」と問われた小泉は、「わからない。だが、解散する」と答えて、麻生を唖然とさせている。

同日午後七時、衆議院本会議が開かれ野党から内閣不信任案が出されると、小泉は躊躇《ちゅうちょ》することなく「解散！」と叫んだ。野党は解散権の濫用だと非難したが、国民の熱狂にかき消される。劇場の幕が上がったのだ。

小泉は反対票を投じた自民党議員は公認せず、全員に対立候補を立てると発表した。党内は大さわぎとなり小泉を批判する声も飛び出した。すると、小池は「機を見るに敏」な本性をすぐさま発揮する。彼女は素早く飯島勲首相秘書官の携帯電話に連絡を入れると、こう告げたのだ。

「私、選挙区を替えます。小林興起さんの対立候補として東京十区に立ちます」

自分の選挙区を捨ててまで郵政造反組の対抗馬に立つという小池の決意を聞いて、小泉はこう称えた。

「すごい決断だ！　小池さんは愛嬌もあるけれど、度胸もあるね」

マスコミに発表されるやワイドショーが飛びついた。小池はどの自民党員よりも小泉に忠誠を示し、一躍、時の人となった。

選挙区を捨て、よそに移って出馬する。確かに通常は、なかなかできないことである。土地に愛着があり、地域の人々との絆があり、過去に思い出があるならば。

小池の選挙区である兵庫六区には自民党の阪上善秀がいた。保守党から小池が自民党入りして来たため、自民党議員が六区にふたり、ということになってしまっていた。ひとりが小選挙区から出たならば、ひとりは比例というコスタリカ方式を取る約束が結ばれ、今回の選挙では小池が比例に回る番だった。

阪上は、市議、県議の経験があり選挙区内に家族と暮らす、地元と密着した議員だった。社民党議員と手を組んで、被災者救済法の立法にも尽力しており、地元とのつながりは小池よりもずっと深い。小池を古くから知る財界人は、こう語った。

「彼女は前から東京に選挙区を替えたがっていた。だから、東京選出の小林興起さんが郵政民営化に反対してくれたことは千載一遇のチャンスだった。彼女は浮動票頼みなので都心部でないと勝てない。コスタリカ方式も嫌だし、阪上さんがいる兵庫六区から離れられるし、小泉総理に恩は売れるし、マスコミには自分を宣伝できる。何よりも東京の都心部に移れる。彼女にとってはいいことずくめだったんですよ」

小泉は造反した三十七人に自民党の公認を与えず、全員に対立候補者を立てていった。

元郵政大臣の野田聖子には、新人の経済アナリスト佐藤ゆかりを、元外務官僚で自民党のホープ城内実には大蔵官僚の片山さつきを、元通産官僚の松宮勲には弁護士の稲田朋美を。

造反議員のもとへ送られた女性たちをマスコミは「女刺客」と名づけ、小池はその筆頭だとされた。だが、大事なことが見落とされている。小池は自分で選挙区を選んでいるのだ。小泉陣営の采配で、縁もゆかりもない地方に送り込まれた他の女刺客とは、根本的にそこが違う。マスコミは連日、「女刺客」を追いかけた。男対女、古いもの対新しいもの、あるいは善対悪として。対比をことさらに強調して報じた。

「熊にトラをぶつけても意味がない。羊をぶつける」と小泉陣営は語ったという。これほど、露骨に「女」を活用した政権はそれまでになかったかもしれない。支持率が下がると「女」を使う。「女」たちも喜んで使われた。ただの羊ではない。羊の皮をかぶった、野心家のオオカミたちである。女刺客はがむしゃらであり、従属的であった。その野心ゆえに。

造反議員は既得権益をむさぼり、利権という名のあまい汁を吸っている。彼らをクリーンな女刺客たちが倒す戦いだと世間はメディアを通じて刷り込まれた。女刺客は正義をかけて戦う女神である、と。そして、最大のヒロインは小池だった。

日本中が異様な興奮に包まれた。東京十区は最も注目され、連日、カメラが追いかける。小泉は池袋駅前で数千人という聴衆を前に小池と選挙カーの上に並び、声を張り上げた。

「小池さんは、すごいね。愛嬌もあるけど、度胸もあるよ。自民党のジャンヌ・ダルクだ！」

小池が満面の笑顔で、これに答える。

「私は崖から飛び降りました！　崖から飛び降りて風を吹かせます！」

悪役を押し付けられたのは、東京十区で自民党員として当選を重ねてきた小林興起だった。小林が当時を振り返る。

「この法案が通ったら、日本の郵貯という資産がアメリカに吸い上げられてしまう。そう思い私は反対したんです。小池さんに特別な実績がありますか。クールビズって言われても。彼女は自民党に突然、移ってきて、小泉さんに可愛がられて大臣になった。権力者に取り入るのがうまいし、マスコミの扱いに慣れている。テレビが政治をつくる時代になった。マスコミが本質を伝えず、表面的な面白さだけを追求する。政治家に政策を語らせない。私は小池さんと政策討論をしたかった。でも、彼女は、『環境大臣で忙しかったから郵政民営化法案を読んでいない』と言ったんだ。じゃあ、なんであなた、賛成なんだって。法案に反対するのは郵政利権をむさぼっているからだと決めつけられた。小池さんはキレイで感じがいいという。私は脂ぎったオジサンで、見るからに悪そうだと言われる」

選挙の結果は圧倒的だった。当確の瞬間を撮ろうと小池百合子事務所にはマスコミが殺到した。女刺客による血祭の芝居は大入り満員で幕を閉じる。

スポーツ紙の一面を小池の笑顔が飾った。「百合子咲いた。小泉圧勝」。

小林は落選した上、自民党から除名処分を受けて人生が一転する。小林は回想する。

「政治家になることは、子ども時代からの私の夢だった。だから、必死に勉強したんだ。普通の家だったからね。世襲じゃなければ、官僚になるしかないと思った。だから東大から通産省に。そして自民党に。政策通になろうと必死で勉強した。でも、平成になってから、政治家は見た目が重視されるようになった。テレビに出て顔を知られることが大事になった」

この選挙で小池により人生が暗転してしまった人が、もうひとりいる。

兵庫六区の阪上善秀である。小池が東京十区に鞍替えすると聞いた時、阪上は喜んだ。もともと、兵庫六区は彼の地盤である。そこから小池が去ってくれるとは朗報だった。

ところが、彼は自民党から信じられぬことを告げられる。選挙区には別の新人を立てるので比例に回ってくれ、と。

小池は黙って立ち去りはしなかった。小泉ら執行部に東京十区に立つにあたって、「兵庫六区には自分の後任として伊丹市議会議員の木挽《こびき》司を立てたい」と強く求めたのだ。木挽自身には当時、国会議員になりたいという意思はまったくなかったという。だが、突然、小池から「自分は東京に移るので事務所をそのまま譲る。兵庫六区で立って欲しい」と言われて、驚きながらも申し出を受けた。さらに小池は小泉に「私が立つ東京十区ではなく、最初に兵庫六区の木挽さんの応援に行ってください」とまで頼む念の入れようだった（『挑戦』より）。

阪上は愕然とした。なぜ、そんなことをされるのか。当時を知る野党議員が振り返る。

「阪上さんは古くから地元に密着していたので、小池家のことも知っていた。小池さんの嘘も。だから、阪上さんのことが疎ましかったんだと思う。阪上さんが自分の悪口を地元で吹き込んでいると思いこんでいた。地元の問題を超党派で解決しようという時も、小池さんは出てこない。地元への愛着がまったくなかった。むしろ嫌っているようにさえ見えた。小池さんは人を選別する。私たち一議員のことは露骨に見下す。なにか相談に行っても二度と頼みに行くものか、と思わされるような嫌な断り方をされたり……」

木挽も阪上を潰すための駒として利用されたのだろう、と、この議員はいう。

阪上は比例に回れと言われて、意地になり無所属で出馬した。だが、小泉総理が応援にかけつけた新人の木挽に敗れる。その後、二〇〇六年に無所属で宝塚市長選に出るが、この時も、小池はわざわざ自分の知人を対立候補に立てて、阪上の当選を妨害している。阪上は当選するものの市長になってから、収賄容疑で逮捕される。前述の野党議員はいう。

「無所属で出馬して、阪上さんは借金をすることになった。小池さんと出会っていなければ、小池さんが来なければ、逮捕されることもなかったと思う。小池さんはこっちで笑顔、あっちでは夜叉《やしゃ》。それが平気でできる。女性であることを利用してのし上がって、人の人生を平気で潰しにくる。マスコミを味方につけた知名度抜群の小池さんに、普通の議員はかなわないですよ。阪上さんは気の毒だった」

木挽もその後、政界を去っている。

自民党は歴史的大勝を収め、女刺客を含む大量の新人議員が生まれた。マスコミは彼らを

「小泉チルドレン」と名付けた。小泉が所信表明演説をすると、チルドレンは椅子から転げ落ちんばかりに拍手をした。野党議員は「まるでヒトラーユーゲントだ」と眉根を寄せた。

クールビズ・ファッションショーと郵政選挙に沸いた騒がしい夏が、ようやく終わり、小池は今度こそ、水俣病関西訴訟問題とアスベスト問題に本腰を入れて向き合わなくてはならなかった。どちらも被害者の救済に一刻の猶予もない。だが、彼女は環境省の役人に丸投げし、真摯に取り組もうとはしなかった。

水俣病の懇談会委員たちは、会議にほとんど出てこない小池の無責任な態度に怒りを覚えた。委員のひとりで政治評論家の屋山太郎は、思わず炭谷事務次官に向かって言い放った。

「小池に言っておけ。クールビズだけじゃ、総理にはなれないぞ」

水俣問題を長く取材してきた女性ジャーナリストは語る。

「政権が女性の大臣を立てる時はだいたい要注意なんですよ。汚れ仕事を女性にやらせようとする。女性大臣は官僚や官邸に忠実です。立場が弱いし、自分の考えを持っているようで持っていない。女である彼女たちが厳しい判断をしても、男性がするよりは柔らかく世間には映る。だから官邸は女性に汚れ役を回すわけです。女性大臣たちも『わかりました、その汚れ役、私引き受けますから、ちゃんとご褒美、後からくださいね』という感じで」

アスベスト被害者への嘘

選挙後、アスベスト問題はマスコミの力により動き出した。

二〇〇五年十月八日に放映されたNHKスペシャル「アスベスト　不安にどう向き合うか」には尾辻厚労大臣、小池環境大臣がそろって出演した。

この放送後、尾辻大臣は、「被害者の方々に直接会って話が聞きたい」と自ら動き、十月十六日、「中皮腫・アスベスト疾患・患者と家族の会」のメンバーと面会した。同会の副会長（当時）で夫をアスベスト曝露《ばくろ》による肺がんで亡くした古川和子さんが「医療補償だけでなく、休業補償、療養費補償がなくては、救済にはならない」と訴えると、尾辻は深く頷き、その場でこう語ったという。

「私は全面的な救済策であることを、『そうなるんですね』と事務方に確認した。その時、事務方から『大臣、それは少し違うんです』と言われて説明を受けたが、その意味がよくわからなかった。でも、今、あなた方の説明を聞いて理解しました。真剣に検討して必ず結論を出します」

官僚に自分が丸め込まれていたことに被害者と会って気づいた、と尾辻は言ったのである。被害者が求めている全面救済の方法を新法に盛り込むようにと、その場で尾辻は官僚たちに念を押した。

一方、小池は東京で全国建設労働組合総連合の陳情を受け、「石綿新法はスピーディー、シームレス（すき間なく）、セーフティな3Sの制度になるよう指示して石綿新法づくりに取り組んでいる」とカタカナ言葉を交じえて語り自己宣伝に余念がなかったが、尾辻とは対照的に被害者に会おうとはしなかった。

なぜ、被害の実態を知ろう、把握しようとしないのか。自分たちの意見に耳を傾けてくれなければ新法も空疎なものとなってしまう。被害者たちは小池に面会を何度も求めたが、小池から返答はなかった。思わず環境省の官僚に被害者たちは、こう訴えた。

「小池大臣はこの間まで兵庫県の尼崎と隣接する場所を選挙区にし、立候補していた人ではありませんか。それなのに、どうしてこんなに無関心でいられるんですか」

兵庫県で生まれ育った女性の環境大臣に被害者たちは当初、期待していた。女性の大臣であれば病気を抱える人、夫を失った家族の窮状を理解し、寄り添ってくれるのではないかと考えたのだ。だからこそ、失望は深かった。

十月三十一日、小泉首相は内閣を改造。前任者がほぼ再任される中で、尾辻の名はなかった。アスベスト被害者たちはショックを受けた。そして懸念したとおり、尾辻が官僚をたしなめ被害者に改善を約束したことは、その後、すべて反故にされていった。

女刺客の代表的存在であった小池は外務大臣、もしくは官房長官に抜擢されるのではないかと囁かれていた。だが、そうした予想に反して環境大臣、沖縄・北方担当大臣の再任に留まった。また、選挙後、小泉との結婚説が週刊誌に書かれもした。

選挙が終わっても、小池は水俣病やアスベスト被害といった重要課題に真摯に向き合わなかった。そして、クールビズに代わって、あるイベント企画に夢中になっていた。

イスラムの国には宗教上の断食月ラマダンがあり、日中は物を一切口にせず日没後にご馳走を食べるイフタール習慣がある。このイフタールの夕食会を首相官邸で開き、中東関係者を招きたいと、彼女は小泉に訴えたのだ。こうして小池の采配のもと官邸主催のイフタールは十月二十四日、盛大に行われ、その楽し気な様子はマスコミを通じて広く宣伝された。救済を求める水俣病患者、アスベスト被害者は、これをどういう気持ちで見ていたのであろう。

イフタールのイベントを終えた十一月二十六日、ようやく小池は環境省の官僚に連れられ、アスベストの被害者、家族に面会するため尼崎にやってきた。

面会場となったホテルの一室に入ってきた時、小池は緊張した様子でうつむいていた。患者たちも小池を笑顔で迎えることはできなかった。中には鼻にチューブをつけ、病院からパジャマ姿でかけつけた患者の姿もあった。「中皮腫・アスベスト疾患・患者と家族の会」副会長の古川さんは、この日、小池から、どう言質《げんち》を取るか、ずっと悩み続けてきた。小池から理解と共感を引き出すにはどうしたらいいのか。古川さんは、こう切り出した。

「小池大臣、私は大臣のホームページを拝見しました。そこには、こういう言葉が書かれていました。『追い風の時も、向かい風の時もある。でも、一番悪いのは風が止まった時だ。そういう時は、自ら崖から飛び降りてでも風を起こさなくてはいけない』。大臣、あなたは今日、この尼崎に、崖から飛び降りる覚悟でいらっしゃいましたか」

小池は気を飲まれたように、はっとして押し黙った。古川さんは繰り返した。

「大臣、崖から飛び降りる覚悟で来られ、その席にいらっしゃいますか」

小池は下を向いたまま、小さな声で「はい」と答えた。

その後、事前に出しておいた質問事項に対する回答を、小池は機械的に読み上げた。萎縮しているのか、緊張しているのか、小池の態度は計りかねた。被害者たちは決して敵対したいわけではなかった。共感を持って解決策を考えて欲しいだけなのだ。

クボタ社長は中皮腫に冒されて息も絶え絶えな患者の姿を見て、目を真っ赤にして言葉を詰まらせた。尾辻大臣もそうだった。だが、小池は違った。共感性が乏しいのか、被害者を目にし、被害実態を耳にしても、心が揺れる様子が見られない。

それでも少しずつ顔を上げて、話を聞くようになり、患者たちは意思の疎通がようやく取れたように感じていた。

中皮腫で余命宣告を受けていた土井雅子さんは必死に自分の思いを訴えた。土井さんはJR伊丹駅近くで夫と、たこ焼き屋を経営していた。店は旧小池事務所のすぐそばにある。小池が、「そのお店なら知ってる」と答えて場が和《なご》んだ。小池は最後にこう語った。

「縦割り行政の隙間をなくし、今後は綿密な対応をしていく。保険で補償できない部分はできるだけ工夫する。救済法を成立させ、新年度早々から、救済金を支給していきたい。皆さんの思いや、声を受け止めて一日も早く一番の安心を届けることを約束する」

古川さんをはじめ被害者は、自分たちの思いが伝わったように感じた。

その後、小池は同ホテル内に用意されていた記者会見場へ向かった。多くの報道陣が詰めかけており、テレビカメラも多数、並んでいた。ライトを浴びながら話し出した小池は別人のように表情豊かで饒舌だった。

記者会見を終えて部屋から出てくると、小池は古川さんらに駆け寄った。テレビカメラが周囲を取り囲んだ。小池は満面の笑みを浮かべて、「今度、お店に行くからね」と土井さんの手を握りしめた。隣にいた古川さんには、はっきりとした口調で、「古川さん、見ててくださいね。崖から飛び降りますよ」と口にした。カメラのフラッシュが盛んにたかれた。小池のこの変化に驚き、土井さんは涙ぐんだ。取材陣に感想を聞かれ、「小池さんに感激しました」と土井さんは答える。自分たちの思いが通じたと思ったからだ。だが、感激はその後、当惑から絶望へ、さらには怒りへと変わっていくことになる。

十一月二十九日、政府は「石綿による健康被害の救済に関する法律（石綿新法）案」の大綱を発表した。一月から始まる国会に、この法案を提出して、二〇〇六年度からの運用を目指すという。

その内容を見て、古川さんらは愕然とする。あまりにも労災基準からかけ離れた低水準のものだったからだ。療養手当が月十万円。葬祭費が二十万円。遺族への弔慰金二百八十万円。あの面会は何だったのか。「新法の提案前にちゃんと尼崎で患者に会い意向を反映させた」と小池が語っているのを報道で知り、さらに驚く。面会を逆手に取られたと感じた。

困惑するまま年が明け二〇〇六年一月通常国会が始まった。被害が拡大した責任は国や行政にあるはずだ。だが、国はそれを認めようとはしない。

環境省は、被害者や患者への聞き取り調査を一切、行おうとしなかった。被害実態を調べずに、どうして新法を作れるのか。「隙間なく工夫する」と言った言葉はどこにいったのか。

一月二十七日の衆院環境委員会では、民主党の田島一成《いっせい》議員が小池にこう迫った。

「大臣、あなたは昨年、被害者の方々とお会いした時、別れ際に『崖から飛び降りますからね』とおっしゃった、被害者の方々はその言葉を信じたいとおっしゃっていますが、おっしゃったことは事実ですね」

小池は答えた。

「その発言はそこにいらした方がおっしゃって、崖から飛びおりる気持ちでやって下さいという御依頼は受けました。私の言葉ではありません。その言葉は選挙の時に（私が）使っていたものです。私は（アスベスト被害者との面談で）その言葉は使っておりません」

傍聴席でこのやり取りを聞いていた古川さんらは茫然とし、思わず叫んだ。

「嘘つき！」

その後、「嘘はいけないよ　小池大臣」と書いた横断幕を作り抗議した。

小池は補償ではなく、救済だとし、その救済金も国庫からではなく、アスベストを扱ってきた企業を中心に製造業者から広く拠出金を出させるとした。そして、独立行政法人「環境再生保全機構」に、その拠出金を管理させる。被害者認定もこの機関が請け負うとした。しかも、「環境再生保全機構」の事務費用に十三億円が計上されていた。多くの人が憤った。

「そんな金があるなら、なぜ患者の通院費に回さないのか」

小池は、環境省の振り付けに従い、国会でも、アスベスト禍は公害とは認識していない。政府の責任はなく、国家賠償には値しない。従って補償する必要はなく救済としては十分である、と繰り返し答弁した。これが公害でないのなら、いったい何にあたるのか、という記者の追及には、こう答えた。「あえていえば社会的な問題」。

脱官僚支配、それが小泉構造改革の合言葉だったはずだ。だが、小池は官僚と一緒になって、救済金を低く抑えることだけに徹していた。野党議員に救済金が低すぎると追及されると、「救済制度としては十分な水準だ」と小池は答えた。

三十一日、古川さんらは穴だらけの法案が自民党の多数決で押し切られる瞬間を傍聴席で茫然としながら見ることになった。無念だった。

法案が可決され閉会すると、驚いたことに、小池が傍聴席にいた古川さんらのもとへ笑みを浮かべて近づいてきた。身を固くする古川さんに小池は握手を求めて右手を差し出し、こう言った。

「まあ、いろいろあったけれど、これからもよろしくね」

公害と認めずこんな見舞金で満足しろと言うのか。古川さんは思わず自分の右手を腰の後ろに隠すと、小池に言った。

「小池さん、あなた、崖から飛び降りると言ったでしょ。言ってないなんて……。皆、聞いているんですよ」

隣にいた女性も激しく関西弁で抗議した。すると小池はからかうように、関西風のアクセントで、こう言い放った。

「言ってませんよー」

踵《きびす》を返して去っていく。その後ろ姿に向かって、古川さんの隣にいた女性が叫んだ。

「嘘つき！　大嘘つき！」

女性はその場に泣き崩れた。夫を中皮腫で亡くした女性だった。


一方、水俣病への取り組みはどうなったのか。二〇〇六年五月一日、水俣病が公式認定されてから五十年目にあたるこの日、熊本県水俣市では例年になく大掛かりな慰霊祭が行われた。式典では熊本県知事と並んで、小池が環境大臣としてスピーチをした。だが、ここでも小池の態度は問題視された。「ＮＰＯみなまた」理事の中山裕二は式典の感想を、こう書き記している。

「潮谷義子熊本県知事が『正直に申し上げて、お詫びしてもお詫びしきれない気持ちでここにたっております』と切り出し、患者に対する深い思いを語りました。熊本県が住民健康調査など地元の自治体として懸命な模索をしていることが伝わってきました。これに対し、小池百合子環境大臣のそれは聞くに堪えないものでした。２００４年の最高裁判決以降、環境省が果たすべき役割を放棄している姿が重なって、憤りすら覚えました。環境省は、水俣病対策を責任を持ってすすめていく役所のはずです。ところが、４７００人を超える認定申請者を前に、自らが法律で定めている認定審査会すら存在しません。また、環境大臣が任命した10名の委員によって構成された『水俣病問題に係る懇談会』は、当初こそ『包括的な検証とこれからの取り組みについて助言を得る』としていたものの、議論が深まり、水俣病の認定基準に及ぶと露骨に（官僚が）介入しました」（「NPOみなまた」No.22　二〇〇七年一月）

水俣にもアスベストにも無関心な小池は、クールビズ、イフタールに続いて、「風呂敷」に入れあげていた。二〇〇六年一月には日本橋三越本店で「大臣の大FUROSHIKI」というイベントに参加する。

レジ袋を使わないように、買い物には自分の手提げを持っていく、「マイバッグ運動」が前から環境政策としてあるが、小池はマイバッグではなくあえて風呂敷を活用しようと言い出したのだ。展覧会をし、自著『ふろしきのココロ』まで出版した。

自民党のある女性議員は小池の仕事をこう評した。

「実効性を無視し人が手をつけていないことをやりたい、というお気持ちが強い。自分が一番で自分が先駆者だと言えることをやろうとする。あるいは、人が先鞭をつけたことでも自分の手柄のようにしてしまう。いつも肝心なことではなくて、どうでもいいことに、熱心でいらっしゃるように見える」

安倍政権下、女性初の防衛大臣へ

二〇〇六年九月二十六日、小泉に禅譲されて、安倍晋三が総理となった。戦後最年少、五十二歳という若さ。岸信介を祖父に持つ三世議員で戦後生まれ。経験の浅さを危ぶむ声もあったが、拉致被害者問題で北朝鮮に対して強硬な姿勢を示したことで国民の人気はすこぶる高く、歴代四位内に入る高支持率での発足となった。

安倍は総理になると、かねてから考えてきた構想を実現化しようとした。まず首相補佐官として五名の議員を抜擢。官邸機能を強化するために選んだ側近だ。

教育再生担当の山谷えり子、拉致問題担当の中山恭子、広報担当の世耕弘成、経済財政担当の根本匠、それに国家安全保障担当の小池百合子。

安倍と親しい顔ぶれの中に、なぜ小池が交じっているのか。違和感を覚える人も多かった。小池を入れるように強く進言したのは小泉元総理サイドで、安倍の希望ではなかったという。押し切られて、しぶしぶ加えたのだろうが悪い予感は的中し、この人事が後々、政権に災いをもたらすことになる。

安倍は盟友の塩崎恭久を官房長官に据えると、ふたりで温めてきた「日本版ＮＳＣ（国家安全保障会議）」を早急に立ち上げようとした。ＮＳＣとは国防という観点から、あらゆる情報を一元的に収集して、官邸主導で政治判断をするための機関であるという。安倍政権の目玉政策だった。ところが、このＮＳＣを担当する首相補佐官に小池を迎えることになり、混乱が始まる。小池が何かと塩崎と張り合い、ぶつかったからだ。

共同通信政治部記者である柿﨑明二・久江雅彦による共著、『空白の宰相「チーム安倍」が追った理想と現実』によれば、NSC法案を検討する有識者会議を発足させる際から、つばぜり合いが始まっていたらしい。小池は塩崎に一切、相談せずにメンバーをすべて自分で決め、それを塩崎に注意されると、こう言い返したという。

「いや、もう総理のOKも取ってますから。私は総理補佐官ですからね。私は（以前に）大臣までやってますから、（人選は）自分でやれます」

「官房長官は天下国家のことを考えていただければいいのよ。以上」


小池の暴走が始まっていた。小泉には一種の畏《おそ》れがあり敬意も抱いていたが、安倍に対して、そうした感情は持ち合わせていない。小泉サイドと自分はつながっているという驕《おご》りもあったのだろう。また、塩崎に大臣経験はなく、自分のほうが上だという気持ちを露骨に示した。

NSC法案事務局を設置するにあたって小池は事務局長を自分が兼任すると言い張り、国家公務員の兼任は法律で禁止されていると、いくら説明されても、「それなら法律を変えればいいでしょ」と言って譲らなかった。自分の存在感を示すことに躍起となる彼女を、安倍も周囲も、コントロールすることができなかった。「外遊は必要ない」と止める塩崎を振り切って、アメリカ、イギリス、フランス、ドイツの安全保障担当者のもとを次々と訪れて自分を売り込み、塩崎の激しい怒りを買いもした。

小池は自分と同世代以下の二世議員を見下していた。それは嫉妬でもあった。二世ということで政権の中に苦労なく地位を得ている彼ら彼女たち。自分も父が当選していれば、二世だったという思いもあるのか。あるいは、苦労知らずの二世がとにかく憎く、また、愚かに見えたのか。

安倍首相は小池よりも二歳若く、小池にとってはやりにくい年下の権力者だった。小池は秘書たちの前では安倍のことを「安倍の晋ちゃん」と呼んでいたが、表向きは安倍を立て近づく機会を常に狙っていた。


高支持率で発進した安倍政権だったが、自分と親しい人間ばかりを集めた「お友だち内閣」は早くも二カ月後には崩壊の兆しを見せ始める。

二〇〇七年を迎えたが、閣僚の金銭問題が次々と起こり、支持率の下落が止まらなかった。新年早々には柳澤伯夫厚労大臣が「女性は産む機械」と発言して批判された。

さらには久間章生《きゅうまふみお》防衛大臣がアメリカの原爆投下を、「戦争が終わるということではしょうがなかったこと」と発言してしまい、七月三日に辞任する。

小沢一郎が率いる民主党が勢いづく中で、参議院選が七月二十九日に迫っていた。そこで、防衛大臣の椅子が突然、空席になったのだ。人気が低迷した時は「女」の原則に従ったのだろうか。その座が、小池に回ってくる。

女性が防衛大臣に。もちろん前例のないことだった。硬派な省に女性トップという取り合わせは注目される。少しでも自民党のイメージを刷新したかったのだろう。この人事を考えたのもまた安倍ではなく、小泉サイドであったと言われる。

小泉の人事案に安倍と塩崎が従ったのは、何かと個人プレーをして現場をかき乱す小池に防衛大臣という飴を与えて大臣職に閉じ込めてしまえば、ＮＳＣ構想を進めやすくなるという期待があったからだ、と前述の著書で久江らは指摘している。

だが、それが事実であるならば、安倍らのヨミは甘すぎたことになる。

二〇〇七年七月四日、メディアは女性初の防衛大臣誕生を華々しく伝えた。

ある自民党の女性議員はテレビに映る小池を見て、「勘違いも甚だしいと思った」と今でも不快感を滲ませて回想する。

「防衛大臣に任命された時、彼女は記者に取り巻かれて、何て言ったと思いますか。『明日、何を着て行こうかと思って悩んでいます』、なんて言ったんですよ。そんな人に国防を預けられますか」

確かに悩んだのだろう。当日、小池は二度も服を着替えた。白のスーツで官邸に行き、濃紺のドレスに着替えて皇居に伺い、黒のパンツスーツで防衛省へと向かった。後、スポーツ紙では「二度のお色直し」と、からかわれた。

マスコミが殺到した防衛省では、女性自衛官五十人が入り口で出迎え、陸、海、空を代表する三人の女性自衛官が、それぞれ花束を贈呈したが、そこには百合の花が使われていた。前日、小池がわざわざ守屋武昌事務次官に自ら電話で、「私が明日、受け取る花束には百合の花を入れてちょうだい。一本でもいいから」と伝えてきたからだ。政治家「小池百合子」の晴れ舞台の演出を、彼女は他人には任せなかった。

その守屋は「小池にそれまで悪い印象は持っていなかった」と当時を回想する。小池を歓迎したいという気持ちが、当初、彼にはあった。

女性自衛官からの花束贈呈という演出を考えたのも守屋だった。喜んでくれると思ったのだ。ところが、なぜか小池には後で不満をもらされた。男性のほうが良かった、女性大臣ということを省が意識しすぎている、と。無骨な守屋には、なぜ「百合の花」は良くて、なぜ女性自衛官は良くないのか、わからなかった。

小池の中にこそ、女性軽視の感情があること。男社会の紅一点として、もてはやされることを何よりも好むという精神構造に彼は気づけずにいたのだった。

男性たちにあがめられる存在。女にしておくには惜しいと言われる女。男を魅了しつつ男たちに頼られ、尊敬され、恐れられるリーダー。屈強な男たちを率いる優秀でエレガントな女。それが彼女の求める自己イメージであり、理想だった。小池がしばしば、尊敬する政治家としてマーガレット・サッチャーの名前を挙げる理由もここにある。

守屋事務次官は小池に、こう求められて、さらに当惑する。

「イケメンの自衛官を十五人集めて頂戴」

言われるままに、若く、見栄えがいいと思われる男性自衛官を十五人、集めた。彼らに囲まれて談笑する姿を撮影させると、小池はそれをPR写真としてマスコミに公開した。彼女の理想を具現化したものだったのだろう。

防衛省での初回の記者会見では自分の背景となる、くすんだ水色のカーテンが気に入らないと言い出した。慌てた報道官が世界地図を広げてカーテンを隠した。直後に小池は記者会見用のバックスクリーンを数種類、発注する。

会見では「ミッション（任務）」「ワークフォース」と、いつものように横文字が乱発されたが、久間の件を踏まえた記者に、「核兵器の使用は国際法上、違法と考えるか」と国防の本質に関わる質問をされると、「核兵器は人道上の観点から問題」と歯切れ悪く答えるばかりで、国際法上の判断を自分の意見として述べることはできなかった。また、民主党党首、小沢一郎の安全保障政策を強く批判した。個人を批判することで、自分を浮かび上がらせる、という、いつもの彼女の手段だった。

七月は、参議院選があったとはいえ一日、数時間も登庁しなかった。自民党の国防部会にも、ほとんど出席したことがないという小池に、テロ特措法（テロ対策特別措置法）の改正が迫っていることもあり、官僚はレクチャーしようとするが本人が嫌がる。「学ぶ」ことはせず、「見せる」ことにしか関心がないのだ。レクチャーを断わり、テレビ出演や雑誌のグラビア撮影を優先する。中越沖地震の視察に赴いても、テレビカメラに映る位置ばかりを気にしている。パフォーマンスに走り、実務は疎《おろそ》かになる。

参議院選を控えており、選挙後には内閣を改造すると言われていたため、小池の起用は、それまでのワンポイントリリーフだと見る人も少なくなかった。だからこそ、小池には焦りもあったのだろう。存在感を示そうとし、手柄を立てようと策を練ったのかもしれない。

防衛省は同年一月に庁から省へと格上げされたばかりだった。二十九万人の自衛隊員を抱えるが、霞が関の序列の中では「二流官庁」と他省庁からバカにされ、事務次官は大蔵（財務）省から迎えることが多かったという。そうした中で、守屋は防衛庁生え抜きの事務次官だった。事務次官となって、すでに三年。沖縄の基地問題を長く担当してきた守屋を、小泉政権は重用してきた。だが、剛腕で敵も多く「防衛省の天皇」との陰口も聞かれた。

普天間基地の移設問題は守屋にとって、防衛省にとって、また、日本にとって、長く積み残された重い課題である。

橋本政権下の一九九五年、沖縄で米兵による少女暴行事件が起こり、激しい基地反対運動が起こった。その後、日米で話し合いが重ねられ、日本側が五年ないしは七年以内に別の基地を用意するならば、普天間基地は日本に返還するとの取り決めがなされた。

人口の多い沖縄南部に普天間の代替施設をつくることは事実上、難しい。そこで代替地は北部地域にするという前提で、沖縄北部振興事業として百億円が毎年、国庫から沖縄県に支払われるようになる。

しかしながら、大田昌秀知事の在任中に普天間移設問題が進展することはなかった。その後、一九九八年十一月、「普天間基地の代替として県内に軍民共用空港を建設する。米軍が使わなくなった後は沖縄県の財産とする」と公約した稲嶺惠一が新知事となり、彼は「場所はキャンプ・シュワブ沖の辺野古海岸に決定した」と発表したが、建設の条件となる環境アセスメントには踏み切らなかった。

小泉政権下の二〇〇一年に9・11同時多発テロ事件が起こり、日米安全保障の見直しが進められると在日米軍再編の方針を巡り、外務省と防衛省が対立する。

外務省は辺野古の浅瀬を広く埋め立てる浅瀬案を支持し、沖縄の政財界もそれを歓迎する姿勢を見せた。浅瀬案なら地元業者が工事を広く請け負うことになるからである。浅瀬案を支持する沖縄の政財界人は、日本、米国の両方で、ロビー活動を行い、当時、沖縄・北方担当大臣だった小池も、浅瀬案支持者になった。これに対して一貫して反対の立場を取ったのが、防衛省であり、守屋であり、小泉だった。

浅瀬案ではサンゴ礁を広く埋め立てることになる。いくら沖縄の政財界トップが歓迎しても、市民や環境保護団体が反発するので現実的でない、と守屋は見たという。小泉もまた、地元の神奈川県逗子市の池子弾薬庫跡地をめぐる激しい住民運動を体験した経験から、守屋と同意見で浅瀬案には反対の立場を取っていた。

守屋は埋め立て面積の一番少ない、L字型滑走路案を提案する。湾の形に合わせてL字に埋め立て、滑走路を海上に浮かせて作る案である。しかし、沖縄の政財界からは「沖合にもう少し滑走路を出してくれ」と要求されたという。沖合に出すほど埋め立て部分が広くなり、地元の土建業が潤うからだ。結局、L字案よりも埋め立て部分が幅広くなるV字案で折り合いがつけられた。

沖縄・北方担当大臣を環境大臣と兼務していた小池は、沖縄の政財界と深くつながっていた。小池は浅瀬埋め立て案に反対しているのは防衛省と守屋であり、官邸はそれに影響されているだけだと考え、小泉を自分が説得し、翻意させようとして激怒された、と自身で週刊誌に明かしている。

「(注・小泉に) 青筋を立てて怒られた。私はてっきり、V字型滑走路は防衛庁の案だと思っていたんです。それでなんとかひっくり返せないかと思って、小泉さんに談判しにいったんです。ところが、あれは官邸主導の案だったんですね」(『週刊ポスト』二〇〇六年十月六日号)

こうした指向性を持っていたため、二〇〇五年十月五日の参議院予算委員会では沖縄選出の民主党議員である喜納《きな》昌吉に、辺野古埋め立てによる環境破壊をどう考えるのか、アメリカではジュゴンをめぐる訴訟も起きている、と質問された際、当時、環境大臣であった小池は相手をからかうように、自分の人脈をちらつかせてこう答えたのだった。

「アメリカでジュゴンをめぐる訴訟が起きていることは存じています。ラムズフェルド国防長官にお会いした時も、その旨のことをおっしゃっていました。(中略) 辺野古はジュゴンの北限と言われておりますが、その北限も、地球温暖化の影響で上がってきております」

守屋はある日、閣議に呼ばれた。小池はすでに退席しており、いなかった。すると、麻生外務大臣が、にやけながら守屋にこう語りかけてきた。

「この国じゃ、環境大臣よりも、防衛省事務次官が環境を大事にするんだからな。守屋、お前、ミスター・ジュゴンと呼ばれているよ」

小泉政権下で却下された、この浅瀬埋め立て案が、また浮上していた。なぜなら、防衛大臣になった小池が、再び浅瀬案を蒸し返そうとしたからだ。守屋元事務次官が当時を回想する。

「環境大臣をした人が、平然とサンゴ礁を埋め立ててしまえばいいと言う。その感覚が不思議でした。沖縄は政財界だけで成り立っているわけではない。市民は自然を破壊されることに強く反発します。市民だけじゃない。沖縄県外の自然活動家も抗議行動をする。理念による彼らの活動は、お金の力で抑えられるものではないんです。でも、小池さんは浅瀬案なら沖縄財界が納得し、普天間基地問題が片付くと単純に思っているようでした」

小池は二〇〇六年七月の那覇市内における講演会で、こんな発言もしている。

「沖縄のマスコミは理想主義で現実と乖離《かいり》している。沖縄のマスコミとアラブのマスコミは似ている。反米、反イスラエルでそれ以外は出てこない」

安倍政権は閣僚の不祥事が続く、苦しい状況で参議院選を戦うことになった。二〇〇七年七月二十九日が投開票日。予想以上の大敗を喫した。大物議員が次々と落選し、わずか三十七議席しか取れなかったのだ。

代わって大勝を収めたのは小沢率いる民主党で、六十議席を得て参議院の第一党に躍り出た。彼らの勝因もまた、「女」にあった。若く、議員経験のない女性たちを次々と激戦区に送ったのだ。小泉の女刺客の手法を真似たのである。

自民党の重鎮、片山虎之助には元県議の姫井由美子をあてて、「姫の虎退治」だと宣伝し当選させた。自民党から切り捨てられた田中真紀子が小沢につき、民主党の応援に回ったことも大きかった。

はめられた守屋事務次官

安倍は大敗の責任を取り、退陣するのだろうと誰もが思った。だが、意地があったのだろう。持病を悪化させながらも続投を表明した。内閣は求心力を失い、誰の目にも崩壊の危機にあると映った。安倍自身が体調不良で顔色も悪く、今にも倒れそうだった。

すると、その弱り目を突くように小池の暗躍が始まった。細川政権の末期のように。

彼女の手法はいつも同じだ。まず敵をつくる、次に倒そうとする。

ターゲットになったのは守屋事務次官だった。いつものように彼女は計画を覚られぬよう秘密裏にそれを進めた。守屋を油断させるため、彼にはにこやかに接し続けた。

八月六日、東京湾に浮かぶ特務艇「はしだて」で防衛省主催の洋上懇談会が行われたが、小池はなかなか到着せず、守屋はハラハラしながら艦上で待った。ようやく時間ギリギリに小池は専用車で到着したが、今度は携帯電話を片手に駐車場で話し込み、三十分以上、タラップを登って来なかった。三十分遅れで懇談会は開始される。パーティー終了後、省に戻るという小池に、守屋は同行しようとした。だが、「荷物を取りによるだけだから」と小池に強く拒まれ、守屋は自宅に帰って就寝した。それから数時間後の早朝、彼は新聞記者の電話でたたき起こされる。

「今朝の毎日新聞に『守屋事務次官退任、後任に西川氏』と出ているが事実か」

何を言われているのか守屋には理解できなかった。自宅前には、すでに大勢の記者たちが押しかけていた。

確かに事務次官を四年というのは異例の長さである。替わるべき時期でもあったろう。だが、それならば通常どおり本人に通告して、官邸の了承を得ながら後任人事を決めればいいだけだ。マスコミには意図的に小池がリークしたのだろうと守屋は思った。なぜ、自分に一切知らせず、こんな不意打ちのような方法を取ったのか。

本来、事務次官の人事は、正副官房長官による閣議人事検討会議を経なくてはならず、大臣の一存では決められない。報道を先行させ自分の人事案を押し通そうとする小池の意志と、派手な話題を振りまき世間の関心を引きたいという思惑の二つが感じられた。

閣議後、守屋と小池は対峙した。小池は、「報道が先行したけれど、辞めてもらいます。後任は西川徹矢官房長です」と言った。守屋は相談なしに大臣の独断で次官人事を決められることは納得ができないと反発した。

防衛省も官邸も混乱する中で、夕刻になると小池は前からの予定どおり、アメリカへ外遊に出た。マスコミが小池を追いかけ、いやがうえにも小池の渡米が注目されることになった。それもまた、狙いの一つであったのだろう。

防衛大臣になってから、まだ国会での承認も得ていない。そんな中でなぜ、訪米するのか。時期尚早であると自民党の中からも、批判の声が上がっていた。八月二十七日には内閣改造が予定されている。その直前の外遊である。様々な噂が駆け巡った。

「防衛大臣に留任されるように派手なアピールをしているんだろ」

「小池と仲井眞弘多《ひろかず》知事は関係が深い。仲井眞からV字滑走路をもう少し沖合に出し、埋め立て面積を増やすならば、辺野古移設を積極的に進めてもいいという言質を小池は取っており、それをアメリカ側に伝え、辺野古移設を成功させた大臣という手柄を立てようとしているのではないか」

「浅瀬埋め立て案に反対し、北部振興金をストップしようとする守屋の首切りをしてくれれば、辺野古移設を進めてもいいと沖縄財界が取引を持ちかけたのではないか」

アメリカに到着した小池は次々と要人に会い、派手に立ち回った。

9・11の同時多発テロが起こった六年前、ブッシュ政権は、すぐさまアフガニスタンを空爆。これに小泉政権は同調して、テロ特措法を可決した。自衛隊のインド洋上での給油活動を可能にするために、つくられた法律である。その特措法の期限が十一月一日で切れようとしていた。民主党の小沢代表は特措法の延長には反対だと、すでに意見表明していた。秋からの国会では、このテロ特措法の延長が最大の争点になるといわれていた。

小池はアメリカ側に小沢のことを、「あの人は湾岸戦争でカレンダーが止まっている人」と伝え、「自分はテロ特措法が延長できるよう努力する」とアピールした。まだ国内で審議も経ていないのに防衛大臣が早々に自分の考えを米国に明かしてしまう。あまりに軽はずみだと国内では早くも批判の声があがった。

子ども時代からの強い西洋コンプレックスが彼女を舞い上がらせ、暴走させていた。

ペンタゴンではゲーツ国防長官、ホワイトハウスではアーミテージ元国務副長官、さらにチェイニー副大統領に会うと、彼女は破格の扱いだと気分を益々、高揚させる。

八月八日、アーリントン国立墓地を表敬訪問。ここを訪問する各国の要人は記念館に収めるギフトを事前に贈る慣習があり、小池が事前に贈った「ギフト」もすでに陳列されていた。通常は自国の工芸品などを贈るが、彼女は自分が絵付けした茶碗を「ギフト」にした。自らアラビア語で「平和」を意味する文字を絵付けした一品である。日本国ではなく、あくまでも自分を顕示したかったのであろう。だが、日本の防衛大臣がアラビア文字を書いた茶碗をアメリカの国立墓地に贈る感覚は、どう受け取られたものであろうか。

八月九日、ライス国務長官と午前九時から国務省で会談後、ふたりで並んで立つと、フラッシュライトを浴びながら小池は記者会見に臨んだ。湧き上がる喜びを抑えきれなかったのだろう。促されると顎を突き上げるようにして、得意げに英語でスピーチを始めたが、それは聞くに堪えないものだった。

「Some people call me the 'Japan's Rice' after Madame Secretary Rice. Literally speaking 'Japan's Rice' means 'sushi.' So, Why don't you call me 'Madame Sushi'?」（私のことをライス長官に倣って、日本の「ライス」と呼ぶ人もいます。日本のライスの意味は寿司です。私のことをマダム寿司と呼んではどうでしょうか）

ジョークにもなっていなかった。小池を「日本のライス」と言う人がいるのか。それにライスは寿司という意味ではない。あまりにも拙く、多分に媚《こび》を含んだスピーチだった。これが日本の国際派を自認する、女性防衛大臣の実像だった。

彼女は英語を口にする時、幸福感と優越感に浸る。甲南女子に通っていた頃から一貫して、英語は彼女にとって魔法の杖であり、切り札だった。英語を口にすると周囲がほめてくれた。あがめてくれた。だが、その手法が通じるのは英語を解さない日本国内に限られる。

突然の大臣辞任

その頃、日本では国会審議の前に訪米し、テロ特措法の延長に努力すると述べてしまった小池に対して自民党内からも、批判の声が上がっていた。中でも自民党の重鎮、山崎拓は、「防衛大臣には不適格だ。日本の国益が損なわれる。安倍総理は彼女をまったくコントロールできていない。総理の責任も問われる。次の内閣改造で交代させるべきだ」とまで発言した。

一方、小池は「ライス長官とは姉妹の関係を築いた」と外遊成果を自負しつつ、八月十一日に帰国。飛行場には記者が集まっていたが、訪米の成果を聞かれるのではなく、防衛事務次官の人事ばかりを聞かれて小池は機嫌を悪くする。スピーチを揶揄され、「回転寿司マダム」と笑われていることにも憤慨した。

官邸は小池を、さらに冷ややかに迎えた。十三日、塩崎官房長官は久しぶりに会った小池に面と向かって意見した。

「次官人事は官房長官のもと人事検討会を経て決めるもので、大臣のあなたの一存で決めることではない」

小池は言い返した。

「総理には了解を取っていましたけれど」

テレビ局でキャスターをしていた時から、彼女の姿勢は一貫して変わらなかった。トップとつながる。あるいはそのように見せる。一番強い者と親しくなり、虎の威を借りタテ社会の論理を突き崩す。

官房長官よりも総理、総理よりもアメリカの高官。彼女は虎を求め続けていた。

「守屋事務次官を替えたいと思っている」と告げたところ、安倍は「そうですね。長すぎますね」と返答した、と小池はいう。そういう事実が仮にあったとしても、そこから、こんなパフォーマンスに走られ、「総理の了解は取った」と言われるとは、安倍も想像していなかったのだろう。帰国した小池と向き合った安倍は露骨に不快な表情を浮かべて、こう述べたという。

「人事がマスコミに先に漏れたのは問題ですよね」

それでも小池は自分が考えた防衛省の人事案を通してくれと強気だった。「通して頂けないなら防衛大臣を辞任する」とまで口にしたという。

安倍からは「辞めるなんて言わないでください」と弱々しい声で懇願されたと小池は後、自著『女子の本懐』に書いている。

だが、仮にこのようなやり取りがあったとしても、安倍が小池に心底から政権に留まって欲しいと願って言ったわけではないだろう。ただ、これ以上、政権を混乱させるような行動は取らないでくれ、という意味合いで述べたのではないか。また小池も、口とは裏腹に防衛大臣あるいは外務大臣で、内閣に残りたいと強く願っていた。だが、党内では小池の言動に対する批判や反発が強まり、「小泉内閣の田中真紀子よりひどい」という声が上がっていたという。

小池は批判をかわしたいと考えたのだろう。突然、主張を変えて記者たちに、こんな説明をするようになる。

「すべての混乱は七日に新聞に人事案がもれたことに端を発しますが、私は新聞に出ることを知った時点で、すぐに守屋事務次官に伝えようと思い、(六日深夜に)携帯に電話をした。ところが、彼は出なかった。これまでも彼は私の電話に折り返すのが遅く、夜連絡しても、かかってくるのは朝ということが度々あった。事務次官が大臣の電話にすぐに出ないのは危機管理上問題だと前々から思っていた」

この発言に守屋は驚く。一官僚という立場上、反論はできなかったが、平気で嘘をいう小池に愕然としたと当時をこう回想する。

「小池さんは六日の深夜、私の携帯電話を鳴らしたが出なかったので、新聞に人事が出ることを伝えられなかったという。確かに小池さんからの着信履歴がありましたが、一回だけです。私は音に気づかなかった。ワン切りされたんだと思います。本当に大事な話があり、伝えたいと思うのなら何度でもかけるはず。あるいは私が直帰したことはご存知なのだから、自宅に電話を下さってもいいわけです。大臣の電話に出ない、折り返さない、といったことは、それまで一度もしていません」

マスコミ報道が過熱する中で八月十七日、安倍首相は「守屋退任、後任は第三者（小池が推す西川以外）」と決断を下した。「喧嘩両成敗」的な判断だった。同時に政界周辺では月末に発表される内閣改造で、小池は防衛大臣を外される、という噂が駆けめぐった。

そうした中で、小池は外遊に出ると二十四日、訪問先のインドで突然、大臣を辞任すると表明する。国外での辞意表明は外交上、礼を失するとされ、前例がない。戸惑う記者が重ねて質問すると、イライラとした口調になった。

「だから、わたしは辞めるって言ってるの！　わかる？」

辞任の理由を「事務次官人事で混乱をさせた責任を取る」とするのなら、まだ理解できた。

だが、彼女は辞任理由をこう説明した。

「イージス艦の情報漏洩の責任を誰も取っていない。そこで私が責任を取って辞任することにした」

イージス艦の機密情報漏洩問題は、久間防衛大臣時代の二〇〇七年一月に発覚し、関係者は書類送検されていた。

自分に責任はないが、あえて他人が取るべき責任を引き受けて辞任する、という形にしたかったのだろう。安倍から更迭される前に自分から辞めることでダメージを抑えようとしたのか。安倍へのあてつけか。あるいは泥舟化していた安倍内閣から逃げ出したかったのか。いずれにしろ、自分を守ろうとして取った行動だった。

小池は「国防に関しては『アイシャルリターン』の気持ちで頑張っていきたい」と退任記者会見で語り、自著では「約二カ月で二年分の仕事をした」と豪語した。

両面コピーの推奨、自衛隊ブランドのエコバッグのデザイン、大臣専用車のハイブリッドカーへの切り替え、記者会見時のバックスクリーンの発注、といった小さな業績と大きな混乱を残して、小池は防衛大臣をわずか五十五日間で投げ出した。安倍は政権をいたずらにかき乱して去った小池を深く恨んだ。

八月二十七日に安倍改造内閣が発足。ところが、九月十二日、安倍は体調不良から辞意を表明することになる。組閣後の辞任は憲政史上、例のない異常事態だった。

誰がこの急場をしのぐのか。小泉再登板を望む声が自民党内に上がり、小池も担ぎ出しに動いたが、それを制したのは小泉自身だった。彼は後任に福田康夫を推した。当然ながら、この福田内閣において、小池が閣僚に起用されることはなかった。代わって舛添要一が厚労大臣に抜擢される。彼は抜群の事務処理能力を発揮して仕事をこなし、評判を取った。国民的な人気が高まり、次期総理候補として名前が上位に挙がるようになる。小池はこの動きを無視できなかった。

十月、すでに防衛省を退官していた守屋元事務次官に、汚職の疑いがあるという報道が流れた。軍需専門商社の山田洋行からゴルフ接待などを恒常的に受け、見返りとして不正な受注が行われたのではないか、という収賄疑惑がかけられたのだ。翌十一月、収賄の罪で守屋元事務次官は東京地検特捜部に逮捕された。すると小池は嬉々として、次々、取材を受けると、「守屋氏を事務次官に置き続けるのはよくないと思った。女のカンよ」と胸を張った。

女性初の総理候補者に

マスコミが小池を再び持て囃すようになると、彼女はまた野心を強くした。あるものを狙ったのだ。それは総理の座である。次期候補者の名として舛添の名が挙がっていたが、年金問題とC型肝炎問題でその舛添が窮地に立つと、彼女はすぐさま森に近づき、関係改善を図ろうと画策した。テレビで顔が売れた人気者同士。小池にとってはライバルにあたる舛添が躓《つまず》き、今がチャンスだと考えたのだろうと週刊誌は書き立てた。二人の数十年前の因縁は知らずに。

民主党と自民党との大連立構想は流れ、自民党の支持率は下がり続けていた。二〇〇八年九月一日、福田は辞意を表明。彼もまた一年しか持たなかった。ふたたび小泉再登板を望む声が上がったが、小泉は応じなかった。だが、彼はこう指示を出した。

「結党以来の危機だ。次の総裁選には女性を立てなきゃダメだ。小池さんを総裁選に立てろ。新鮮さで勝負するしかないだろ」

こうして、小池は女性として初めて自民党の総裁選に立候補することになる。女性初の総理候補者に、小池が認定された瞬間だった。

麻生太郎、与謝野馨、石原伸晃、石破茂、小池百合子の五人で総裁選が争われると、小池は各地で声を張り上げた。

「ほかの候補も改革というが、中身が違う、覚悟が違う、ジャンヌ・ダルクは最後は火あぶりになるが、それでも結構でーす！」

九月二十二日に投開票され麻生が三百五十一票で一位、二位は六十六票の与謝野。小池は三位で四十六票だった。この結果を見届けて二十五日、小泉純一郎は政界引退を発表する。

アメリカの大手投資銀行、リーマン・ブラザーズ・ホールディングスが経営破綻し、世界中で金融危機の連鎖が引き起こされたのは、この総裁選の最中だった。

日本も大きな影響を受け九月二十四日に発足した麻生政権は、初めから厳しい船出を強いられた。日経平均株価が七千円台まで下落する中、追い打ちをかけるような騒動が巻き起こった。年の瀬の十二月二十六日、日本郵政（社長・西川善文）は、「かんぽの宿」を一括でオリックス不動産に売却すると発表。すると、年明けの二〇〇九年一月六日夜、鳩山邦夫総務大臣が突然、「この売買には問題がある」と発言したのだ。周囲に困惑が広がった。

郵政民営化される前の旧日本郵政公社が、簡易保険の掛け金を使って建設した保養施設「かんぽの宿」は全国に点在するが、ほとんどが赤字経営だった。そこで民間企業となった日本郵政は七十九施設を一括して、百九億円でオリックス不動産に売却。しかし、「かんぽの宿」にかかった土地代と建設費は、約二千四百億円である。それを十分の一以下の価格で、なぜ、この経済が冷え込みきった時期にオリックス不動産に売却したのか。オリックス会長の宮内義彦は小泉政権において、竹中平蔵大臣とともに郵政民営化を推し進めたひとりである。不当に安い値段で、宮内に売り払ったのではないか、と政権内部にいる鳩山が疑惑に火をつけた格好だった。

国会はこの問題で紛糾した。西川社長、宮内、竹中らは反論したが閣僚である鳩山の、郵政民営化そのものを疑問視する発言は、経済の冷え込みに不安を覚える国民感情に火をつけた。二月五日の答弁では麻生首相自身が「私は郵政民営化には反対だった」と述べて、さらに火に油を注いでしまう。

追い打ちをかけるように十四日、G7が開かれていたイタリアのローマから、信じがたい映像が届けられる。日銀の白川方明《まさあき》総裁と並んで記者会見に臨んだ中川昭一財務大臣の姿が、酩酊しているように見えたのだ。中川はこの三日後、辞任を表明する。

激しい自民党バッシングが起こり、支持率の下落は止まらなかった。

臥薪嘗胆へア

七月二十一日、麻生は衆議院を解散したが自民党にとって、それは最悪のタイミングだった。民主党は選挙上手の小沢一郎が先頭に立ち、前回の参議院選と同様、次々と女性候補者を立てていった。

自民党の大物議員のもとへは、とりわけ若く端麗な女性候補者を送り込んだ。福田康夫元総理のもとには元フジテレビ社員の三宅雪子を、久間章生元防衛大臣のもとへは薬害肝炎の活動をしてきた福田衣里子を、森喜朗元総理のもとへは元タレントの田中美絵子を、塩崎恭久元官房長官には元アナウンサーの永江孝子を。

そして東京十区、小池百合子のもとには東大特任准教授の江端貴子を。江端は経歴もしっかりとしており、小池よりも七歳若く、理知的な女性だった。これなら勝てると小沢が見込んだ、強い候補者だった。

その上、江端にはさらに強力な応援者がついた。田中真紀子である。田中は小沢に乞われて夫の直紀とともに民主党入りしていた。池袋駅前で街宣車に乗った田中は声を張り上げ、小池を批判した。

「同じ女性でも、もうひとりの候補者、あの方はなんですか。いろんな政党を渡り歩いて。あんな女性と一緒にしないでくださいよ！　江端さんとはまったく違うんですよ、皆さん！」

小泉劇場から小沢劇場へ。テレビは若い女性候補者を迎えて、うろたえる自民党議員を面白おかしく追いかけ、選挙ショーと化していった。

八月三十日、自民党は大敗する。

民主党は三百八議席を獲得。自民党は百八十一議席を失って百十九議席に。民主党の鳩山由紀夫政権が誕生した。日本に二大政党制が、到来したかに思われた瞬間だった。

小池はこの選挙で初めて選挙区での落選を経験する。比例で復活当選はしたものの笑顔は見せず、「万歳はしない」と言葉少なに語ると、テレビ画面から消えた。小泉チルドレンの大半が落選して永田町から去り、代わりに「小沢ガールズ」が国会を席捲する。

自民党は総裁選を行ったが前回立候補した小池も、石原も、与謝野も、石破も出馬せず、谷垣禎一《さだかず》が野党自民党の総裁になった。小池は党広報本部長に任命される。

小池は「わが党は」と盛んに口にしたが、自民党批判をしながら様々な政党を渡り歩いた彼女が、この言葉を吐くとパロディのように感じられた。与党となった民主党の幹部は日本新党や新進党の出身者、かつての小池の仲間たちである。だからこそ、彼女は生粋《きっすい》の自民党議員以上に、民主党政権が我慢ならなかったのだろう。

周囲に、「自民党が政権を奪回するまで、願掛けのため髪を切らない」と宣言し、髪を伸ばして、「臥薪嘗胆ヘア」だとメディアにアピールした。かつても、「細川さんが政権を取るまで、髪を切りません」と語って実行したことがあるのだが、彼女は忘れていたのだろうか。

翌二〇一〇年七月には自民党の応援歌を作ると言い出し、小池はマスコミを集めて記者発表をした。作詞はecoyuri、すなわち小池百合子。歌手は、あべ静江。バックコーラスは小池が声をかけて集めた、稲田朋美、小渕優子、阿部俊子ら、主に女性議員たち。自民党本部で記者会見をし、レコーディング風景をユーチューブで流し、出来上がったCDは自民党本部で売り出した。

このCDの企画を歌手のあべ静江に持ちかけたのは小池だった。自民党本部であべ静江に会い、CD製作の企画を打ち明け了承を得ると、小池はこう続けたという。

「ジャケットはもう考えているの。ある絵を使いたいんだけれど、今から一緒に頼みに行かない？」

あべを連れて、向かった先は自民党の事務方トップ、元宿仁事務総長のもとだった。元宿は趣味で絵を描く。小池はその元宿にCDの製作企画を話すと、「元宿さんの田園風景を描いた絵を是非、ジャケットに使わせてもらいたいんです」とその場で頼んだ。歌詞もメロディもない中で、いち早くジャケットに使う絵が、こうして決まった。その意図はあまりにもあからさまだった。

CD製作を通じて女性議員を自分のもとに結集させたい、という願望もあったのだろう。総裁選に再度出るには推薦人が必要だ。だが、小泉が自民党から去ってからというもの、彼女を応援してくれる人はほとんどいなかった。女性議員だけを自宅に招いたこともあった。

だが、小池の傘下には入りたくないと、距離を取ろうとする女性議員も少なくはなく思うようにことは運ばなかった。

一方、二〇〇九年九月十六日に発足した鳩山内閣は、沖縄の普天間基地移転問題で躓く。鳩山はこれまでの経緯を白紙に戻し、辺野古ではなく沖縄県外に移設したいとの考えを示した。だが、移設先候補地として名前のあがった鹿児島県徳之島から猛反対され、収拾がつかなくなる。結局は翌年五月二十八日に日米共同声明で「移設先は辺野古周辺」と確認した上、閣議決定することになり、社民党がこれに反発して連立を離脱。六月二日に鳩山は退陣を表明した。八カ月の短命政権だった。

続いて菅直人が首相になったが、円高と株安、また尖閣諸島での中国漁船衝突事件などが起こり政権の舵取りは難しかった。

この尖閣衝突事件が起こった時、小池は保守系メディアで菅内閣の姿勢を弱腰だと責め、また、中国批判を繰り返し、同時に自分を「台湾派」「私は李登輝の娘」と盛んに宣伝した。だが、中国が経済成長を果たして大国化するにつれ、その姿勢は素早く修正される。

二〇一一年三月十一日、東日本大震災が起こり、その対応をめぐって菅内閣は批判され辞任。後を受けて九月に発足した野田佳彦内閣は、自民党との違いが、はっきりとしない内閣だった。ＴＰＰ（環太平洋経済連携協定）を全面的に受け入れると決め、尖閣諸島を国有化し、値上げしないと約束したはずの消費税を突如上げると言い、支持率は下がり続けた。消費増税を閣議決定した野田に小沢が反発し、衆議院の採決で造反。民主党から除籍処分を受けると、彼は仲間とともに反原発と反増税を掲げて、新党「国民の生活が第一」を結党して代表になる。

一方、野党に転落して三年目の自民党は二〇一二年九月十四日に総裁選が告示されると、林芳正、町村信孝、石破茂、安倍晋三、石原伸晃の五人が立候補した。小池は安倍支持を表明していたが、途中で石破に乗り換えた。石破陣営は、「あの嗅覚の鋭い小池さんがこちらに来たということは、勝つんだろうな」と言って喜んだという。

第一回投票では一位が石破、二位が安倍となり、この上位二名での決選投票が国会議員だけで行われた。すると結果は逆転。総裁に選ばれたのは安倍だった。

十一月、国会で安倍は党首討論に立った。野田は衆院の一票の格差の是正と定数削減をやるなら解散してもいいと安倍にせまり、十一月十四日、解散を表明する。総選挙が十二月十六日に行われ、自民党は与党に返り咲き、小池も小選挙区で江端を下した。

小池が政権奪回のために願をかけて伸ばした髪は、すでに肩に届いていた。小池は選挙で勝つと、すぐに断髪式をすると言い出した。一説には本気で国技館を借りようとして、断られたという。十九日当日、会場のホテルに著名人は、小池が望んだほどには集まらなかった。洗い髪で椅子に腰かけた小池の髪に自民党の河村建夫や三原じゅん子、地元豊島区の区長や区議たちがハサミを入れていった。

小池の機嫌はすこぶるよく、終始、冗談を飛ばしていた。入閣が予想される議員として、メディアで名前があげられていたからだろう。入閣すれば、この「断髪式」の映像が使われるはずだった。それも計算して、この日を選びマスコミに取材に来るよう広く声をかけたのだろう。ショートカットに戻り、「さっぱりした」とほほ笑む小池に、記者から、「女性初の総理を目指しますか」と質問が飛んだ。

準備は万全だったのだ。後は電話を待つだけのこと。だが、その後、どんなに待っても小池の携帯電話が鳴ることはなかった。

第六章

復讐

彼女は過去を消し、新しい物語を上書きしている。では、過去を知っている人間もまた、消されてしまうのか。そんな恐怖が芽生えたのは小池が大臣に就任してからだと、早川玲子さんは回想する。

たまたま日本に滞在していてテレビをつけた。画面いっぱいに映し出されたのは、ロングドレスに身を包み、嫣然《えんぜん》と笑って大臣就任式のため皇居に向かおうとする小池の姿だった。早川さんは茫然として画面を見入った。

「百合子さんが大臣に？　そんな……。天皇陛下の前にまで出てしまうの？　天皇陛下のことまで騙してしまうの？」

どうして日本のメディアは、こんな嘘も見抜くことができないのだろう。いつかばれると不安に思いながらも引くに引けなくなってしまったのか。それとも国民もメディアも甘いものだと、バカにしきっているのだろうか。早川さんには遠い昔、同居した小池の心がわからなかった。

カイロの日本人社会では小池が政界入りをした頃、「カイロ大学を買収して内部資料を書き換えさせたらしい」と噂が立った。だから、安心しきっているのだろうか。権力を手にすれば、真実も歪められる、と。でも、まだ同居していた「私」という存在がある。早川さんはエジプトに帰国してから、ふさぎ込むようになった。事実を知っているという苦悩は、はっきりと恐怖へと形を変えた。

「エジプトは、なんでもまかり通ってしまう軍事国家です。エジプトは日本の莫大な経済援助を受けている。百合子さんは、その日本の大臣です。エジプトの高官や軍部と当然、つながっている。私は家の外に出るのが怖くなった。仕事に出かけようとして足が震え、『今日は休む』と連絡するようなことが続きました。友人たちには私の住所を、人にむやみに教えないでくれと頼んだ。誰かが私を探しに来ないかと怯えた。市場を歩いていてもバス停に並んでいても周囲を見回すようになった」

第二次安倍政権での冷遇

安倍晋三が総理の座に返り咲いた時、この政権が憲政史上最長のものになるなどと、いったい誰が想像し得たであろう。

二〇一二年十二月に発足すると、安倍は若手の女性議員を次々と閣僚に抜擢していった。森まさこ、稲田朋美から始まり、二〇一四年九月の内閣改造では、高市早苗、松島みどり、上川陽子、小渕優子、有村治子。

二〇一五年十月の内閣改造では丸川珠代と島尻安伊子が大臣になった。安倍自身が年の若い総理であり、選ばれる女性閣僚は彼よりもさらに若かった。

小池は後輩女性たちの栄進を黙って見ているよりなかった。要職は党内にも用意されなかった。安倍に許されていない、恨まれていると感じたはずだ。

政治部記者たちは、「総裁選で石破を支持したから」、「小泉の色がつきすぎている」、「信用されていない」と解説するが、安倍は前回の失敗を自分なりに振り返り、小池の起用が敗因の一つであったと考えたのではないだろうか。

小池を政権に入れれば何をされるかわからない。笑顔を浮かべてすり寄ってはくるが、隙があれば寝首を掻こうと機会をうかがっている女。安倍のことを「偉大なお祖父さんの孫」と見下していることも、十分に伝わっていたはずだ。前総理の意向を汲んで起用させられた屈辱、小池自身から受けた屈辱、それらを忘れることはなかったろう。

女性議員の中でも、とりわけ稲田朋美と丸川珠代は安倍のお気に入りだった。

選挙カーの上で爪先立ちし、安倍の耳元に両手をあてて囁く丸川の姿は、党首のネクタイを人前で直した、かつての小池に通じるものがあった。

小池同様、彼女もまた、テレビ界の出身で元はテレビ朝日の一アナウンサーであった。安倍に乞われて出馬するまで、何年も投票に行ったことがなかったという事実から考えてみても、政治そのものへの関心は低かったはずだ。ところが当選してからは、立派な安倍チルドレンとなり、党首の主張に添い、中国、韓国叩きをして人気者となった。安倍に厳しい態度を取る野党議員には、「愚か者めが」とヤジを飛ばし、選挙ポスターには「日本人でよかった」と人種差別的な文言を平気で載せる。選挙は強く、見栄えもよいとされる彼女は安倍政権の華となった。

稲田は弁護士時代に南京大虐殺をめぐる裁判にたずさわり、安倍にスカウトされて政界入りした。政治家になってから急に容姿が華やかに変貌し、メイクやファッションに凝っていった。外見への、こうした強いこだわりもまた、小池に通じるものがある。リボンのついたフェミニンな服を着て、網タイツをはき国粋的な発言をする稲田は、安倍首相から「ともちん」と呼ばれて愛されている。

元女優の三原じゅん子も、安倍親衛隊に加わった。「八紘一宇」の精神を国会で得々と説き、神武天皇は実在したと発言する。

女性たちは総理の寵愛を得ようと、争うようにタカ派的発言を繰り返した。小池も、こうした点では決して彼女たちに引けを取らなかった。しかし、それでも安倍は振り向いてくれない。

二〇一三年秋、国会では特定秘密保護法案をめぐって与野党の対立が続いていた。

十一月二十六日、衆議院の「国家安全保障に関する特別委員会」で小沢一郎を党首に戴く、「生活の党」の玉城デニー議員が質疑に立った。彼は安倍総理らを前にボードを示しながら、条文の解釈を質問していた。

「これでは特定秘密の範囲が限りなく広げられてしまう。そういう条文になっているのではないか」

するとと女性の声で玉城に向かって、続けざまにヤジが飛んだ。

「どこに書いてあるんですか」、「日本語読めるんですか」、「日本語わかるんですか」。

ヤジは玉城の背後から飛んできた。だが、振り返らなくても誰の声であるのか、彼はすぐにわかったという。質問を終えて振り返り、ヤジを飛ばした女性議員を玉城は見据えた。怒りと抗議の気持ちを込めて。視線の先にいたのは小池だった。玉城は沖縄県選出の議員で、日本人の母とアメリカ人の父を持つ。

だが、こんなヤジを飛ばしてみても、丸川や稲田のように安倍から愛されることはなかった。終わった人、と党内でも、党外でも見られていた。

そうした中で二〇一三年四月、小池の名が久しぶりに新聞紙面に、小さくだが取り上げられた。小池がフランスの自動車会社ルノーの社外取締役に就任したというのだ。現役の国会議員が外国企業の取締役になる。そんなことが許されるのかと疑問に思った読者も多かったはずだ。だが、法律的に問題はないらしい。

ルノーはフランス企業だが日産自動車と業務提携をしており、両社の経営トップに君臨していたのがカルロス・ゴーン会長だった。小池は彼との交遊を盛んに自慢した。

「ゴーン氏とはメル友。私がメールをすると彼はすぐに返信をくれる」

小池にとって欧米の国は少女時代からの憧れの対象である。フランス企業の役員に迎えられ彼女は単純に喜んでいた。二〇一六年には功労が認められフランス政府よりレジオン・ドヌール勲章を贈られている。二〇一六年に都知事になるまで、彼女はルノー社外取締役を辞任しなかった。

小池はフランスでの会議に喜んで出かけていった。だが、次第に自民党内では、「日本の自動車産業の情報や日本政府の方針が、小池からルノーに流れているのではないか」と危惧する声が上がるようになった。彼女は党内でますます孤立していった。その後、ゴーンは来日した二〇一八年十一月十九日、東京地検特捜部に逮捕される。二十一日、小池と対談の予定があった。

従弟を名乗る同居秘書

かつては「小泉と結婚するのではないか」とゴシップが飛んだこともあったが、小泉が総理の座から去ると、自然とそんな噂も消滅した。だが、それに代わって一時期、男性秘書と結婚するのではないかと、週刊誌上で騒がれたことがある。

福田政権下の二〇〇八年前後、きっかけは土地の購入だった。

小池の男性秘書のひとりAは、小池よりも二十二歳年少で、二〇〇八年当時、まだ三十五歳前後だった。

このAは小池のかつての選挙区、兵庫県尼崎市の出身で大学卒業後、小池事務所で秘書をしていたという。その年若い男性秘書Aと国会議員で元大臣の小池が、練馬区内に土地を共同で購入した。その上、環境に配慮したエコハウスを建てて同居する、という。親子ほど年齢は離れているが、結婚の噂が立つのも無理はなかった。だが、Aを知る元小池事務所関係者は、「そういう関係ではない」と断言する。

「あの二人が恋仲だったとは、まったく思えません。Aくんのお父さんは尼崎の資産家で、息子を政治家にしたくて小池事務所に預けていたんです。小池さんはAくんのお父さんの援助を受けて、家を建てたかったんじゃないでしょうか」

父親は息子の将来を考えて、「先生」の自宅購入に協力しようとしたのだろうか。

小池とAが共同で求めた土地は西武池袋線の江古田駅に近い。この土地に強くこだわったのは小池だった。「江古田」にちなんだところに土地が欲しかったのだ。彼女は環境大臣になってから自分をエコ（環境）に理解の深い政治家として売り出していた。

そこで自宅を建てるにあたってもゴロにこだわり、江古田に太陽光発電などを駆使したエコハウスを建て、「エコだハウス」と名づけて自分の宣伝にしようと考えたという。

ところが、家が建つ前にAはこの計画から降りてしまう。リスクが大きいと思ったのか。それとも小池ともめたのか。彼は小池事務所も辞めてしまう。

その後、Aの保有する土地は、なぜか別の男性秘書に譲られる。その秘書の名は、水田昌宏である。彼もまた、Aとは同世代で小池よりも二十歳ほど年少。当時はやはり三十代半ばと若かった。だが、Aと違って彼に資産家の父親はいない。両親（養父母）は呉服屋を営んでいたが、十年以上も前に破産しており、すでに世を去っている。

この水田は秘書の中でも特別な存在だった。なぜなら、小池の血縁者だと言われていたからである。だが、どういう縁戚関係にあたるのか、明確には事務所内でも知られていなかった。

彼が小池の秘書になったのは二〇〇四年頃。それまで定職に長く就いていた様子はなく、小池と共同で土地を持つ資金をどうやって彼が得たのかは定かでない。

彼という存在自体が事務所の中でも謎であった。ある日、突然、現れ、小池に信頼され金庫番を任されると、あっという間に小池事務所を仕切るようになり、さらには「エコだハウス」で小池と同居することになった若い男。いったい彼は、何者なのか。

都知事になってからの記者会見で、「同居する男性とは、どういう関係か」と聞かれ、「従弟です。母方の」と小池は答えている。だが、小池事務所にいた関係者の多くが、その説明を信じてはいない。

「だって、小池さんは五十歳を過ぎるまで、彼のことをまったく知らなかったんですよ。そんな従弟っているんでしょうか」

小池と水田が知り合うことになったきっかけは、衆議院の小池事務所に届いた一通の手紙であるという。送り主は年配の女性で、「小池家とは遠縁の関係にあたる」といった説明に続き、「ひとり息子が近くロシアに留学することになったが、知り合いもいない土地なので力添えが欲しい」といったことが書かれてあった。小池はそんな遠縁がいるとは知らず、初耳だという様子だった。その後、そんな手紙が届いたことも、ロシアに留学するという青年のことも、話題になることはなく、皆、忘れていたという。だが、新聞に載った小さな記事が事態を変える。

「北朝鮮難民支援ＮＧＯの代表が行方不明——同行の日本人通訳も不明

北朝鮮から中国への亡命者を支援しているＮＧＯ（非政府組織）『北朝鮮難民救援基金』（中平健吉代表）の加藤博事務局長（57）が中国・大連市で行方不明になっている問題で、通訳として加藤事務局長に同行していたとみられる水田昌宏さんも消息を絶っていることが3日、分かった」（毎日新聞　東京朝刊　二〇〇二年十一月四日）

水田昌宏、という名前をスタッフのひとりが記憶していた。あの手紙にあった青年の名前と同姓同名ではないだろうか、と。でも、青年の留学先はモスクワで、中国ではなかったはずだ。だが、改めて調べてみたところ、やはり同一人物だとわかった。そこで小池は、中国通の二階俊博に相談したと言われる。

大連で加藤事務局長と通訳の水田は中国公安に逮捕された。だが、そろって二日後には解放されたと、新聞は続報も伝えている。いったい何があったのか。加藤事務局長に当時の事情を聞いた。

「私は脱北者支援のため、中国に度々、足を運んでいました。それで、中国の延辺大学に留学中の水田くんに通訳を頼んだんです。水田くんと知り合ったのは一九九六年頃。当時はまだ、早稲田の大学生で私が主催する講演会を聞きにきてくれて知り合った。卒業後は中国に留学して中国語と韓国語を学んでいた。そこで二〇〇二年、留学中の彼に連絡して通訳を頼んだんです。ところが大連で落ち合った直後に、ふたりして逮捕されてしまった。小池さんの親戚だとは後から知った。確か解放後です。それで彼と一緒に小池事務所に挨拶に行きました。その時、『中国の乱暴なやり方を注意してください』と言ったら、小池さんは『私は台湾派だからダメよ』と。水田くんとはそれ以来、あまり接点がなくて、かれこれ十年近く会っていません」

この拘束事件が小池と水田とを引き合わせるきっかけとなったようだ。その後、留学を終えて帰国した水田は、小池事務所に出入りするようになる。「小池さんが二階さんに頼んで救ってくれた。そうでなければ、もっと長く拘束され、殺されていたかもしれない」と周囲には語っていたという。

一方、小池もまた、水田という存在を積極的に語るようになる。北朝鮮拉致問題に関わる彼女にとって「脱北を支援して拘束された親戚」がいることは、プラスに働くと考えたのだろう。彼女は早速、拉致被害者の会で彼女らしいスピーチを披露する。

「もし甥が戻って来なかったら私も拉致被害者の会に入らなければいけないのかしら、と思いました」

この頃は水田を「甥」と語っていたのだが、後、従弟となる。

留学を終えて帰国してから水田は、「公安調査庁に約一年間、勤務した」と周囲に語っていたという。だが、事実であるのかは、よくわからない。

小池が環境大臣だった二〇〇五年に水田は「大臣政務秘書官」の肩書を手にする。古参の秘書たちは、小池と水田の関係が急速に深まっていくのを驚きをもって見ていた。

小池は金銭には非常にシビアだった。節約家で贅沢をせず、また、金の管理は秘書にも全ては明かさなかった。そんな小池が政治資金の管理を、水田に一任するようになる。それはなぜなのか。事務所関係者はいう。

「水田さんが入ってきてから小池事務所の雰囲気が変わった。水田さん自身もちょっと崩れたところがあったし、彼が連れてくる人も同じような空気をまとっていた。協栄ジムの人とは仲がよくて、よくつるんでいました。協栄ジム所属の亀田興毅を環境省のポスターに起用するように進言したのも水田さんでした。当時、亀田興毅には批判もあって官公庁のポスターにはふさわしくないという意見もあったんです。でも、小池さんは起用した」

二〇〇九年に民主党が大勝利をおさめた際には、小池も江端貴子に選挙区で敗れた。すると、古くから献身的に務めてきた秘書を何人も小池は一方的に解雇した。しかも、一言の説明もなく、会うこともせずに水田を通じて言い渡したという。

「人を切る時はバッサリと切る。何の説明も挨拶もせずに相手にショックを与える方法で」という小池のいつものパターンではあったが、小池の人間性を疑問視する声が身近に仕えた人の中からも改めて上がった。

小池はカイロで二度も飛行機事故を回避したという「物語」を作り上げた。だが、一度だけ、本当に死にかけたことがある。自宅の風呂で溺れたのだ。

環境大臣時代の二〇〇六年三月、風邪気味で風呂に入り寝入ってしまったらしい。母親が風呂場をのぞいた時、彼女の意識はすでになかった。救急車で病院に運ばれたが、助かる見込みは薄いという重篤な状態だった。

関係者が集められたが、この時も、なぜか水田は誰よりも早く病院にいたという。明日は葬式かと話し合われる瀕死の状態から、小池は奇跡的に回復し、懸念された障害も残らなかった。ただ、その後、小池はさらに無機質に、さらに自己本位になったように見えたという。事務所関係者たちは、今でも疑問に思っている。

「水田と小池さんは、どういう関係だったのか。誰にもわからない。年下の愛人だと言う人もいましたが、そうは見えなかった。突然やってきて、あっという間に信頼されて一緒に暮らすようになった。隠し子なんじゃないかって、そんなふうに言う人もいた。そんなこと、もちろんあり得ないことでしょうが。でも、そう思わずにいられないほど、不可解な関係に見えた」

小池百合子の金庫番として

二〇一〇年前後に水田と何度か飲んだことがある、という男性からも同じ言葉が聞かれた。

その頃、水田は中国やモンゴルによく出かけていたという。

「酔うと決まって、『僕が小池百合子を総理にしてみせますよ。そのためには金がいるんです。だから僕が作ってるんです』と豪語してね。『どうやって作るんだ』と彼に聞いたら、『主に不動産だ』って。土地を転がして大金を得ていると言っていた。まだ、三十代だったはずですが政治の世界に浸《つ》かって、等身大の自分を見失っている、そんな青年に見えました。大学を出てから、一度もきちんと働いたことはないんでしょう。ちょっと崩れているというか。議員秘書という形で政治の世界を垣間見て中途半端に染まってしまった、というか」

「小池とは親戚だ」と語るが、男性が「どういう親戚なのか」と聞くと、はぐらかして答えようとせず、「どうだっていいじゃないですか」と怒り出すことさえあったという。

「酒に酔うと眼が据わってきて、『僕は一生を小池に捧げるんです。それが僕の背負っている宿命なんです。僕はそのために生まれてきたんです』と語り出す。出生に秘密があるような言い方で気になった。僕は最初、小池さんと男女の関係かと思ったんですよ。でも、途中からそうは思えなくなって。もしかして親子なのか、と思うようになった」

　水田は女性たちのいる店を好んだ。だが、日本人女性には興味を示さず、外国人女性、とりわけロシア人や朝鮮族の女性がいる店に行きたがった。中国語や朝鮮語でまくしたてるが、文法や発音は滅茶苦茶だったという。男性が続ける。

「新大久保の飲み屋街が大好きで、近くのマンションを借りて住み、そこを自宅兼事務所にしていた。『永田町にはなるべく行かないようにしている。顔を知られないほうがいいんだ。

自分は金を扱っているから』と。『最近はモンゴルのほうが中国より儲かる』とも言ってました」

土地を購入してから約二年後、二〇一〇年に「エコだハウス」が完成すると、大きな表札には「KOIKE」と並んで「MIZUTA」の名が彫られた。小池は『発電する家「エコだハウス」入門』という本を出版して、家と自分の宣伝に努めた。

小池と両親、それに水田の妻子。

老齢になってカイロから引き揚げてきた両親と小池は同居したが、勇二郎はこの家から、すぐに特養老人ホームに移っている。恵美子との夫婦仲が最晩年になって険悪なものとなり、同居が難しくなったからだと小池は説明している。だが、関係が悪化したのは、恵美子だけではなかったのではないか。

勇二郎は二〇一三年五月、ホームで亡くなる。九十歳だった。愛憎の激しく絡まった父娘の関係は、他者に容易に理解できるものではない。死後、小池は父親を美化していく。そうすることでしか、父を赦《ゆる》し、受容することが、できなかったのだろうか。

同年には恵美子も体調を崩し入院した。余命一カ月と知らされて、小池は自宅に母を引き取った。九月五日に退院して、十六日に自宅で亡くなっている。

父に続いて、小池は母の死も、すかさず「物語」にした。大手出版社の社長に電話をかけて企画を売り込み、翌年には『自宅で親を看取る』を出版する。以後、選挙の度に、「私は自宅で母を介護し看取った。その経験を政治に活かす」と発言するようになる。だが、自宅介護の期間は十一日間である。

安倍政権は盤石で、スポットライトは若い女性議員にあたり続けた。彼女は六十代になった。だが、年齢に見合った役職も待遇も、与えられなかった。小池はくすぶり、自分を封じる安倍への恨みを深くした。

石原、猪瀬、舛添——男性都知事たちの辞任

首都、東京——。人口は約一千三百万人。日本の主要産業の本社が置かれ、都政の年間予算は十三兆円。スウェーデンの国家予算に匹敵する。都庁職員数は約三万八千人、警視庁や学校職員、消防士まで含めれば十六万人。そのトップに君臨する東京都知事は、都民に直接選挙で選ばれるため、人気投票となりやすい。

平成時代が始まった時、都知事の座にいたのは鈴木俊一だった。自治省の官僚から都知事になった彼は、新都庁舎、東京国際フォーラム、江戸東京博物館と巨大な箱モノを次々と建て、最後にはバブルが崩壊する中で世界都市博覧会を開催し、臨海副都心の開発にも手をつけようとした。

これに異を唱えて立候補し、当選したタレントの青島幸男は一九九五年、都知事になると公約どおり世界都市博覧会を中止したが、彼は二期目には出馬しなかった。四年後の選挙では芸能人を応援演説に大量に招いた石原慎太郎が当選する。

石原は都知事になると腹心の濱渦武生を鴻池事務所から呼び戻して特別秘書に据え、その後、さらに副知事に任命する。

石原都政は実に十三年に及んだ。

莫大な金をつぎ込んで東京オリンピックの招致活動をし、築地にある中央卸売市場の豊洲移転を強引に決定した。尖閣列島を東京都で購入すると言って寄付金を募り、銀行経営にまで乗り出した。石原の肝いりで立ち上げられた新銀行東京は、一千億円もの損失を出して頓《とん》挫《ざ》。お台場の臨海部にカジノを作る構想を打ち出したのも石原だった。

他にも家族を帯同しての高額の出張。さらには若手芸術家を支援するという名目で、「トーキョーワンダーサイト」という機構を立ち上げると、その外部アドバイザーに無名の画家である四男の石原延啓《のぶひろ》を入れた。都政の私物化、公私混同ではないのかと記者会見で記者に追及されると、石原は逆上して突っかかった。

「おかしいね、あなたがたの感覚は。余人をもってかえがたいから(四男を)使っているんだ」

石原は自分と自分の家族を溺愛していた。

作家・佐野眞一は『誰も書けなかった石原慎太郎』の中で石原の特徴をこう分析している。目立つことが好き、思い付きで発言するが体系的、持続的な思考力はない、何が世間に受けるかだけを考えて行動する、大衆を熱狂させる独特の魅力があり、また、そのテクニックに長けている——。それは、そのまま小池にも当てはまる。

二〇一二年、石原は四期目の任期中、突然、無責任に都知事を投げ出すと、国政に復帰すると述べ、平沼赳夫らと「太陽の党」を結成して衆議院議員に返り咲いた。

この身勝手な辞任劇の後釜に収まったのは、二〇〇七年から副知事として石原に従順に仕えてきた、作家の猪瀬直樹だった。石原の覚えめでたかった彼は、自民、公明、日本維新の会の推薦を受けて圧勝し、石原路線をそのまま引き継いだ。「キャッシュ インザ バンク（金はうなるほどある）」「東京は温暖な気候」と自ら世界にアピールして二〇一三年九月、二〇二〇年のオリンピック・パラリンピック開催都市の座をもぎ取ることに成功する。

ところが、その決定から、わずか二カ月後、猪瀬に「政治とカネ」の問題が持ち上がる。過去に医療法人・徳洲会《とくしゅう》から五千万円を借りたことがあり、収賄容疑をかけられたのだ。猪瀬は返済しており、闇献金にはあたらないと主張したが辞任。公民権も停止される。

二〇一四年、約五十億円の費用をかけて再び都知事選が行われ、自民党都連と公明党の支援を受けた舛添要一が、宇都宮健児、細川護煕、田母神俊雄らを制して都知事の座を手にした。

就任すると舛添は都市外交を積極的に進め、短い期間にフランス（パリ）、中国（北京）、韓国（ソウル）を次々に訪問した。

韓国では朴槿恵《パククネ》大統領と会談したが、その際、東京に韓国人学校を増設して欲しいと相談され、新宿区の廃校となった都立高校の跡地を韓国人学校用地として貸与すると彼は即決した。すると、「売国奴」との誹謗中傷を自民党都議らから受けることになった。世の中も自民党都議も右傾化していた。

続いて湯河原の別荘に公用車で通っている、政治資金で絵画を購入した、家族での飲食費を政治資金で落としたのではないか、といった金銭をめぐる疑惑が『週刊文春』で報じられ、連日、ワイドショーで叩かれるようになる。必死で弁明する舛添をワイドショーのコメンテーターや司会者は嘲《あざけ》った。事態はますます過熱し、彼の過去の女性問題までが蒸し返された。不思議なほど週刊誌にリークが続き、バッシングはやまず辞任を覚悟した舛添は、あることを必死に訴えた。

「今、自分が辞めると次の知事の任期切れが東京オリンピック・パラリンピック直前の二〇二〇年七月になってしまう。それを避けるために、もう少しだけ私の辞任を待って欲しい」

だが、テレビメディアは「知事の座にしがみついている」、「リオ五輪に出て旗を受け取りたいのだ」、「どうしたら辞めてくれるんですか」と批判し、彼は辞任に追い込まれる。

都知事選への出馬表明

この推移を見てすぐさま風に乗ったのは、安倍政権の中で飼い殺されていた小池だった。彼女は誰よりも早く動いた。自民党の衆議院議員が振り返る。

「あるパーティーで小池さんに会った。舛添さんが叩かれていた五月の末頃です。小池さんに、都知事選に出ないの、と聞いたら、否定はしなかったよね」

因縁ある男の転落。それを彼女は天啓と受け止めたのだろうか。だが、肝心の自民党が味方になってはくれなかった。

二〇一六年七月十四日告示、三十一日投開票。

小池は出馬したいという意向を伝えたが、反応は冷たかった。「出たい人より、出したい人」と自民党都連会長で、石原慎太郎の長男である石原伸晃は語り、小池を牽制《けんせい》した。都知事が二代続けて、「政治とカネ」の問題で辞任し、オリンピックも控えていることを考慮して、次の候補者は政治家を避け、実務能力の高い行政官経験者を選ぶ意向だと報じられた。安倍だけでなく、パフォーマンスばかりに走る小池の評価は自民党内で低かった。

自民党都連はタレント櫻井翔の父親で、総務省の事務次官を務めた桜井俊に白羽の矢を立てようとした。

これを知ると小池は、すぐさま攻めに出た。「小池が出馬の意向を固めた」という情報が突如、マスコミに流れ自民党は驚く。マスコミに情報を流して自分の思惑を既成事実化しようとする小池のいつもの手口だと自民党都連は嫌悪感を露わにした。

テレビカメラが小池と石原を追いかけ回すようになり、小池の露出が増えていく。劇場の幕が上がったのだ。石原が慌てふためく中、小池は、次々と先手を打った。

六月二十九日、党の了解なしに彼女は突然、記者会見を開く。殺到した記者を前に自民党からの公認はまだ得られていないが都知事選に出る意向でいると宣言した。

「自民党議員として出馬の決意を固めましたので、お伝えをさせて頂きます。地元の有権者をはじめ様々な方から立候補の要請を賜りました。都政の信頼回復、停滞の解消、希望溢れる未来の首都・東京の構築のため、崖から飛び降りるつもりで、その覚悟で挑戦したい」

一斉にカメラのフラッシュがたかれる中、彼女は、自分がいかに自民党で数々の役職を務めてきたかを、表情豊かに身振り手振りを交じえて滔々《とうとう》と話した。

「……といった、行政の実務に関わって参りました。中でも（防衛大臣として）二十七万人の自衛隊、防衛省を率いた経験は、私にとってもかけがえのないものでございます。任命頂いたのは他でもございません、第一次安倍政権でございました。小泉政権下では、あのクールビズを発明致しました。国民の皆様の共感を呼び起こし、大義を達成する。これは行政官にはできない発想ではないかと思っております。今、この首都東京に必要なことは十六万人の都庁職員に行政官をもうひとり入れること、ではありません。未来へのビジョンを描き、職員の士気を高めていくこと、ではないでしょうか。ビジョンとは東京を守る、東京を進める、そのことでございます。はじめての東京都女性知事を目指すにおきまして、ひとりひとりの生活にきめ細やかな目を向けていきたい。育児支援、介護対策、私は自宅で母をみとるという経験もしております」

自民党議員として、と断ったところに意味があった。彼女は国政での輝かしい経歴を披瀝することで自民党都連や都議を上から見下した。桜井など引っ張り出さず、自分を自民党は公認すべきだと迫ってみせたのだ。

さらに彼女は自分が都知事になったならば、三年半と任期を区切る、それによって次の選挙を半年、前倒しすることができ、五輪の直前に選挙をしなくて済むようにする、と語り、こういうことを発想できるところが自分なのだと大見得を切った。

「発想力ということでは自信を持っております。条例をつくったり、法改正の必要はありません。それを公約とし、実行する。国政、都政の混乱につながらないようにするのは当然のことと思っております」

彼女は法律にも規則にも、あまりにも無知であり、また、その自覚がなかった。

仮に任期を半年残して都知事が三年半で辞職し、都知事選に再立候補して再当選したとしても、半年分しか務めることはできないという原則を知らなかったのだ。総理が衆議院を解散した場合、衆議院議員の任期は総選挙時から新たに始まる。それと勘違いしたのだろう。

だが、その間違いを的確に指摘できる記者もいなかった。記者から、「自民党から公認が出されなかった場合は無所属でも出るのか」と問われると明言を避け、自民党の判断を仰ぐとだけ発言した。自民党に下駄を預けた格好をとりながら、早く自分を公認しろとメディアを使ってドスを突きつけたのである。

完全に小池のペースとなっていた。自民党都連会長の石原は小池のパフォーマンスに激怒しながらも小池と会い、七月十日の参議院選が終わるまで留保させて欲しいと訴えた。

だが、小池は自民党に自分を公認する気はないと感じ取った。そこで、さらに強気の攻めに出た。石原に会った翌七月六日、小池は再び自民党に了解を得ずに記者会見を開くと、正式に出馬を宣言したのだ。

「皆さまこんにちは。何度もおよびたてを致しまして恐縮でございます。改めまして、わたくし、小池百合子、東京都知事選に立候補を表明致します」

石原都連会長に、推薦を正式に頼んだが参議院選後の結論と言われた。それでは政策を論じる時間もなくなると考え、推薦を待たずに立候補を決意したと述べ、突如、自民党都連批判を繰り広げた。

「東京都連に名を連ねてきた私でございますけれども正直申し上げまして、どこで、誰が、何を決めているのか不透明なことが多かった。ブラックボックスのような形でございました。そして、ここで二代、都知事が短期間で替わってきました。いったい、なぜなのか。そのことも考え併せていかなくてはならないと思います。誰かにとって、不都合になった時に切り捨てられるのではないかと思います」

小池ははっきりと自民党都連を自ら敵に回したのだ。だが、この時点ではまだ、自民党本体を敵にしたわけではなかった。トップとはつながっていると誇示することで、現場を牽制しようとする彼女のいつもの手法であった。彼女は続けた。

「東京が抱えている課題は強いリーダーシップでこそ達成される。国政においては安倍さんが強力なリーダーシップで日本を取り戻す、と。これまで私も一緒に進めて参りました。東京では都民のための都政を取り戻す、ということが今こそ必要だと、このように考えております」

安倍に従順な姿勢を見せながらも、自分と都連のどちらを選ぶ気かと挑発したのだ。

記者会見にはボードまで持参し、そこには「①冒頭解散　②利権追及チーム　③舛添問題の第三者委員会設置」と三つの公約が書かれていた。

都議会をいきなり解散するという。だが、そんな権限は都知事に与えられていない。

「財源が豊富な東京では様々な利権が生じる。それを一つ一つチェックしていく。それができてこそ、オリンピック・パラリンピックも喜んでもらえることになる。どんな利権があるのか、ということですが、これについては目安箱をもうけたいと思います」「舛添さんの問題は第三者の目をいれる。人選は公募を考えています」

第三者委員会を立ち上げてまで辞任した舛添の責任を徹底して洗い出すという。世間には「政治とカネ」の問題に小池が果敢に切り込もうとしていると映ったことだろう。しかし、過去における両人のいきさつを知っている人たちは、まったく別の感慨を持って、この記者会見を見ていた。これは彼女の復讐なのか。私的な報復に公人としての立場が利用されているのか、と。

小池は久しぶりにスポットライトを浴びる快感に酔っていた。次から次へと言葉が繰り出された。

「私自身、親を自宅で看取りました。これについては本も記したところでございます。皆が当たり前だと思っていることをそろそろやめませんか、ということを提言したい。クールビズの発想です。たとえば、満員電車。長時間はたらけば、それだけ会社の利益が上がるわけじゃありません。出会いもなくなる。これは予算はいらないんです。意識を変えるだけでいいんです。前から液体ミルクの例も申し上げているんですが、ようは生活している方の目線に立って、大きな大義を繰り返し言ってもなかなか響かない。莫大な予算をつけても動かない。やっぱり皆さんの心をつかむことが必要なんです。この東京からアベノミクスをもっと引っ張っていけるような東京都知事になりたい。崖の下にパラシュートなしで飛び込む覚悟でございます」

都連会長の石原は小池の、この記者会見を見て激しく反発した。

「東京都連に属しながら小池さんは会合に、これまでほとんど出て来なかった。ブラックボックスと批判するが、会合に出て来なければ白か黒かもわからないじゃないか」

その後、二人の応酬が続いた。

「都連の会合があっても、私にだけ日程を教えてくれないことが度々あった」

「小池さんは、だいたい今まで都政に興味なんて持っていなかった。無関心で何も知らない」

「都政には前から関心があった。それというのも猪瀬さんが都知事を辞めることになった際、石原さんのお父さんである石原慎太郎さんから『都知事選に出ないか。応援する』と出馬を促されたことがあるからだ」

自民党都連会長の石原対小池という対立の構図ができあがり、世間は面白がって打ち騒いだ。女がたったひとりで自民党都連という巨大な敵と戦おうとしている、勧善懲悪の芝居として。だが、小池親子と石原親子の因縁を知る人の眼には、この光景もまた、別のものとして映った。

カイロに日本料理屋「なにわ」を出店させる前まで、朝堂院大覚は東京で勇二郎をカバン持ちに使っていたという。するとある日、石原慎太郎と勇二郎が朝堂院の事務所で鉢合わせた。朝堂院が振り返る。

「勇二郎は興奮して、『石原先生、ワシ、あれですわ。石原先生のお手伝いをさせてもろうて、自分も選挙に出た神戸の小池ですわ』と一生懸命、説明しよった。だが、石原はほとんど無視するような感じやった。石原もそういう男だからな。金の切れ目が縁の切れ目だ。勇二郎は確かに石原になけなしのカネを使ったろうし、選挙も手伝うたんやろう。でも、石原からすれば、タニマチでもなんでもない。自分に寄ってきたハエだと思うておる。石原も勇二郎を利用したし、勇二郎も石原を利用した。でも、考えてみれば、百合子はまだ高校生だったから、もしかしたら父親の法螺を信じよったのかもしれん。石原に金をつぎ込んで家が傾いて破産したんやと信じ込んだ。いや、そう百合子は思いたいんやろ」

都知事選に出ると決めた小池は、衆議院議員を辞職した。自民党と対立して飛び出していこうとする小池に、ねぎらいの言葉をかけ、拍手をして送り出すような空気は、もちろん党内にまったくなかった。猪口邦子議員が振り返る。

「あれは多分、小池さんが議員会館から引き揚げる日だったんだと思うんですね」

猪口は、偶然、エレベーターホールで小池と鉢合わせた。

「荷物を抱えた小池さんと、ばったり出くわしたんです。私が何か言おうとしたら小池さんが私を制するように、ひとこと、こう言ったんです。『失うものは何もないのよ』って。あれは私に対してではなく彼女が、自分自身に向けて言った言葉だったのかもしれない」

猪口は思った。「ずっと自分は失われていた」。そう言いたかったのではないか、と。

悪い男たちを相手に戦う「健気なヒロイン」

自民党都連は小池を公認しないと正式に決めると、参議院選が終わった翌十一日に旧建設省出身で元岩手県知事の増田寛也を擁立すると発表した。その際、石原都連会長と自民党都議会幹事長の内田茂は連名で以下の文書を配布した。

「都知事選において党公認、推薦以外の候補者を応援してはならない。議員（親族含む）が非推薦の候補者を応援した場合、処罰の対象となる」

これが世間に知れるや、自民党都連、都議には非難が殺到した。親族まで処分するとは、いったい何時代の感覚か。これが自民党のやることなのか。意欲ある一女性の出馬に対して、なぜここまで嫌がらせをするのか、と。小泉元総理も、「俺が小池さんを応援したら進次郎が処分されるということなのか。そんなことが出来るのか」とコメントした。

自民党都連への嫌悪が全国的に広まった。自民党都連の会合が度々、テレビに映し出されたが石原伸晃以下、都議に至るまで数十人が集まる中に、女性の姿はほとんど見受けられず、それは確かに旧態依然とした、既得権益の集団であるような印象を与えた。以前、都議会で少子化対策を訴える独身の若い他党の女性議員に、「お前が結婚しろ」「産めないのか」とヤジを飛ばし、皆で笑い声をあげるという醜悪さを晒したのも、自民党都議であったと蒸し返された。

小池は「女性という被害者」というポジションを巧みに利用した。

男たちが結託して悪事を働いている。そこにたったひとりで切り込もうとする健気なヒロイン、という役を見事に演じていた。自作自演のお芝居。石原親子も都連も、彼女の演技を際立たせるための敵役であり脇役だった。小池が都知事になれば、過去の不正が暴かれ、利権の構図が明らかになると都民は期待した。金をかけずにできるといわれていたオリンピック予算が膨れ上がっていると小池は訴え、利権をむさぼっている人がいると匂わせた。

「もう一度、オリンピック、パラリンピックの費用は精査する必要があります。私はワールドビジネスサテライトの初代キャスターでございますので、金融についてはよく重要性をわかっております。女性活躍を体現できるのが女性知事だと思います。日本は粉ミルクの国でございますが、液体ミルクを推奨しています。災害地でも液体ミルクが有益であるということで国内生産を進めるよう提案しました。小さなことと思われるかもしれませんが、こうした気づきにくいことに気づくことが大切なんです。政治こそマーケティングであります」

支離滅裂だが誰も気にしない。自信たっぷりに、美声で滔々と話すからだ。出遅れた民進党は、元毎日新聞記者でテレビのコメンテーターとして顔の知られた鳥越俊太郎を立て、共産党の支援を受けた弁護士の宇都宮健児も立候補した。

七月十三日に記者クラブで行われた共同記者会見には、この四人で臨んだ。「自分が都知事に値すると思う理由」を述べるよう求められると、増田、鳥越、宇都宮の生真面目な発言に続いて、小池は余裕たっぷりに、笑みを浮かべてこう語り出した。

「ひとことで言って、まあ、たまには女性にしたらいいんじゃないの、と思っております。今、日本が抱えている、様々な課題はですね、男目線のものが、はっきりいって多いですよ。それをですね、目線を変えることによって、これまであった潜在力がですね、パーッと花開く、ということもあるわけです。ただスカートはいてるからいいです、ということではございません。環境大臣、防衛大臣としてですね、たとえばクールビズを。あれは予算はそうかかっておりません。発想を変えるだけで社会が変わりました。いくつもある課題はもうわかっているんです。あとはそれをどうやって国民の皆さん、都民の皆さんを引き寄せて一緒にやれるかどうか。ムーブメントを起こしていけるかが、まさしくリーダーであります。課題はもうわかっております。あとは、それにどう優先順位をつけて都民とやっていくか。任せて頂きたいと思います」

女であることを強調しつつ、自分はただの女ではないと主張した。

翌日からの十七日間は郵政選挙の再来となった。連日、ワイドショーは都知事選を取り上げた。もともと小池はマスコミ界の出身であり、メディアの扱い方を熟知している。この選挙でも、インターネットに強いＰＲ会社に選挙広報を頼んでいた。

緑をイメージカラーにし、毎日、緑の服を着て街頭に立ち、「どうか緑のものを身に着けて応援にきてくださーい」と叫んだ。

すると、次第に緑色の服を着た小池ファンが街頭演説に押しかけるようになる。緑の群衆に向かって小池は叫んだ。

「オリンピックの経費が、いったいどれだけかかるのか、いまだ総額がわからず、都の負担額もわからない！　どうして、こんなどんぶり勘定がまかり通ってきたのか。猪瀬都知事の時に決まった時点では、四千五百億円で賄えるはずだった。だが、今では三兆を超えるという試算もされている。一兆、二兆、三兆って、お豆腐屋さんじゃあるまいし。ねー、皆さん！」

舛添がつまずくきっかけとなった韓国人学校問題は「白紙」、外国人参政権には反対、高度な技術を持たない移民の受け入れにも反対だと主張した。

猪瀬元知事が小池の応援に回り、自分はコンパクトなオリンピックを目指したが、自分が辞めた後で、経費がどんどん嵩《かさ》んでいった、と主張した。つまりは舛添からで自分の責任ではない、と。小池と猪瀬の利害は一致していた。公民権を失い、干されていた猪瀬は小池擁護でメディアに返り咲く。都政の闇に光をあてられるのは小池だけだと猪瀬は小池を持ち上げ、マスコミがそれに同調した。

「生まれた時から、アザがあるんです」

二十六日には、自民党本部で増田寛也を囲む決起集会が開かれた。この時、自民党都連会長の石原が来賓として招いたのは、自分の父で元都知事の石原慎太郎だった。都連会長として挨拶に立った息子は声を張り上げ訴えた。

「小池さんは自分で推薦届（推薦願）を取り下げられた、その時をもって、また今日をもって、小池候補は自民党の人間ではない！　私はそのように思うのであります」

男ばかりの会場に大きな拍手が沸き起こり、続いて父親が来賓として挨拶に立った。彼はまばたきをしながら、こう切り出した。

「大年増の厚化粧がいるんだよ。これが困ったもんでね。俺の息子も苦労しているんだ。とにかくね、増田さんにやってもらわなくちゃ。厚化粧の女にまかせるわけになんかいかない」

会場の男たちが一斉に大声で笑った。それは醜悪な光景だった。

石原を好意的に見るならば、彼が本来、言いたかったことは、これに続く言葉だったのだろう。石原は続けて言った。「あの人はね、嘘つきですよ」。

小池は、都政には前から興味を持っていた、前々回の都知事選では、他ならぬ石原慎太郎から出馬しないかと直接頼まれ、出るべきか迷ったからだ、とマスコミに語った。それを石原は真っ向から否定し、自分が小池に選挙に出るように勧めたことなどない、と。

「私が彼女に選挙に出ろと言った、まったくそんな記憶はない。虚言癖で困ったものだ」

大年増、厚化粧という表現には、うわべを嘘で塗り固めている、という比喩も込められていたのだろう。だが、石原にはこれまでも散々、女性蔑視発言を繰り返してきた過去がある。

女性有権者の怒りに火がついた。

六十歳に近い息子が窮地に陥り八十歳を過ぎた元都知事の父親にすがる、父親もまた親バカぶりを発揮して息子のためにやってくる。女を見下し、男であることを誇りながら、なんと、ひ弱なことか。男性優位の日本社会に恨みを持つ女性たちは、彼らを許さなかった。石原父子は日本の男社会の宿痾《しゅくあ》そのものと受け取られたのだ。

一番の被害者は増田寛也だったろう。テレビ画面では周囲につられて笑う彼の顔も映されたが、選挙が終わってから彼は、「あの時は何を石原さんがおっしゃったのか聞き取れなかった。皆が笑っていたので何か冗談をおっしゃったのかな、と思って周りに合わせて笑ってしまった」と告白している。

石原の発言は前半部分が切り取られて報道されるや、すさまじい批判を浴びた。感想を求めて取材者が小池のもとに殺到した。

小池はこの時を、待っていたのかもしれない。彼女の人生において、ずっと。そして、ついにその日を、その時を、迎えたのだ。生まれた時に与えられた過酷な運命。その宿命に打ち勝つ瞬間を、ようやく摑んだのだった。

テレビカメラを見据えて彼女は語り出した。自分の右頰を指さして。

「実は私……、この右頰に生まれた時から、アザがあるんです。それを化粧で隠している。だから、どうしても化粧が濃くなってしまうんです……。石原さんはそれをご存知でないのでしょう」

積極的には語らなかった事実。これまで使わずに残してきた秘密。化粧の下の素顔。

彼女はこれまで嘘によって人生を切り拓いてきた。だが、彼女は都知事になれるかどうかという人生最大の賭けに出て、嘘ではなく、ついに事実を切り札にする機会を得たのだった。他ならぬ舛添や石原親子の躓きによって。

彼女はこの瞬間に都知事となった。

中高年女性たちを味方につける

小池がアザを告白したことによって、石原は女性の容貌や年齢をあげつらったという罪を超え、許しがたい差別者として糾弾された。

女性たちの怒りと憎悪は、石原親子を超えて、自民党都連、自民都議、増田、そして、このような価値観を持っているのであろう男性全般へと向けられ、凄まじいマグマとなった。容色が衰えて男に嘲られる中高年女性たちは自分を小池に投影し、緑に身を染めて街頭演説に駆け付けると小池の名を絶叫した。

誰もが気づいていなかった。かつては、小池自身も男たちと一緒に、嘲る側にいたということを。土井たか子らを「オバサン」と腐《くさ》し、自分よりも容姿の劣る、高齢で、男性に縁のない女性を露骨に見下し、バカにしていたことを。

初めて選挙に出た時、「私はミニスカートとハイヒールで戦う。タスキをしたり、ズボンや平べったい靴を履くようなダサイ格好はしない」、「オバタリアンと一緒にされたくない」

と述べたことを。「チアリーダー」を自認し、短いスカートをはき、若さと美しさを売り物としてきたことを。自身が若さを失い男性を惹きつけられなくなって、路線を巧みに切り替えたのである。六十代半ばとなった彼女は、自ら進んで「オバサン」を演じた。緑のハチマキを巻き、男にいじめられ、蔑まれる女性を演じ、「オバサン」を味方につけたのだった。

自民党の中で小池の応援についたのは、政治家歴が浅く自民党の中で寄る辺なく漂っていた元検事の若狭勝だけだった。小池と若狭の間に深い結びつきがあったわけではない。突然、親しくもない若狭が小池の隣に立つ光景を見て驚く自民党員も多かった。

石原発言があった当日の街頭演説で彼は、突然、泣き出した。

「(石原のような) こんなことを言う日本社会、それが僕には許せない、僕はかなしい……」

隣に立つ小池が、それを受けてマイクを握る。

「ごめんなさい。若狭さんを泣かせちゃった。男泣き、申し訳ないです。でもね、私たち女はこういうことに慣れているの！　もう無茶苦茶ひどいこと言われるの！　だからこそ都知事になって、もう女は聞き分けがいい、使い勝手がいい、なんて言わせない！」

テレビでは繰り返し、石原が「大年増の厚化粧」と発言する様子が報じられた。街頭演説で小池が、「今日は薄化粧で来ましたー」というだけで、聴衆はドッと沸いた。

「やれ、大年増の厚化粧とかっていう暴言を吐くオヤジがいましたよねー、私は大年増ではない、豊島区なんです。そして、厚化粧ではございません。これは私の顔にアザがあるからなんです。みんな、いろんな都合があるんですよ。そんなことをおかまいなしに暴言を吐くのはデリカシーがないというものではありませんか。そんな人が応援演説をするようなところが、どうやって一億総活躍なんて言えるんでしょうか、女性が輝くなんて言えるんでしょうか。どうか私、小池百合子にお任せくださーい」

拍手が起こり声援が飛んだ。観衆は彼女を被害者としてしか見ていなかった。

しかし一方で、彼女はがんという病を乗り越え、この選挙に出馬した鳥越俊太郎のことを、街頭演説で「病み上がりの人」と批判した。自民党が推す増田に対しては、彼が元岩手県知事であり東京都の税金を地方交付税として受ける立場にあったことから、「東京の財産を掠め取ってきた人」と街頭演説で腐した。

それでも、小池の失言は失言にならない。それは小池の技量か。それとも小池に風が吹いていたからなのか。小池の学歴詐称疑惑も再び持ち上がった。すると彼女は自分に好意的な、フジテレビの朝のワイドショー「とくダネ!」に、カイロ大学の卒業証書と卒業証明書の二つを貸し出し、画面に映させ詐称はデマだと主張した。

アメリカではヒラリー・クリントンが民主党の大統領候補者になり、ドイツのメルケル首相はもとより、韓国の朴槿恵大統領、イギリスのメイ首相と女性リーダーが各国で台頭していた。それは世界中に閉塞感が広がっていたからだろうか。社会、組織が問題を抱えて行き詰まると、今までとは違った選択をしようとする。小池も選挙戦で繰り返し、女性である自分を選ぶべきだと訴えた。

「男社会、官僚社会が選んだ都知事ではなく、都民が選んだ都知事を！」

軍を率いて闘いフランス国家を窮地から救いながらも、火あぶりになった聖女ジャンヌ・ダルクに自分をなぞらえた。

「ジャンヌ・ダルクになります！　ジャンヌ・ダルクみたいに若くないけど。私も今に、ずどんとやられるかもしれません。それでもいい！」

群衆は殺される覚悟だと口走る小池に煽られ、興奮状態となっていく。

「崖から飛び降りる覚悟です、いえ、もう飛び降りました。私には組織もない、党もない、一人きりで始めた戦いです！」

この時テレビの中から聞こえてくる「崖から飛び降ります」という声を複雑な思いで聞いていた人がいる。アスベスト問題で小池環境大臣と対峙した古川和子さんだ。久しぶりに小池の、この台詞を耳にして古川さんは思った。

「また、言うてる……」


小池の掲げた公約が実現可能なものであるのか、議論されることは、ほとんどなかった。

「東京大改革」と彼女は自分の公約をワンフレーズにし、七つのゼロを達成すると主張した。

「待機児童ゼロ」、「介護離職ゼロ」、「満員電車ゼロ」、「残業ゼロ」、「都道電柱ゼロ」、「多摩格差ゼロ」、「ペット殺処分ゼロ」である。二階建て電車を走らせ満員電車を解消する、空き家を保育士に住居として提供するという。果して実現性はあるのか。真剣に、考え抜かれた政策なのか。公約を守る気持ちはあるのか。だが、誰もそんなことは気にしていなかった。

選挙戦最終日の最終演説に選んだのは小池の地元、池袋駅前だった。猛暑の夏、まだ昼間の熱がこもる薄闇の中で、彼女は叫んだ。

「この東京をもっと輝かせてみせる！　東京の宝物を磨いてみせる！　待機児童も解決する！　火あぶりになるかもしれませんよ、これから。あの都庁に行って、いろんなことが起こるかもしれません。でも、私は火あぶりになる覚悟で都庁に行きたい！　開かれた都政を必ず作って参ります。都庁も百合子グリーンで染めていく！　グリーンはエコの印、グリーンは安全の印、信号も緑で渡る！　みんなで都庁に進みましょー」

最後は長く尾を引くように声を張り上げ群衆からは百合子コールが沸き起こった。彼女の十七日間の選挙戦はこうして幕を閉じた。

小池は圧勝。都知事となった。

二百九十一万票を獲得してトップ当選。二位の増田が百七十九万票、三位の鳥越が百三十四万票、二位以下に百万票以上の差をつけての大勝利。負けは覚悟していたものの、この数字に自民党都連は大きなショックを受けた。

初登庁の日、各テレビ局は中継車を出した。そこで話題を集めたのは小池のファッションだった。緑の服を脱いだ小池は、「オバサン」をやめて、エレガントな女性に戻っていた。青いインナーに白いスーツ、ハイヒール。「今日のファッションに込めた思いは？」と聞かれて、「ブルーオーシャンです」と笑顔をつくった。戦いの血が流れているレッドオーシャンではなく、これからはブルーオーシャンを目指す、と。これも小池が好んで使う語録のひとつである。だが、権力を握った彼女が本心で求めたのは、言うまでもなくレッドオーシャン。流血である。血祭りに上げる相手は、もう決まっていた。

豊洲問題で小池フィーバーは最高潮へ

新知事と並んだ記念撮影を求められると、自民党都議会議長はこれを拒んだ。その瞬間がテレビで放映されると、さらに批判が殺到した。

都知事になった小池はすぐさま「都政改革本部」を立ち上げ、外部から特別顧問を迎えた。トップには橋下徹元大阪府知事のブレーンとして名を知られた、元官僚でマッキンゼー出身の上山信一慶応大学教授を据えた。小池は「外部顧問団はGHQとして乗り込んできたわけではない」と説明したが、都庁内には緊張が走った。都民は、これまでの都政の問題点や闇が明らかにされるものと期待した。

小池と、この改革本部によってふたつの大事業の見直しが進められることになった。築地中央卸売市場の豊洲新市場への移転と、オリンピック新施設の見直しである。

六千億円の事業費をかけて豊洲に新市場は新築され、十一月には開場の予定であった。

この卸売市場の豊洲移転は二〇〇一年に石原都政のもと決定され、副知事の濱渦が辣腕をふるって進められた。豊洲の新市場予定地は東京ガスの工場跡地であり、土壌汚染が心配された。どうしてよりによって、そんな場所に鮮魚を扱う市場を作るのか、疑問の声は当時から多数、上がっていた。

石原は、「科学の力で土壌汚染は無害化（汚染度を環境基準値以下にすること）できる」と豪語し、「無害化を移転の条件にする」と誓って強引に押し切った。

本来ならば無害化が決定してから工事に着工しなければ、話の筋が通らない。だが、土壌改良しながら同時に工事が進められていった。しかも、費用は当初の見積もりを大幅に超えて六千億円にまで膨らむのである。その間には都知事が石原、猪瀬、舛添と替わっていった。

都知事選で、小池はこの問題に触れて以下のように批判した。

「倉庫のような豊洲新市場の建物に、なぜ高級ホテル並みの建設費用が投じられたのか」

十一月七日が舛添前知事の決めた豊洲の開場予定日である。

小池への世間の関心は相変わらず高く注目を浴びる中、八月三十一日、小池は記者会見に臨んだ。

「それでは只今より、築地市場の豊洲新市場への移転に関しまして、最初に、まず私のほうから結論を申し上げさせて頂きます。十一月七日に予定されております築地市場の豊洲新市場への移転については、延期といたします。（中略）小池都政におきましては、『もう既定路線でしょう、一度決めたのだから、もう作ってしまったのだから、何も考えなくてよい』という考え方は取りません」

大変な騒ぎとなった。環境を重視する市民運動家やリベラル層は、この決定を強く支持し喝采した。反対に自民党都連や都議からは「ちゃぶ台返しだ」といった怒りの声が上がり、右翼的価値観を持つ保守論壇もこれに同調した。すると九月十日、小池は改めて臨時記者会見を開く。その内容は極めて衝撃的なものだった。

「豊洲市場に新設された施設の地下に土壌汚染対策として取られるべき『盛土』がされておらず、そこが地下空間となっていたことがわかった。なぜこのようなことになっているのか、責任を明らかにしていく」

ワイドショーが飛びつき世間は蜂の巣をつついたような騒ぎになった。地下空間には水が溜まっており、環境基準値を上回るヒ素とベンゼンが検出されたという発表に、国民、都民は大きなショックを受け、歴代知事、自民党都議への批判が強まった。

さらに、小池は、「なぜこんなに建設費が高くなったのか、入札も含めて検証する」と発言し、「石原元都知事への聞き取り調査をしたい」と述べると、石原の責任を強調した。

豊洲に移転させることで生まれた利権があったのではないか、という疑惑の眼が石原や自民党都議、都連に向けられた。小池は都庁での公開の聞き取り調査に応じるよう求めたが、石原は体調不良を理由にこれを断った。すると改革本部は質問状を石原に送った。石原はそれを返したが、「ほぼゼロ回答」だったと小池は指弾し、「石原は逃げている」とマスコミを通じて批判した。

世論も小池の姿勢を支持した。「盛土なし」、「環境基準値を大幅に超える汚染」の発見によって、小池フィーバーと言っていい状況が続いた。

日本中が小池の動きにくぎ付けになる中、それに応えるように、小池は次に五輪会場の見直しを発表した。「このままでは費用が三兆円を超える可能性がある」という小池の発言に都民は再び驚愕し、自民党への怒りをさらに強めた。

ボート・カヌー、水泳、バレーボールの三会場は新設を取りやめ、東京以外にある既存施設に替えられないか再検討したいと小池は述べた。変更先のひとつとして宮城県の長沼ボート場を候補にあげ、小池は現地を視察。マスコミが大挙し注目を集めた。

五輪組織委員会会長の森喜朗は激怒した。小池との仲の悪さは、つとに知られている。都知事という権力を手にした小池の森に対する意趣返しか、と永田町では噂された。

一方で小池は選挙中から自分を応援してくれた都議の音喜多駿、上田令子らと地域政党「都民ファーストの会」を発足させる。さらには政治塾「希望の塾」を立ち上げた。

来夏の都議選には、この都民ファーストの会から候補者を立てる。それは塾生から発掘したい、と抱負を語った。すると入塾希望者が殺到した。書類選考で四千八百二十七人から二千九百二人に絞り込んだとニュースで報じられると、自民党都議たちは青ざめた。

勢いに乗る小池が、ゆくゆくは自民党内の反安倍勢力に声をかけて新党を結成し、ポスト安倍を狙うのではないかといった噂が、早くも永田町では流れていた。

十月三十日、希望の塾の開塾式は華々しくテレビで実況中継された。塾生の中にはお笑い芸人のエド・はるみや、元アナウンサー龍円愛梨ら著名人たちの姿もあり話題をさらった。

受講料は男性が五万円、女性が四万円で、これが新党づくりの原資になるのだろうと言われ小池は塾長として挨拶に立った。

　連日、テレビに小池の映らぬ日はなかった。まるで、日本の中心に彼女がいるようだった。マスコミは朝から晩まで彼女を追いかけ回した。だが、掘り下げた調査報道をしようとはしなかった。オリンピック会場は再検討の結果、三会場とも東京都内に予定どおり、わずかに予算を下げて新設されることが決まった。

　十二月二日の都庁定例記者会見では、週刊誌記者が、結局、オリンピック会場の見直しは大さわぎしたものの、元のさやに納まっただけではないか、と批判的に問うた。

「率直に申し上げて大山鳴動して鼠一匹といいますか、何だったのかなと」

　小池は反論した。

「それはちょっと失礼ではないですか。このまま行きますと豊洲ではありませんけれど、どんどんどん膨らんでいたと思います。誰が歯止めをかけるのでしょうか、ＩＯＣでしょうか、組織委員会でしょうか」

　そこまでまくしたてると、突然、笑みを浮かべ上目遣いで続けた。

「ネズミどころか、大きな黒い頭のネズミがいっぱいいることがここでわかったではないですか。入札の方式はどうなのでしょうか。これから黒い頭のネズミをどんどん探していきたい」

　入札で不正が行われたと匂わすような発言だった。

テレビのワイドショーは翌日から、「黒い頭のネズミ」という言葉に飛びついた。それは前知事たちか、森会長か、自民党都議か、彼らに寄り付いたゼネコン関係者かと、コメンテーターたちは勝手な意見を戦わせた。小池の望んだとおりの展開だった。

七日の都議会では、評判の暴落した自民党都議が質問に立ち、都知事に怒りを滲ませ、こう迫った。

「知事、大きな黒い頭のネズミとは誰ですか」

小池は余裕たっぷりにこう答えた。

「ご想像にお任せします」

翌八日、また別の自民党都議が問うた。

「(昨日の)想像に任せる、とは自らの発言に責任を負わない答弁ではないのかっ」

「誰がどうとは申し上げていない。あえて申し上げるならば、これまでの古い体制、『アンシャン・レジーム』の総称として使わせて頂きました」

小池は都議会でも記者会見でもカタカナ語を多用した。英語を使える自分を誇示しようとする、だから、ことさらな巻舌風になる。例えばABCのCは〝スィー〟とするような。追いつめられた時、論理的な説明ができない時、相手を煙に巻こうとする時、彼女には英語やカタカナ言葉で逃げきろうとする癖があった。

彼女はオリンピック施設の見直しで、こぶしを振り上げてはみたものの、経費の圧縮はそれほどできず、利権に与った悪者を炙《あぶ》り出すこともできなかった。つまりは空振りしたのである。だが、そうとは思われないように「黒い頭のネズミ」という表現をして、はぐらかしたのだった。メディアは「ネズミは誰か」と想像に走るのではなく、小池に説明を求めるべきであったのに、それをしなかった。小池はオリンピックの新施設の見直しが空振りしたことを気取られないように、すぐに話題を豊洲移転へと切り替えた。

豊洲移転の延期を発表した際、小池は、「今後のことは九回目のモニタリング調査の結果をみて考える」と宣言した。

その九回目の調査結果が発表されたのは、二〇一七年一月十四日。その結果に、誰もが耳を疑った。これまでに行われてきた前八回の調査結果とは、まったく異なる数値が発表されたからだ。最大値で環境基準値の七十九倍を超えるベンゼン、ヒ素は三・八倍。無害化には、ほど遠い数値だった。これまでに行われた八回の調査結果は、何だったのか。汚染を隠蔽してきたのか。ブラックボックスを小池が開け、事実を明らかにしたと感じられた瞬間だった。

また、豊洲市場は年間百億円の赤字になるという具体的な数字も発表された。その百億円は都税から出すのか。十年で一千億円である。会見に臨み小池は強い口調で訴えた。

「環境の面で、維持費の面で、本当に豊洲新市場は持続可能な施設なのか考え直す必要がある」

すでに小池の肝いりで「市場問題プロジェクトチーム」が立ち上げられており、座長には小島敏郎青山学院大学教授が任命されていた。環境大臣時代の小池を支えた元官僚である。

また、土壌汚染を検証する「豊洲市場における土壌汚染対策等に関する専門家会議」も発足しており、その座長には放送大学和歌山学習センター所長の平田健正《たてまさ》が就任した。

小島座長が率いる「市場問題プロジェクトチーム」では豊洲移転を根本から見直すべきだという意見が主流となり、築地再整備案が持ち上がった。豊洲には移らずに築地を再整備して築地に残る、という案である。小島座長は築地に出向いて、仲卸業者の前でこの再整備案を説明した。移転に反対してきた中小の仲卸業者はこれを聞いて、涙を流して喜んだ。自分もそのひとりだった、と語る仲卸業の女性は、こう振り返る。

「皆、長年働いてきた築地に愛着があるんですよ。できれば移転したくない。そう思う人が大半でした。その上、汚染された土地なんて嫌に決まっているじゃないですか。都や専門家が安全だって言っても信用できません。だから小池さんが都知事になって移転を延期して、いろんな問題を明らかにしてくれた時は、『やっぱり』って思ったし、再整備案を出してくれた時は本当に嬉しかった」

小池自身も築地再整備案に完全に傾いていたのだろう。当時は雑誌でこんな発言を繰り返していた。

「モニタリングにはこだわっていきたい。(それは環境省にいた経験が大きいかと聞かれ)経済成長のひずみの部分をずっと担ってきた役所です。環境問題、食の安全の問題もそうですが、やはり軽視はできないと。あの駐車場みたいな建物にどうして6000億円もかかるんですか。坪単価で見ると超高級ホテルの4倍のお金を投入することになるのですよ」（『日経ビジネス』二〇一七年三月二十日号）

「（豊洲移転後、築地は売却すると舛添はしていたが）どうして日本の宝物を両方とも生かさないのか、と思いますね。土地は一度売却してしまうと、あとはディベロッパーに切り売りされるだけで元には戻らない。私たちの方針を批判する方々は、そのことの意味をわかっているのでしょうか。江戸時代の日本橋魚河岸から、関東大震災後の築地外国人居留地開発を経て現在に至る築地の歴史的魅力を保つためにも、土地全体が残るかたちのほうがいい」（『Ｖｏｉｃｅ』二〇一七年十月号）

　ガス工場跡地のような場所はアリーナなどのスポーツ施設には向いているが、生鮮食品を扱う市場には最も不適切である、産地直送も増える中、豊洲のような巨大な卸市場が必要なのか、とも発言している。筋の通った見識である。だが、彼女が心からそう思って発言したのか、それとも思い付きで口にしただけのことなのか、そこに問題があった。

　世論は大きく二つに割れていた。自民党を中心とする保守政党や保守論壇は移転推進派であり、移転延期に踏み切った小池を激しく攻撃していた。一方、共産党やリベラル層、またエコを重んじる環境派は、築地再整備案を検討する小池の姿勢を高く評価した。

　小池は歴代の都知事が行なってきた、関東大震災で虐殺された朝鮮人犠牲者追悼式への追悼文の送付をわざわざ取りやめている。それが彼女の本質であるのに、不思議な捻《ね》じれが生じていた。

小池は、どちらにつけば夏の都議選に向けて、より自分の人気が高まるのか。それだけを見ていたのではないだろうか。

過去の都政を否定することで自分の権威を高めたいという気持ちもあったのだろうが、移転延期から、さらに中止へと踏み切るには相当な勇気がいる。中止を口にするほどの、信念はなかったのだろう。だからこそ、彼女は世論を注視しながら、ひたすら結論を出すことを先送りし続けた。

その間、石原慎太郎と元副知事の濱渦が都議会の百条委員会で、証人喚問されることが決まった。公開ヒアリングに応じず、文書もゼロ回答であったとされ、ついに百条委員会が設置されることになったのだ。

石原はこれに先立って月刊誌で自己弁護の論陣を張ると、そこで小池の父、勇二郎との因縁を初めて公にした。

「私がかつて参議院議員選挙に全国区から出た時、大阪にある選挙対策本部に勇二郎氏がおり責任者をやっていました。またその後、勇二郎氏が兵庫から衆議院に出る際、当時学生だった濱渦氏が勇二郎の自宅に泊まり込みで選挙の手伝いをしていた」(『文藝春秋』二〇一七年四月号)

石原は、勇二郎が石原のタニマチであったように、小池によって語られることに不快感があり、それを打ち消したかったのだろう。と同時に、自分や濱渦と小池家の間には約五十年前に選挙をめぐる因縁があること、それ故に彼女に逆恨みをされていると、遠回しに読者に伝えようとしたのではないだろうか。都政に名を借りた個人的な復讐ではないか、と。

小池は濱渦のことを住み込みの書生のように語っているが、勇二郎が石原のタニマチでなかったように濱渦も決して書生ではなく、単に選挙を手伝うために寝泊まりしたことがあっただけだということも、伝えたかったのだろう。

小池の父が選挙に出て落選したのは、本人の問題であり、なんら自分が恨まれるべき筋合いではない。父が夜逃げするまで追い詰められた原因を作ったと思い込んでいるのなら、それは的外れな逆恨みだと、言いたかったのであろう。

百条委員会にかけられることになり、石原だけでなく濱渦も当惑したようである。濱渦は小池のことを「百合ちゃん」と呼んできた。高校生の時から知っている。濱渦が副知事だった時には、小池からの頼まれごとに心よく応じてやってもいた。

小池から中国の宗教家を紹介され、「東京都で宗教活動ができるように認可を下ろして欲しい」と頼まれたこともあったと濱渦は週刊誌で述べている。また、小池に頼まれ小池の兄（勇）がモンゴルから連れてきた「偉い人」に会ってやったこともあった。さらに勇から「東京都がディーゼル車を禁止するのなら、パーム椰子を使ったバイオ燃料を使わないか」と提案を持ちかけられた、という話も明かしている（『週刊朝日』二〇一六年十月二十八日号）。副知事の濱渦を小池兄妹は利用していたということだ。だからこそ、まさか自分が、その「百合ちゃん」から百条委員会にかけられようとは思ってもいなかったのだろう。

因縁の百条委員会

百条委員会では濱渦が先に証人に立った。都議からの「石原の意向を受けた濱渦副都知事が政治的圧力を使って、東京ガスに（汚染された）土地を売るよう強引に迫ったのではないか」という質問に対して、「石原氏にすべて報告していた」「自分の役割は土地売買の基本合意までで土壌汚染対策には携わっていない」と、時に言葉を荒げて反論した。

続いて三月二十日には、石原が百条委員会に臨んだが、「すべて濱渦氏に一任していた」「豊洲移転は青島都政から引き継いだもので自分が豊洲に決めたわけではない」と語るばかりだった。「そんなに汚染されている土地だとわかったのなら、その時点で買うのをやめるべきだった。そこまで汚染されているとは知らなかった。都庁の職員に騙された」と繰り返し、自分の責任を認めなかった。

なぜ、豊洲に決まったのか。誰が決めたのか。どうしてここまで汚染対策と建設費の費用が膨れ上がったのか。小池はそれを明らかにしなければならなかった。だが、百条委員会を開いてみても皆が責任を擦《なす》り付け合うだけで、一向に判然としなかった。この報告を受けて、どう判断するのか。誰を処分するのか。何より移転問題をどう決着させるのか。今度は小池が注目される番だった。

小池にとって予想できなかったであろうことは、久しぶりに公の場に姿を現した石原の、あまりにも老いた弱々しい姿だったろう。体調も悪そうに見えた。そんな彼を百条委員会に出させた小池に対して、「無慈悲だ」という批判の声が上がった。小池ではなく、今度は石原がいじめられる被害者のポジションを得たのである。小池はひるんだ。その結果、さらに移転問題は迷走する。

深刻な汚染状況が報告され、利権の構造を炙り出すことはできず、後には混乱だけが残った。移転するのか、しないのか。だが、彼女には決断を下すことができなかった。信念がなかったからである。また、夏に都議選が控えていたからでもあった。そこまでは、移転推進派も反対派も両方を取り込んでおきたかったのだろう。

この頃から「決められない知事」という批判がテレビのワイドショーでも聞かれるようになった。だが、それでも彼女の支持率は、依然として極めて高かった。

NHKの朝の人気情報番組「あさイチ」に出演したのは三月三日。石原の証人喚問を間近に控える時期だった。司会はNHKの看板アナウンサーである有働由美子と、タレントの井ノ原快彦《よしひこ》。番組の冒頭から、有働が小池を「いまや日本中が大注目」「テレビで小池さんを見ない日はありません！」とハイテンションで持ち上げた。

小池の人物に迫るという趣旨で、生まれてからの経歴や恋愛話までを有働が根ほり葉ほり聞き出す、という趣向で番組は進行していった。両親の写真を示して自分の生い立ちを語り、ピラミッドの頂上でキモノを着てお茶を点てる写真（口絵参照）も披露し、カイロ大学を卒業した記念に撮ったものだという、いつもどおりの説明が続いた。

すると写真を見た視聴者から、「キモノの合わせが逆ではないか」という質問が、番組に寄せられた。小池は視聴者の質問に対して笑顔を浮かべて、こう答えた。

「間違えて左前に着てしまったんです。それで本で、この写真を使う時には、左右を反転して焼いて（キモノの合わせが右前になるようにして）使ったんです」

小池がにこやかに説明して有働は納得し、話題は移っていった。

留学中に第四次中東戦争が勃発したため命がけの生活を送り、国際政治の現場を若くして体験した、二度も飛行機事故を回避したという例の話も小池は番組で披露した。都議選を前に、生死を分けるような体験をしてきた強運の女性政治家、というイメージを人々に与え自分のカリスマ性をアピールしようとしたのだろう。

マスコミが小池の嘘を拡散し、小池を押し上げていく。

都議選の直前には本屋にも小池本が平積みされた。

そのうちの一冊は小池のファッションや着回し術を特集した『小池百合子式着こなしの黄金ルール』というファッションブック。中には、こんな文言が並んでいる。

「小池百合子都知事は、日本の女性政治家で初めてファッションを武器にした人です。かつ、初めて毎日のようにテレビで報じられるようになった女性政治家でもあります。（中略）かっこよく、女性らしく。年齢なんて単なる数字でしかありません。〝百合子スタイル〟で、私たちも〝綺麗〟に目覚めましょう！」

大判の写真集も発売された。小池とは付き合いの長い、カメラマンの鴨志田孝一が出版した写真集だが、なぜか小池の子ども時代やカイロ時代の写真も収められている。

その頃、安倍政権は発足以来、最大の危機を迎えていた。

大阪で学校法人森友学園を経営する籠池夫妻が安倍昭恵総理夫人の口利きで国有地を安く購入していたのではないか、という森友疑惑が持ち上がったからだ。この森友問題に絡んで勇二郎の知人、自民党の鴻池祥肇の名も挙がった。鴻池は急遽、記者会見に応じると、テレビカメラの前で声を荒げて自分の疑惑を晴らそうとした。

「紙に入ったものを出されてこれでお願いしますと言うたんや。あのオバはん（籠池夫人）が。一瞬でこんにゃく（現金の隠語）だとわかった。無礼者、言うたんや」

口利きを頼まれたが追い払った。金はもらっていないと主張した。だが、彼が森友学園の陳情を受け財務省に働きかけたことは疑いようがない。石原、濱渦、鴻池……、彼らは皆、五十年以上前に小池の父、勇二郎の選挙に関わった男たちである。

安倍政権の支持率は下落し、代わりに自民党に反旗を翻した小池の人気が底上げされた。日本初の女性総理は小池だ、安倍はもういい、といった論調の特集を、週刊誌は盛んに組んだ。次々と取材依頼が舞い込むと小池は自宅を公開し、私生活を積極的に語って、メディアの要望に応えた。だが、豊洲移転をどうするつもりか、といった本質的な質問をされるとテレビでも露骨に嫌な顔をした。

「都民ファーストの会」の圧勝

都議選の告示日が近づく中で小池は「都民ファーストの会」の特別顧問に就任し、先頭に立って都議選を戦うと宣言した。

自民党都議は戦々恐々となり、また民進党の都議たちは都民ファーストの会にどうしたら鞍替えできるかを考えた。

各党の公約が発表されたが最大の争点は豊洲移転問題だった。自民党と公明党は、「早急な豊洲移転」、民進党は「汚染物質などの対応をしたところで豊洲移転を推進」、共産党は「豊洲移転を中止、築地再整備」。だが、都民ファーストの会だけが、公約でその点を明らかにしなかった。そのため他党やマスコミから批判された。

すると、都議選告示日を三日後に控えた六月二十日、ようやく小池が方針を明らかにするとして、臨時記者会見を開いた。かけつけた記者の多さに小池は、「まあ、すごい」と呟き、余裕の笑顔を見せると壇上で滔々と語り始めた。

「豊洲市場を、これまで六千億かけ作られてきたわけでございますが、豊洲ありきで移転後の計画が十分ではなかった。築地を売却して費用の穴埋めをするという計画はありましたけれど、豊洲市場は年間百億円近い赤字が予想されており、それにどう対処していくのか。累積する赤字という負の遺産を、子どもや孫たちに後世へのつけとして残してしまっていいのかと、考えるわけでございます。これまで、石原都知事が豊洲移転を決定されてから、行政からも議会からも、このようにロングタームの明確な計画が聞こえてこなかったように思います」

「土壌汚染対策には八百五十億円以上も投じられて参りましたけれども、今年一月からのモニタリング調査でも、いまだに有害物質が基準値を大幅に上回る数値が検出されています。その上で、先の専門家会議でございますが、安全性を検証して頂いた平田座長が、『地上は安全だ』と。しかし、有害物質が検出された地下については『追加対策が必要』とのご意見を出されたところでございます」

「築地市場の現状を見ますと、高いブランド力は東京の莫大な資産であると考えられます。その核をなすのが、仲卸の皆さんの目利き力であります。まさに宝の中の宝でございます。市場内外を一体とした賑わいがあるからこそ、世界の観光客をひきつけているという現実もございます。そこで、東京都といたしましては、築地ブランドを維持、活用、発展させるということで、『築地は守る、豊洲を活かす』ことを基本方針の一とさせて頂きます。築地のあとは築地、ということも言えるかと思います。豊洲はＩＴを活用し、冷凍冷蔵機能を強化して、総合物流センターとして発展させます。築地は民間とともに有効活用して、市場内外が一体となって世界の食の関連事業者を集積していく。アルファベットで『ＴＳＵＫＩＪＩ』とすることで、世界への発信の重要な拠点にすることができるかと存じます」

「市場機能を残すことで、いったん、豊洲にうつった仲卸の方も、築地に戻るときには、そのお手伝いをさせて頂きます」

「築地は守る、豊洲を活かす」、つまりは、どちらも市場として活用する、というのだ。いったんは全員に豊洲へ移ってもらうが、その後、築地に戻りたい仲卸は戻れるよう、「お手伝いをする」と明言したのである。

豊洲に行きたい人は豊洲で、築地がいい人は築地で仕事ができる、豊洲か築地か、ではなく豊洲も築地もである、市場を二つにする、と。だが、そんなことが実現可能なのか。築地の土地を売らずに、どう財源を確保するのか。記者たちが質問しようと手を挙げた。小池は気に入った記者を二人だけ指名して会見を打ち切ると、逃げるように部屋から去ろうとした。その後ろ姿に、フリーランスの記者が叫んだ。「大事な問題です！　もっと質問を受けてくれませんか」

だが、小池はそのまま立ち去り、それ以上の説明がない中で、都議選へと突入した。

六月二十三日から、選挙という非日常が始まり、ふたたび狂乱の日々となった。

小池は一年ぶりに緑の戦闘服に身を包むと、巨大な自分の顔写真を掲げた選挙カーに乗って東京中を駆け回り、都民ファーストの会から出馬する候補者の応援にかけつけた。

都民ファーストの会は、すべての選挙区に五十人の候補者を立てた。自民党や民進党から移ってきた議員もいれば、小池の秘書や、希望の塾の塾生からも選ばれた。

「とにかく女を」という掛け声のもと、まず女性、それも若くて美人、経歴も輝かしいという女性が最優先された。男性も若くて見栄えがよいことと、学歴、医者や公認会計士、弁護士といった経歴を重視した。地元に密着した中高年の男性が多い自民党都議との、差別化を図ろうとしたのだろうし、何よりも選挙で強いのは見た目と経歴だという考えがあったからだろう。

「古い議会を新しく」、「おっさん政治との決別」、「しがらみのない政治」を実現するために選ばれた候補者であると小池は街頭演説で力強く訴えた。

さかんに石原や舛添を批判し、旧来の男性都議を揶揄した。

「都議会のドンがはびこったのも、都知事がほとんど都庁に出勤しなかったから。そりゃそうですよね、週に二回しか来ないいんじゃねー」

「ITのわからない、おっさんなんて、もういらないの」

「〇〇さん（都民ファーストの会の候補者）はねー、英語がペラペラなんですよー」

小池人気に危機感を抱いた自民党は、二階俊博幹事長や稲田朋美防衛大臣ら国政のトップを次々と都議の応援に投入したが、森友、加計《かけ》問題で信用も人気も失っており、彼らが選挙応援に来ることは、少しもプラスに働かなかった。公明党都連が自民党ではなく、都民ファーストの会と手を組んだことも大きかった。

都民ファーストの会は圧勝した。四十九議席を獲得して都議会第一党に。自民党は六十人の公認候補者を立てたものの、わずか二十三議席しか取れなかった。

都知事が率いた政党が都議会を制圧したのだ。都政において小池を阻む障壁は、この時、完全に取り払われたのだ。だが、問題は彼女自身にあった。彼女には別に都政でやりたいことなど、ひとつもなかったのだ。求めたものは新たな敵と新たな戦場。戦場でしかヒロインになれないと知っていた。

第七章

イカロスの翼

あなたは参謀と言われているが、と私が問うと男はまんざらでもないといった笑みを浮かべて、こう答えた。

「そうですか。自分ではお膳立てと弾除《たまよ》けと思ってますが」

自分が仕える女主人のことを、「わが社の社長」と表現した。

「媚びないし、虚勢も張らないですからね、わが社の社長は」

黒いスーツに黒いシャツ、ノーネクタイといった黒ずくめの服装。四十代半ばにして、日本の政治を動かしているといった自信がちらつく。一般社会を知らずに若くして〝政治業界〟に身を投じた人に特有の、匂いがした。

懐刀・野田数

小池が都知事選に出るにあたって選挙参謀を引き受け、以後、「小池の右腕」として知られるようになった男。それが野田数《かずさ》である。

一九七三年生まれ。都知事選を戦った二〇一六年夏の時点で、まだ四十二歳と若かった。

小池とは親子ほど年齢が離れており、小池と同居する「従弟」で秘書の水田昌宏とは、ほぼ同世代である。

水田が金集めを担当する陰の存在として小池に尽くしているのに対して、野田は表舞台に出て、いくつもの肩書を手にしている。

小池は都知事になると野田を特別秘書に任命。さらに、「都民ファーストの会」代表にし、「希望の塾」の運営も任せた。まさに側近中の側近である。

早稲田大学教育学部を卒業し教科書の出版で知られる東京書籍に入社。しかし、歴史教科書のあり方に反発を感じて数カ月で退社したという。政治家になりたいと考え、永田町で本人曰く「飛び込みのような営業」をした。大学時代は格闘技に凝り、その関係で選挙の手伝いをしたこともあるという。政界への憧れは、その頃に芽生えたのか。

永田町では自身の志向に近い右翼的な政治家のもとを訪ねて売り込みをし、秘書的な仕事をしたり、声をかけられれば、あちこちで選挙の手伝いをしていた、と本人は語る。この頃から小池と顔見知りになり、秘書のようなことをしていたようである。

二〇〇〇年には小池が所属していた保守党から公認をもらい、土井たか子のいる兵庫七区で衆議院選に初出馬するが、落選。この時、二十六歳。

その後、二〇〇三年には東京都東村山市議会議員に無所属で出馬して初当選を果たし、二〇〇九年には自民党から公認をもらって都議に。この時、三十五歳。

都議時代は石原慎太郎の価値観に強く共鳴していた。朝鮮学校補助金削減や尖閣諸島の購入を熱烈に支持し、激しい中国批判を繰り返した。「新しい歴史教科書をつくる会」に所属し、『WiLL』『SAPIO』『正論』といった雑誌にも、たびたび寄稿した。

二〇一二年には自民党を離党し、日本維新の会に入党。九月十八日の都議会では、「占領期に制定された現行憲法は無効と確認し、大日本帝国憲法が現存すると決議がなされること。皇室典範は占領期に作られたものであり無効であって明治典範その他、宮務法体系を復活させるべき」だと請願した。つまりは現行憲法の否定者である。

二〇一二年十二月には都議を辞任して東京二十区から、日本維新の会の公認候補として衆議院選に出馬するも落選。翌年、日本維新の会から都議選に臨むが再び落選して、政治家のバッジを失い議員秘書に舞い戻る。同年には、アントニオ猪木議員の政策秘書になったが、一年も続かなかった。

二〇一六年夏、そんな無職の状態にあった野田に小池は声をかけ、都知事選の選挙対策本部長を任せ、圧勝したのである。永田町を回遊していた彼の人生は劇的に変わった。小池が都知事になると特別秘書に任命された。年齢にも経歴にも似合わぬ地位を手に入れた彼は小池の威を借りて権勢をふるうようになり、気に入らないマスコミ報道には、容赦なく横やりを入れた。

特別秘書の給与や待遇が、どのようなものであるのか。メディアは情報開示を求めたが出された文書は当初、黒塗りにされていた。だが、「小池都政は情報公開を『都政改革の一丁目一番地』と言いながら、これは何なのか」と批判され、ようやく都議選後に公開する。

それにより野田に都税から支払われる年収は一千四百万円。運転手つきの公用車まで与えられていることがわかった。この給与額は都庁では局長クラスに匹敵する。

小池は、自分の知事給与を半額にすると公約し、確かに実行した。だが、一方では特別秘書に野田を任命し、その野田に、都民ファーストの会代表や、希望の塾の運営をまかせた。本来、そうした仕事をする彼の給与は、都税から支払われるべきではないだろう。あるいは、特別秘書ならば、そうした仕事を兼任するべきではないと思うが、そうした議論は一度もなされなかった。

希望の塾で入塾者約四千人から集めた金は一億六千八百八十一万円。だが、受講者からは、「内容があまりに薄い」、「資金集めに利用されたのか」といった不満の声が噴出していた。翌年の収支報告書では塾の運営に一億円以上かかったと記されている。だが、運営に携わった都議のひとり、音喜多駿は、「それだけの金額が塾運営にかけられたとは、どうしても思えない」と語っている。

都議選では、野田が都民ファーストの会の公認権を一手に握った。気に入らない都議には公認権をちらつかせて高圧的な態度を取ったという。

夜の豪遊ぶりは、つとに知られている。

キャバクラやショーパブ好きで、特別秘書になってからも足しげく通っていた。そのハレンチな豪遊ぶりを『週刊ポスト』(二〇一七年六月二日号)が写真入りで報じている。

記事によれば、ある店では、バケツに入れたチップを摑むとポールダンスをする女性のビキニの中に素手で押し込んでいたという。女性たちは気前のいい野田の前に列をつくる。ブラジャーを外すと野田は喜んで、「ウオー」と雄たけびを上げる。

店が終わるまで粘り、ダンサーの外国人女性と腕を絡ませて歩き、タクシーに乗る。それが深夜二時過ぎ。この日、彼と連れ立っていたのは民進党から都民ファーストの会への移籍を望む都議たちであった。公認が欲しかったのだろう。野田を知る女性都議は、怒りを滲ませて、こう語る。

「小池さんが、本気で女性活躍を考えているとは思えない。『政治に新しい風を』、『女性の登用を』、『脱オッサン政治』と盛んに言っていますが、側近にしている野田さんは、まさに『オッサン』そのものじゃないですか。ふんぞり返って、えばって、恫喝《どうかつ》して。キャバクラ通いのお金はどこから出ているのか考えて欲しい。都議選の時も公認権を握って、気に入らないことがあると公認を取り消すと脅していた。選挙では『キレイどころをそろえた』と女性候補者のことをいう。女性蔑視そのものじゃないですか」

野田を嫌悪する人はマスコミ関係者にも多い。少しでも気に入らない報道があると、絡んでくるからだ。

「もう映像を貸さない、だとか、二度と小池にインタビューさせないぞ、だとか、平気で口にする。でも、とにかく小池人気が高かったから、皆、野田にペコペコしていました」

結果として小池礼賛の報道となる。新聞記者のひとりは、こう語った。

「結局、二十五年近く国会議員をしてきて、若狭さんみたいな頼りない政治家未満の人と、野田みたいなチンピラしか小池さんの傍にはいない。彼ら二人にしたって都知事になりそうだから寄ってきただけで、利害で結ばれているだけ。同志じゃない。小池さんには仲間がいない。長く付き合っている人がいない。しがらみがない、孤高だ、という話じゃないんです。自分が目立つことだけを考えて、人を利用してきた結果ですよ。人望がない」

小池は野田の他に、もうひとり女性を特別秘書に任命している。元読売新聞記者の宮地美《みやちみ》陽子《よこ》である。やはり一九七六年生まれと若く、三十九歳での就任だった。

都知事選を参謀として支えていた野田と違って宮地の名を知る人は、ほとんどいなかった。都庁記者クラブでの定例記者会見でこの人事を発表する際、小池は、「彼女は皆さま方の同僚で今後、記者クラブとの接点になります」と語ったが、その後も宮地が前面に出てくることはなく、存在感は薄い。

小池と親しいのは、むしろ宮地の夫である元産経新聞記者の尾崎良樹であり、彼の知恵を借りるために、その妻を登用した、もしくは女性活用のイメージづくりのために、どうしても女性を特別秘書に起用する必要があり、尾崎の妻を急遽、抜擢したのではないか、と週刊誌では報じられた。

産経新聞は小池の就任後、一貫して好意的な報道が目立つ。その傾向は同系列のフジテレビにも強く見られる。もともと都庁との関係が深いと言われ、「お台場周辺の土地を押えているフジテレビは都によるお台場でのＩＲ（統合型リゾート）事業の推進を期待しているため小池に配慮しているのではないか」とも噂されている。

就任後もめぼしい働きの見えてこない宮地であったが、そんな彼女が二〇一七年六月、唐突に著書を出版する。タイトルは『小池百合子「人を動かす100の言葉」』。著者名として長々と「東京都知事政務担当特別秘書　宮地美陽子」とある。

帯に躍る「理想のリーダーに近づきたい人に贈る」という言葉からも窺《うかが》えるように、あからさまな礼賛本であり、翌月の都議選を意識して出版されたことは明らかだった。

右ページに小池が過去に口にした言葉が、「小池語録」として大文字で紹介され、左ページに宮地による「小池語録」の解釈が載っている。例えば、「小池語録1」として大文字で紹介される語録は、「チャンスは待っていてもやって来ない。自分から求め、チャレンジしていくしかない」で、宮地はこう解説する。

「小池知事はよく『キャリアのステップアップを実現してきた秘訣は』と問われます。キャスター、参院議員、衆院議員、そして東京都知事。それぞれの転換点を、知事はどのように好機にしてきたのか。（中略）知事は転換点を『待つ』のではなく、自ら好機を迎えるように『しむける』のだそうです」

こうした仕事をする特別秘書の給与は、血税から払われるべきなのか。

この本の出版元はプレジデント社である。同社には小池の元秘書が編集幹部におり、小池との距離が非常に近い。都知事選挙戦の最中に学歴詐称の噂を、小池自らが否定するインタビュー記事が掲載されたのも、『プレジデント』（二〇一六年八月十五日号）であり、都知事になった人気絶頂の小池が、まっ先にエッセイを連載したのも『プレジデント』である。

築地女将たちの怒り

都民ファーストの会が圧勝して、都議の顔ぶれは様変わりした。自民党都議の大半が落選。都議会は小池カラーに染められた。もはや反対勢力は存在しない。小池を支持した人々は、ここから小池の力量が遺憾なく発揮されるものと期待していた。

築地で働く女性たちの集まり「築地女将さん会」のメンバーも、そう信じて疑わなかったという。小池は都議選の前、「築地は守る、豊洲を活かす」と方針を打ち出し、築地に市場機能を残し二つの市場を運営すると明言した。

築地と豊洲をどうやって併用していくつもりなのか。具体的な説明が欲しい。だが、いくら要請しても小池は、築地に説明に来なかった。

都議選の直前、「これから何度でも築地に足を運んでご説明する」と語っていたというのに。仕方なく「築地女将さん会」は都知事に質問状を送ったが、それにすら回答がなかった。まるで、石原が一年前、小池から求められた公開ヒアリングを無視し、送られてきた質問状が「ゼロ回答だった」のと同じように。

八月十日の記者会見では毎日新聞の記者が、こう迫った。

「知事が公表した豊洲と築地と両方に市場機能を残す方針について、財源や運営費などを検討した記録が都に残っていない、ということが毎日新聞の情報公開請求で明らかになりました。最終判断が知事と顧問団による密室で下された。情報公開という知事の方針に逆行するんじゃないか、という指摘もあります。どう思われますか」

的を射た質問で記者会見場には緊張が走った。記者たちは耳を澄ませて小池の返答を待った。すると、それを十分に意識した上で、小池はにこやかに、こう答えた。

「情報というか文書が不在であると。それ（その理由）はＡＩだからです」

記者たちは意味がわからず無反応だった。すると小池は嬉しそうに、こう続けた。

「いくら金目がかかるかということについては関係局長が集まった会議ですでに、Ａ案、Ｂ案、Ｃ案、Ｄ案と各種の数字が出てきております。よって試算についてはすでに公表されているものがあります。最後の決めはどうかというと、人工知能です」

小池は戸惑う記者たちを見て嬉しそうに、さらに続けた。

「人工知能というのは、つまりは政策決定者である私が決めた、ということでございます。将来、回想録に残すことはできるかと思っておりますが、その最後の決定ということについては文章として残してはおりません。政策判断という、一言でいえばそういうことでございます」

築地で働く女性たちは、この会見をネット配信で見て、小池の軽薄さに怒りを覚えた。生活がかかっているのだ。家族の健康がかかっているのだ。都知事は卸売市場の機能を理解していないのではないか。移転問題を真剣に考えたことはなく、ただ、政敵を攻撃するための道具として利用しているだけで、明確な計画も考えもないのか。

「私たちは最初、小池さんを応援していたんです。豊洲移転を立ち止まって考えてくれたから。でも、途中から失望した。裏切られたと思いました」

そう語るのは「築地女将さん会」代表の山口タイさんである。「築地女将さん会」は移転に反対する立場を取る築地で働く女性たちが集まり、二〇一七年一月に結成された。山口さんが回想する。

「小池さんは『ジャンヌ・ダルクになる』、『崖から飛び降りる』といって都知事選に出た。私たち全員、応援したんです。それまでは移転反対と言いたくても言えなかった。夫や息子たちに任せていたら、いつの間にか豊洲移転が決まってしまって。それでいて男の人たちも豊洲に行きたくない、不安だって蔭では言ってた。嫌だけど、業界のしがらみや上下関係があって意見を口にできないんだって。小池知事になって土壌汚染のひどさや、維持費が年間百億かかることがわかった。それで私たち女が結束して本音を言おう、移転反対を訴えようとなったわけです」

当時の小池は環境汚染を軽く見る専門家の意見には共感できないと語っていた。

「築地女将さん会」のメンバーのひとりは、こう振り返る。

「小池さんは環境大臣もしているから、さすがだって思ってた。女性だから正義感が強くて男の人と違って欲や利権に流されないんだろうって。移転を延期して汚染の実態を暴き、築地再整備案を示してくれた時は、本当にジャンヌ・ダルクだと思った。専門家が、『汚染されているのは地下だけ、地上は安心』なんて言うけれど信じられない。地下水は気化するものでしょ」

汚染された土地を高額で購入し、整備費に六千億円をかけ、八百億円以上の費用をかけて汚染除去をしたが、無害化はできなかった。その問題に小池が切り込んでくれたと喜び応援したのだ。だが、都議選の前後から、「築地女将さん会」のメンバーは小池の言葉と言動に少しずつ違和感を覚えるようになる。山口さんがいう。

「小池さんが都議選前の記者会見で『築地は守る、豊洲を活かす』と言った後に、『築地にも市場を残して、例えば食のテーマパークなど……』というのを聞いて、私は『えっ？ 食のテーマパーク？』と思いました。私たちは見世物をしているわけじゃない。市場というのはプロが集まる真剣な売り買いの場なんです。観光用に魚を扱っているわけじゃない。それがわかっていないのかな、と思いました。でも、あの時は築地にも市場を残す、五年後に築地に戻りたい人は戻れる、とも言ってくれたから、まだ信じたいと思った。だから都議選でも、私は都民ファーストの会を応援したんです。それなのに選挙後に何の説明もなくて。その上、『ＡＩ』って」

小池は都議選直前の六月十七日、一度だけ築地市場に足を運んでいる。

集められた仲卸業者を前に、小池は豊洲の汚染が酷かったため移転中止の決断をした、無害化できない状況を申し訳なく思っている、と述べて頭を深々と下げた。移転を中止したまま、結論を出さずにいる小池に対して、仲卸業者は不満を募らせており、小池が頭を下げても部屋の空気は冷ややかだった。

その後、豊洲への移転反対派、賛成派、双方の仲卸業者が意見を述べた。小池は大きく頷きながら、熱心にメモを取りつつ聞き入った。

ひととおり仲卸業者の意見を聞き終えると、小池は立ち上がりスピーチを始めた。すると、会場の空気は一転した。美声で感情たっぷりに、築地への愛を切々と訴えたからである。

「皆さんに何よりもお伝えしたいのは、この築地という、世界にも稀に見るブランド力のある築地は皆さん自身が培《つちか》ってこられた目利きの力であり、ここに来る間に貼られていたポスターにも書かれていましたが、『築地市場の心意気だ』と。本当にそうだと思います。それによって築地の歴史が作られてきた。その歴史をあっという間に消し去るなんて、私にはできない！」

会場は静まりかえった。目利きの力と心意気が作った築地の伝統を壊したくないと語る都知事に皆、胸打たれていた。

「だからこそ、皆さんの声を直接伺って、どうすることがいいのか。お詫びに加えて、皆さんのご意見を伺いたい、というのが今日の私の趣旨でありました。場合によっては頻繁にここに伺ってもいいと思っております。この築地という東京の宝、それをいかに守って継続して、発展させていくのか、ここは皆さんと知恵を出し合いたいと思っているんですよ」

移転賛成派も反対派も一様に都知事のスピーチに感激し、拍手が起こった。さらに小池は、一瞬、口ごもると、言いにくそうにある話を切り出した。

「ここで、こういうことを言うのが、ふさわしいのかわかりませんが……」

逡巡してから、彼女は突然、自分の秘密を打ち明け始める。それは自分が留学していた時、母親が来てカイロで日本料理屋に入って憤慨し、自分が本物の日本料理店を作るんだと言い出したという例の「物語」だった。

「一主婦がエジプトの地で日本料理店、始めたんですよ。で、実は私、母から『たらこ』を何箱、買ってこいとか、ファックスが入ると、このへんうろうろして。いい蒲鉾《かまぼこ》はどこで売っているかとか、タヌキそばのタヌキはどこで売ってるか、とか、実は結構、詳しいんです。本当に母の店は小さな店でしたけれど、やはり、これは築地からです、というとお客様が『オー』といって喜んで下さる」

都会的で遠く離れたところにいるように見えた都知事が自分たちの仲間だったとは。料理屋の娘で築地の買い出し人だったとわかり、会場の人々は感激していた。

「築地には私、大変にお世話になったんです。今日、私、ここに来て良かったって思ってます。総合的にAかBという観点だけでなくて、この築地のブランドをどう守っていくか、築地から育まれるからこそ出てくるブランド力があるじゃないですか！　今日は直接、こうやって伺うことが、どんなに重要かわかりました。これからもっともっと築地の、この市場のほうにも私、足を運ばせて頂きますのでよろしくお願いします！」

会見開始時の小池に対する仲卸業者の冷ややかな態度は、もうどこにも見られなかった。

小池の言葉に感動して、涙ぐむ人までいた。小池は心から築地を愛し、守ろうとしているのだと皆、思った。会場を後にする小池には、「頑張って」の掛け声と大きな拍手が送られた。

この日、会場で小池の説明を聞いた仲卸業の女性は、感激のあまり小池の後姿を追いかけた。声援を直接、届けたいと思ったからだ。

都庁職員に囲まれて車に乗り込もうとする小池に、ようやく追いついた。息を切らしながら、その高齢の女性は必死で訴えた。

「小池さん、感動しました。都議選、応援します！　負けないで築地を守ってくださいね。私たち小池さんのことをジャンヌ・ダルクだと思ってます。ジャンヌ・ダルクになってくださいね」

笑顔で「任せておいて」と言ってくれるものだと女性は思い込んでいた。だが、小池から返ってきた言葉は、まったく予想外のものだった。笑顔で小池は言った。

「ジャンヌ・ダルクはね、火あぶりになるからイヤ」

女性は自分が何を言われたのかわからなかった。その時、周囲にテレビカメラはなく報道陣もいなかった。

小池はこの築地訪問の直後、記者会見で、「築地は守る、豊洲を活かす」と打ち出して移転賛成派と反対派、双方の票を得て都議選を圧勝する。

安倍との微妙な関係

安倍政権は二〇一七年二月を境として大きく揺らぎ続けていた。森友問題、加計《かけ》問題が国会で厳しく追及され、防衛大臣に起用された稲田朋美の存在も追い打ちをかけていた。

政治家として経歴の浅い彼女が突然、防衛大臣に抜擢されたのは小池が都知事になった直後の二〇一六年八月三日である。

都知事選の最中、小池は何度となく、「女性初の防衛大臣」、「任命してくれたのは安倍総理」だと自分の経歴を誇らしげに語った。安倍はこうした小池の発言を不快に思い、その記録を上書きしたいと考えて、寵愛する稲田を防衛大臣に起用したのだろうか。だが、この人事が政権のアキレス腱となる。

稲田は小池同様、最高権力者の庇護を受けて、政界の階段を三段飛ばしで駆け上がった。小池ほどの野心家ではなかったが、同じように実力が欠けていた。

小池がアラビア語の絵付をした茶碗を、アメリカ訪問にあたって手土産にしたように、稲田は自分の顔写真がプリントされた包み紙で一つ一つをラッピングしたチロルチョコレートの詰め合わせを、二〇一七年二月に来日したマティス国防長官にプレゼントし、相手を啞然とさせる。

六月にシンガポールで行われた安全保障会議では、フランスとオーストラリアの防衛担当大臣が自分と同じく女性であることを取り上げ、英語で「見ていただいたらわかるように、私たちは、同じ性別で、同じ世代で、同じようにグッドルッキング（容姿が美しい）」とスピーチして顰蹙《ひんしゅく》を買った。小池がライス国務長官の横で、「私をどうぞマダム寿司と呼んでください」と語った姿に重なる。

稲田は国会での答弁が二転三転して、野党から集中的に攻撃され、就任から約一年後の二〇一七年七月二十八日、辞任へと追い込まれた。

安倍と小池の関係は傍目にはわかりづらいものがあった。

都知事になった直後の二〇一六年八月四日、小池は安倍に就任の挨拶をするため、首相官邸を訪れた。マスコミが殺到した。小池は笑顔を浮かべて安倍と握手をした。

「都知事選では自民党も小池さんに、きつい一本を取られました」

あとは、一見、和やかに会話が進んでいった。

年明けの二〇一七年一月十日。小池は年始の挨拶に官邸を訪問。安倍に身体を寄せると無言で背広の襟《えり》を取り、戸惑う総理をよそに、五輪バッジをつけた。

テレビでこの場面が中継された時、男性タレントが「銀座のママみたいだ」と小池を評した。安倍は胸のバッジを、その後、すぐに外したという。

都知事選で自民党は元官僚の増田寛也を立て、無所属の小池と徹底して戦った。だが、安倍自身はこの選挙戦に関与せず、増田の応援に一度も立たなかった。負けるとわかっていたからであろうし、小池人気があまりにも高かったため関わりたくなかったのだろう。応援した相手が敗れては総理の看板にキズがつく。

小池もまた、自民党本体とは良好な関係であろうとしていた。

「小池さんは安倍さんには『東京都連と戦っているだけで、安倍さんに反旗を翻《ひるがえ》すつもりはない』というような発言をしていたようです。都知事になってからも、安倍さんの携帯に甘い声で電話をかけてくる。安倍さんは周囲に『あのすり寄り方はすごいよね』と言っていた」（政治評論家）

「安倍さんは胸にバッジをつけられたのは不快だったようです。小池さんらしい振る舞いですが、安倍さんはそういうことをされても嬉しくはない。そもそも小池さんのことが苦手なんです」（週刊誌記者）

小池は自民党都連はもとより、都議のことなど眼にも入っていなかった。自分は常に政党の中心にいた、今もトップと近いという自負があり、都連といくらぶつかったところで怖くもなかった。自民党の大御所、二階俊博幹事長との親密さを見せつけることで自民党都連を牽制《けんせい》した。日本はタテ社会である。組織のトップとつながり下を掌握するという彼女の処世術がここでも発揮された。

希望の党から総理を狙う

安倍が森友、加計問題で凋落《ちょうらく》するに従い、メディアは「小池総理待望論」を盛り上げていった。ポスト安倍の最有力候補は小池である、と。小池自身が誰よりも、そう思っていたのではないだろうか。総理の座はそこにあり手を伸ばせば届く、と。

だからこそ都議選後、小池はすばやく動いたのだろう。都民ファーストの会の国政版「日本ファーストの会」を立ち上げると側近の若狭勝に代表を任せた。さらに若狭は、希望の塾の国政版「輝照塾《きしょう》」を創設し、「塾生から次の衆議院選の立候補者を選びたい」と発表した。つまりは小池が若狭を使いつつ、国政新党の結成に動き出したのである。すると、すぐさま細野豪志が民進党を離党して、ここに加わった。

都議選で都民ファーストの会に惨敗した責任をとり、民進党は蓮舫代表が辞任。代表選が行われ九月一日、前原誠司が選ばれると、彼は党の人気回復の起爆剤として幹事長に山尾志《し》桜《お》里《り》を抜擢すると発表した。

山尾は一九七四年生まれ。まだ四十三歳だったが元検事で法律に明るく、容貌も華やかでリベラル層を中心として非常に人気が高かった。子どもを持つ母親であることを前面に出し、国会では若い女性がブログに書いた「保育園落ちた日本死ね」という文句を披露しながら待機児童問題を安倍総理に厳しく迫り、一躍、民進党の新しいヒロインとなっていた。

小池百合子に山尾志桜里。

安倍政権にとって世論を味方につけた、ふたりの女性はそれぞれに脅威であった。

いつ解散を打つかわからないという微妙な空気が流れる中で、九月七日、ある出来事が起こった。山尾の異性スキャンダルが『週刊文春』に報じられたのだ。

山尾の幹事長内定は取り消され、前原の任命責任までが問われることになり、民進党は大混乱に陥った。これを見て素早く動いたのは官邸だった。

先に延ばせば小池新党が結成され勢いづいてしまう。総理は十七日に、「二十八日の臨時国会の冒頭に解散する」と決め、翌日の新聞各紙が一斉にこれを報じた。

野党は解散の大義がないと強く反発したが流れは変えようもない。民進党、共産党の党首と並んで、日本ファーストの会代表として若狭がインタビューに応じたが、あまりにも不慣れで頼りなく、取材をした記者たちの評判は芳しくなかった。

安倍は二十五日の午後六時には、総理記者会見で正式に解散を表明する運びとなっていた。先手を打ったつもりだった。

ところが、思いがけない反撃にあう。突然、小池が都庁で二時半から臨時記者会見を開き、「国政新党　希望の党」と書かれたボードを掲げ、高らかに新党結党を宣言したのだ。

「この度、『希望の党』を立ち上げたいと存じます。これまで若狭さん、細野さんをはじめとする方々が議論をしてきたけれど、リセットして私自身が立ち上げるということで、直接、絡んでいきたい」

若狭や細野に任せてきたが、都知事をしながら自分が先頭に立ち、新党の代表として選挙を戦うというのである。永田町には激震が走り日本中が揺れた。六時から行われた首相の記者会見は、すっかりかすんでしまった。

翌日の新聞一面では、安倍の扱いがやや大きかったものの、テレビ報道は真逆となった。

すべて小池で埋め尽くされ、ワイドショーの話題を独占。「リセット」の言葉とともに希望の党が宣伝された。小池劇場の幕が再び上がったのだ。都議選から三カ月も経たぬうちに。

朝から晩まで小池の動きが報道された。自民党の反安倍分子といわれる野田聖子や石破茂が合流して、第二自民党的な政党が誕生するのではないか、いや、野党再編が進むのではないかと年配の政治記者たちは色めき立ち、「日本新党結成時以来の興奮」、「数十年ぶりの大事件」、「小池新党で女性初の総理誕生だ」と打ち騒いだ。

永田町を、日本を、女ひとりが、かき回していた。あっぱれだと言う人もあれば、批判の声も一方にはあった。

都知事になって、まだ一年と少し。「東京から日本を変えるほうが改革の早道」だと思ったから都知事になったと語り、その次には、「思うような都政をするには都議会を制する必要がある」と述べて、都民ファーストの会を立ち上げ勝利したばかりである。

もう都議会に邪魔する勢力はなくなったのだから、ここから自分のしたい、するべき都政を存分にするべきである。それなのに小池は「思うような都政をするには、国政を変える必要がある」と語って、国政新党を立ち上げる言い訳とした。だが、誰の耳にも、それは詭弁と聞こえ都民の全面的な共感は得られなかった。彼女はただ、上を目指しているだけで、理由は後からつけられる。都知事になったなら、次は総理に。都知事として、政治家として、何かをなしたいわけではない。政治家として、より上の地位に就きたいだけなのだ。

ならば、いっそ都知事の座は誰かに譲って、潔く新党の党首として堂々と衆議院選に出馬すべきだ、という意見もあった。都政に専念すべきという意見と割れた。

小池は一年前の都知事選ではアベノミクスを礼賛し、「東京でアベノミクスをより強く実践するために都知事になりたい」と語った。その後も、表向きは安倍に恭順さを示してきた。ところが、希望の党を立ち上げるや、豹変《ひょうへん》する。「日本の経済はよくなっていない」と述べて、アベノミクスを痛烈に批判し、反安倍姿勢を鮮明にしたのだ。

一方、民進党は混乱を極めていた。山尾スキャンダルで揺れる中での解散。前原代表は散々に批判された。細野の後を追い、勢いのある希望の党へ鞍替えしたいと動き出す議員も後を絶たなかった。野党で、どう共闘するのか、希望の党と、どういった関係を結ぶのか。幹部の意見は割れていた。

そうした中で二十六日夜、前原は秘密裏に小池に会いにいく。前原も日本新党の出身である。話ができる仲だという自負と驕りがあったのだろう。山尾を起用しようとした失点を、取り戻したいという焦りもあったのだろう。

翌日の二十七日午前、希望の党は結党記者会見を、都内のホテルで行った。メディアが殺到した。その会見は小池の意向が存分に反映された、小池による、小池のためのものだった。あるPR会社が会場を仕切っていた。

壇上には空席の椅子が二列あり、結党メンバーの面々が登壇すると、それぞれ椅子に着座していった。若狭と細野は前列中央に、空席をひとつ挟んで腰かけた。結党メンバー全十四人が着座したが、中央の椅子だけが空いている。十四人の顔ぶれをみると、十二人までがネクタイを締めた男性で、女性は保守政党「日本のこころ」に所属しタカ派として知られる中山恭子と、行田《こうだ》邦子だけだった。

会場に突然、「コツーン、コツーン」という音が大音量で響いた。演出を何も聞かされていなかったのだろう。前列の若狭でさえ落ち着きなく会場の左右を見回した。すると、巨大なモニターに動画が映し出された。

暗闇の中を靴音高く歩く女性。緑のスーツに白いハイヒールという装いは、小池を彷彿とさせる。「煙草を吸う男」や「白髪頭のオジサン」が女性に向かって、「歯向かう気か」、「組織なめんなよ」、「変えられると困るんだよ」と罵声を浴びせる。「既得権」、「隠蔽体質」、「組織の圧力」、「進まぬ政治」の文字。光に向かって歩む女性の後には、いつのまにかスーツを着た凛々しい若い男性たちが連なっていく。「さらば、しがらみ政治」の文字が浮かぶ。

動画が終わると司会者が声高らかに告げた。

「希望の党代表、小池百合子が登壇いたします！」

首に緑のスカーフを結んだ小池が現れると、壇上の十四人は拍手して迎え、彼女は中央の空席に着座した。動画と同じく、彼女の周囲を囲むのは彼女よりも若い男性たちであった。

マイクを握ると小池は流れるように話し始めた。

「しがらみのない政治。そして大胆な改革を築いていく新しい政治。まさに日本をリセットするために、この希望の党を立ち上げます。リセットするからこそしがらみがない、いえ、しがらみがないから、リセットができる。今この時期に日本をリセットしなければ、国際間競争、また日本の安全保障等々、十分、守り切れないのではないか、そんな仲間が集まりました。日本にはありとあらゆるものがあります。でも、日本には今、希望が足りない。寛容な、そして改革の精神に燃えた、保守、新しい政党です」

彼女のスピーチは八分間に及んだ。その間、周囲の男たちは何もすることなく、ただ畏《かしこ》まって座っていた。

午後のワイドショーはどのチャンネルも、この結党記者会見の話題で埋め尽くされた。そこへ、さらに民進党と希望の党が合流し、ひとつの党になるという信じ難い速報がもたらされ、ワイドショーは騒然となった。永田町では今度は自民党が慌てる番だった。党員たちはうろたえ、森友、加計問題で揺れる中で解散を決めた安倍を、「判断ミス」、「政権交代の可能性が生まれたじゃないか」と口々に批判し始めた。

「安倍は倒される、小池が攻め込んでくる」。都知事選で自民党都連が味わった恐怖を、今度は自民党本体が、官邸が、安倍が味わうことになったのだ。

翌二十八日、民進党の前原代表は、両院議員総会で希望の党への合流を正式に発表し、了承された。全員が民進党を離党して希望の党に入党する、全員で希望の党に行くのだ、と前原は強調した。

「政権交代を実現する大きなプラットフォームを我々が作る。名を捨てて実を取る決断にご理解を頂きたい」

民進党を潰してでも、ひとつの大きな塊を作らなくては安倍政権をとても倒せない、勢いのある希望の党に、自分たちを吸収させる、苦渋の決断だという説明には、それなりの説得力があった。

ところが、この前原発言を受けて、小池のもとにコメントを求めて走った記者たちは、狐につままれたようになる。小池にこう言われたからだ。

「民進党と合流、という認識はない。希望の党に希望して入党するかだ」

「安保法制に賛成しなかった人はアプライ（志願）してこないと思う」

「全員を受け入れる気はない。憲法観や安全保障で考えの一致しない方には、ご遠慮いただく」

前原の説明と食い違う。いったい、どういうことなのか。どちらの言い分が正しいのか。前原と小池の間で、了解事項に誤解があったのか。それとも、どちらかが約束を一方的に破ったのか。翌日、さらに小池はこう言い放った。

「様々な観点から絞り込みをしていきたい。全員を受け入れる、ということは、さらさらありません」

さらさら、という言葉にことさら力がこもっていた。この場面が何度となくテレビで放映され民進党議員たちは啞然とした。

なぜ、小池にこんなにも威丈高な態度を取られなければならないのか。何よりも憲法改正や安全保障に反対するリベラル派は拒否するという発言を聞いて、民進党議員たちは混乱した。「公認が得られなければ、死ねと言われるのと一緒だ」と訴える党員もいた。

なぜ、こんな齟齬が生じたのか。誰にもわからず、また、説明もなかった。

「排除」発言

毎週金曜日の午後二時、東京都庁では記者クラブ主催の都庁記者会見が行われる。冒頭で小池が長々と話し、続いて記者クラブに加入する幹事社の記者が代表質問をする。その後に各記者が挙手するが、自分に好意的な大手新聞社やテレビ局の記者を好んで小池は指名し、雑誌社やフリーランス記者は挙手しても、まず当てられることがない。

パソコンを一心不乱に叩く若い記者たちの中で、フリージャーナリストの横田一《はじめ》は異質の存在だった。年齢も六十歳近く、ノーネクタイで薄く茶色がかったサングラスをしており、いかにも一昔前の社会派ルポライター然としている。横田は毎回、熱心に挙手するが厳しい質問をするので小池に好かれず、当てられることはほとんどなかった。

まれに機会を得ると、大手新聞の若手記者たちからは冷笑がもれた。簡潔に理路整然と語ることができず、長々と自説を訴えがちだったからだ。左派的な立場に立つ横田を小池もエリート記者たちも蔑み、からかう空気が記者会見場には前から漂っていた。

二十九日の記者会見でも、横田はしつこく手を挙げた。その日、小池がお気に入りの記者に続いて、粘って手を挙げる横田を指したのは、気分があまりにも高揚していたからだろうか。小池が横田を指名すると、それだけで会場には笑いが起こった。横田は気にせず勢い込んで、質問をぶつけた。

「前原代表が昨日、述べた、『公認申請すれば排除されない』ということについて。小池知事・代表は、安保、改憲で一致しない人は公認しない、と。（小池知事は）前原代表を騙したのでしょうか。共謀してリベラル派大量虐殺、公認拒否（を企てた）とも言われているのですが」

そこまで耳にすると小池は壇上で、笑いをこらえる仕草をした。会場の記者からもバカにするような笑いがもれた。この嘲笑が誘い水となったのだろう。小池は余裕たっぷりに笑みを浮かべると、横田の質問に少しイラついた様子で返答した。

「前原代表がどういう発言をしたのか承知を致しておりませんが、『排除されない』、ということはございませんで、排除いたします」

小池には相手が使った言葉の一部を盗《と》る、口調を真似て相手をからかうという癖がある。この時も横田が「排除」という言葉を使ったため、それを使って切り返し、自分の優位性を見せつけようとしたのだろう。決して横田が引っ掛けるように質問したわけではない。彼女はテレビ界で切り返しを売り物にしてきたが、それが裏目に出た瞬間だった。

小池は、さらに続けた。

「取捨というか、絞らせていただきます。それは、安全保障、そして、憲法観といった根幹の部分で一致していることが政党としての、政党を構成する構成員としての必要最低条件ではないかと思っておりますので」

横田が重ねて尋ねた。

「ということは『打倒安倍政権』を甘い言葉にして、リベラル派大量虐殺、公認拒否・排除をしたということになりませんか。（綱領にある）寛容な保守であれば、ハト派からタカ派まで包み込まないのですか。そうしないと安倍政権を倒せないのではないですか」

横田が勢い込んで話し続けるのを聞いて、小池は吹き出し小ばかにした態度で、こう続けた。

「記者クラブは大変、多様性に富んでいるということは、これ（会見）で証明しているかと思います。とても寛容な記者クラブで有難く思っております」

記者たちはドッと笑い、小池は横田を無視して、次の記者を「ハイ」と指さした。記者たちは小池と一緒になって、横田を嘲笑し、次に指された記者は、まったく別の質問をした。

だが、この記者会見がすべてを変える。

テレビは一斉に小池が勝ち誇ったような笑みを浮かべて、「排除いたします」と答えるシーンを繰り返し放映した。傲慢だという印象が植え付けられ、追い風は、向かい風となった。彼女はテレビを味方につけ、テレビによって生み出された、テレビ社会を象徴する政治家の先駆けであった。だが、力の源泉としてきたテレビが初めて彼女の敵になる。

女性総理への道は、この一言で簡単に潰えた。

小池の排除発言を聞いて、民進党内では怒号が飛び交った。民進党は解党され、希望の党に行くしかない。それなのに、リベラル派は排除すると明言されたのだ。

小池に全員を受け入れるという約束を一方的に破棄されたのか、それとも横田が言うように、前原自身が民進党のリベラル派を小池と共謀して、政界から「虐殺」しようとしたのか。だが、説明を聞き検証する時間もないほど、選挙日は目前に迫っていた。

三十日には、出所不明の「排除リスト」が党内に出回った。無所属では、とても立候補できない。小池も希望の党も、「排除」発言以降は勢いを失っていたが、それでも希望の党の幹部にすり寄り命乞いをしなければ、議員でいられないと考える旧民進党議員は多かった。

混乱の中で、「排除」されると目された旧民進党リベラル派が十月三日、立憲民主党を結党し、枝野幸男が代表の座に就いた。

同三日の毎日新聞には細川護煕元首相の小池に対する厳しい批判が掲載された。

「安倍政権を倒すところまで行って欲しいと思った。けれど、小池さんは排除の論理を振りかざして、すっかり小賢《こざか》しくなってしまった」、「寛容な保守の名が泣く」

反安倍の旗頭となれるのは小池だけだと期待していただけに、細川の失望は深かった。

立憲民主党が同情を集める展開となり、小池は「高慢」、「冷淡」と批判された。

自民党都連と対決して都知事になった小池を、「リベラルな保守派」だと思い込んでいた有権者は、ここに至って小池のタカ派体質を知り、「騙されていた」と離れていった。

希望の党を「リセット」して率いると宣言した以上、「都知事を辞めて出馬しなければ無責任」だと責める声も日ごとに増した。

熱狂は急速に冷めていった。一時は右からも左からも支持されていたが、一転して、右からも左からも批判された。

民進党と希望の党の合流が霧散した結果、弱り切っていた自民党が息を吹き返し、人気者の小泉進次郎が小池批判の先頭に立った。

衆院が解散された直後に国会で囲み取材を受けると彼は小さく頷き、こう語った。

「小池さんには（衆議院選に）出て来ていただきたい。夢と希望を語る自民党、希望を語る希望の党。希望対決で、いいじゃないですか。小池さんには運動靴とヒールを使い分けるのではなく、わかりやすく一つの靴を履いて出てきてもらいたい」

都知事を辞めて衆議院選に出ろと挑発した。

自分がどう見られるかを過度に意識した表情のつくり方、話し方、決めゼリフの用意。彼は自分の魅力の振りまき方を知っていた。ルックスと声質の良さ、ゴロ合わせのような言葉づかい。ダジャレで人の気持ちを摑む。彼もまた、「小池百合子」だった。

小池の地元で彼は街頭演説に立った。中高年女性が殺到し、「進次郎さーん」と声援が飛ぶ中、彼はこぶしを振り上げた。

「小池百合子都知事は出ても無責任、出なくても無責任！　無責任のジレンマに陥っている。

責任対無責任の闘いです。私は小池さんに感謝している。小池さんのお蔭で真の希望とは何かを考えることができたから。今日は野党の批判はしません。批判をし始めたら、キリがないから」

観衆はどっと笑い、拍手が起こった。それは一年前に小池が受け取っていたものだった。

一方、小池は衆議院選への出馬を否定しつつも、含みのある言い方をし続けた。永田町では、「小池は心の底では衆議院への出馬を模索している」と言われていた。「都知事を辞めても出馬すべき」と世論調査で出たならば、彼女は間違いなく出馬したであろう。だが、失言の痛手もあり、風を読み切れず、迷い続けた。

十月五日の都議会最終日には、都知事辞職と衆議院選への出馬を発表するのではないかと噂され、記者たちが殺到した。しかし、小池からそのような発言はなかった。

だが、別の記者会見が注目を集めた。

小池を都知事選の前から支援してきた都議の音喜多駿と上田令子のふたりが、そろって会見に臨み、都民ファーストの会からの離党を表明したのだ。両氏は、人事、会計の不透明さ、所属都議の言論活動を制限しようとする体質を、離党の理由として挙げた。音喜多は会見で声を張り上げた。

「都民ファーストの運営は、いつ、だれが、どこで何を決めているのかわからない。都民ファーストの会こそがブラックボックスだ！」

人を信頼できないから縛ろうとし、駒として使い捨てにする、都知事でありながら都政に興味がない、政敵を倒す快感だけを求めている、地味な案件には興味が持てず、目立つところだけに注力する。テレビにばかり出たがる。そうした批判の声は都庁職員からも上がっていた。

公示日が近づき、恒例の記者会見が開かれた。日本記者クラブが主催した党首討論の場に小池は臨んだ。安倍晋三、山口那津男、枝野幸男、志位和夫、松井一郎らと並び、やはり紅一点だった。

濃い緑色の光沢あるスーツに完璧な化粧をして、結んだ口の両端をキュッと上げる。アヒル口の笑顔をつくって彼女は着座した。安倍総理に続いて、この選挙で一番、訴えたいことは何かと聞かれた小池は、澄んだ高い声で抑揚をつけ、こう語った。

「国民ファーストの政治で日本に希望を。社会保障、安全保障、様々な課題がございます。国民、ひとりひとりの皆さま方は、じゃあ、この選挙で私の人生どうなるの、ということを知りたいと思います。今、百歳生きる人生。そういう中において、例えば高齢者の方々には病院に行かずに大学にいけるような、そんな新しいパラダイムに変えていきたい。これから社会保障、ますますお金がかかりますが発想を変えましょう」

その後、進行役の記者たちが政策を聞くと、彼女は高齢者を大学に通わせれば、社会保障費が減る、という自説をさらに重ねた。

「学生数を抑制するのではなく、これからシニアの方、皆、六十五歳になってもお元気ですよ。大学でもう一度学びなおしたらどうですか、ということを申し上げている。それでシルバーパスを使うよりも、学割使ったほうが、皆さんプライド保てるではないですか。そして、社会の一員だということで帰属意識ができるじゃないですか。こういうことによって、病院に行くより大学に行きましょうということで、社会保障の費用を下げる。この発想の違い。これを主張したいと思います」

これが「女性初」という名誉ある称号を得て今に至り、総理大臣を目指そうとする人の言葉だった。

経済政策では、「アベノミクスにきめの細かい配慮を加えた、ユリノミクスを提唱する」と言い、自分は経済キャスターをしてきた、経済の専門家だと繰り返した。

新人女性たちを候補者に

その頃、立憲民主党ではなく、希望の党から出馬することになった元民進党議員たちの間では選択を誤ったという悲鳴が上がっていた。

希望の党は元民進党議員に、どこまでも高飛車だった。金やスタッフは自分で用意しろ、選挙区を移れと言われた議員までいた。それでいて希望の党の事務局は、誰が責任をもって統括し運営しているのかさえ、はっきりとしなかった。誰をどの選挙区から出すかという合意さえ、前原代表と小池との間で取り決められていなかったことを知り、愕然とした元党員も多かった。

若狭は自分が主宰する輝照塾の塾生を、元民進党議員よりも優先しようとした。だが、輝照塾は都議選後の九月に立ち上げたばかりで、開講から一カ月も経っていない。塾生はまだ、何の政治的訓練も受けていなかった。だが、元民主党議員の井戸まさえの著書『ドキュメント 候補者たちの闘争』によれば、若狭は、政治経験がある人はすべてしがらみがある。しがらみのない、ずぶの素人ほどいい。とりわけ女性がいいのだと言い張っていたという。

結局、小池と若狭が選んだ塾生三十名に、選挙区を優先的に与えることになった。そこを地盤としてきた旧民進党議員が、選挙区を移らされたと井戸。東京を選挙区としていた井戸も希望の党の幹部から、こう言われたと自著で明かしている。

「東京は小池がすべて取る（候補者を立てるの意味）と言っていますから、民進党系は無理ですよ。希望の党の候補者は『きれいどころ』を揃えてます。転区を希望するなら、喜んで紹介します。女性候補が足りないので」

東京の選挙区には、「きれいどころ」を立てるので、あなたはいらない。でも、東京以外の選挙区には女性候補者が必要なところもあるので、そこからなら出てもいい――。

これが小池の「女性政治家を増やしたい」という主張の内実なのだった。また、希望の党は候補者に、こうも述べたという。

「自分で風を起こそうとしなくていい。風は小池百合子が吹かす。普通の選挙戦をやろうと思うな。後日に三分間の原稿を送るからそれを丸暗記して選挙カーで演説して回ること、これだけでいい」

小池からは以下のような「檄《げき》」のファックスが入ったという。

「選挙初日、お疲れさまでした。初めて出馬された方、心細くはなっていませんか？　何回も選挙を経験しても、結果が出るまでは不安になるものです。しかしそれはみんな同じです。不安に負けず、精一杯努力した人が結果をつかみ取るのです。私たちには、全国に同志がいます。ひとりじゃない。希望の党みんなで戦っていることを忘れないでください。明日もがんばりましょう！　代表　小池百合子」

井戸は、この「檄」を見た時の思いを自著にこう記している。

「まるで、小学生に送るような文章だ。これが東京都知事の重責を担っている公党の代表による、国権の最高機関を目指す候補者に対しての『指令』であるという現実に、これまで自分が積み上げてきたものが崩れていくのを、多くの候補者が感じていた」

井戸によれば希望の党の新人は、供託金の約六百万円を自分で用意させられた。それだけでなく、約百万円を希望の党事務局に納めたという。選挙グッズの費用だと説明されたが送られてきたのは、薄っぺらな緑のタスキ一本だった、とも。さらに小池と一緒に選挙用のポスター写真を撮る際には、ひとり三万円を徴収された。

選挙を「希望の党　事務総長」の肩書で取り仕切ったのは、東京都知事特別秘書である宮地美陽子の夫で、元産経新聞記者の尾崎良樹だった。

とはいえ党本部は、ほとんど機能していなかったという。本部に電話がつながらず、若狭は携帯電話に出なくなり、怒った候補者が上京し、路上で若狭を待ち伏せたことさえあったと井戸は書いている。

誰もが、希望の党は大敗すると選挙中から察知していた。党首の小池自身も。負け戦には乗らない主義だが党首なので逃げだすわけにもいかない。小池は結局、都知事を降りて、党首として出馬することはしなかった。

選挙期間中、全国を回って応援演説をしたが、一年前のような熱狂はどこにもなく、テレビでの取り上げられ方も、まったく変わってしまった。

昨年と同じく最終日は池袋駅前を選び、腹心の若狭を応援した。「若狭は若い！　若狭は元気！」と連呼する若狭の横に立ち、小池はマイクを握ったが、その演説に人を惹きつけるものはなかった。

八時に終了すると、池袋から彼女はそのまま飛行場に向かい、パリ行きの飛行機に乗った。前々から公務として入れていた、地球環境問題に関するイベントに参加するためだった。だが、「党首なのに投開票日に日本にいないとは無責任」、「負けることがわかっているので敵前逃亡したのだろう」と、これも批判のタネにされた。

希望の党は二百三十五人を擁立したが当選者はわずか五十人。小池の側近、若狭でさえも落選した。

翌日、フランスのパリで大敗の報を受けた小池は、「私の発言が皆さんに不快な思いをさせてしまったということでは申し訳ないと思う」と述べる一方、現地で翌日に行われたキャロライン・ケネディ前駐日大使との対談では、「鉄の天井があることを改めて知った」と語った。女性が男性社会の中で何かを目指そうとしても、ガラスの天井があり阻まれる、日本の場合はガラスどころか、それが鉄でできている。今回の選挙結果が不当な女性差別による結果だとする、小池のこの発言には、女性たちが激しく反発した。

「選挙結果は小池党首への評価であって、彼女が女性であることとは関係がない。自分の責任を女性差別にすり替えないで欲しい」

衆議院選が終わると彼女は「都政に専念する」と述べ、希望の党代表の座をあっさりと降り旧民進党出身の玉木雄一郎に譲った。

塾生二百人を集め、「日本の政治を自分が変える。政治改革を目指す。塾生から国政に議員を送り出したい」と熱弁をふるった若狭も、「政界を引退する」と言い、テレビ界でタレント弁護士となる道を選んだ。仕事を辞め借金をしてまで出馬し、落選した若者たちは恨んでも恨みきれなかったことだろう。

国政へ戻る野望を打ち砕かれると、都知事の座に小池は初めて執着するようになった。小池を知る事業家は語る。

「民進党と希望の党をまとめて大きな政党を作る。でも、それでは自分が総理になれないと思ったんでしょう。それよりも小さな党を作って自分が党首になる。野党と自民党が拮抗《きっこう》したなら、自民党と組んで自分を首班指名させる。憲法改正には協力する。自公じゃなくて、自希でどうかと。あるいは野党連合を作るにしても自分を首班指名させる。彼女の中には日本新党で細川さんが総理に駆け上がった図があったんでしょう」

小池の野望によって、民進党は解体され、第一野党は影も形もなくなった。

「女性だからと信じてしまった」

小池は選挙が終わると今まで以上に露骨に自民党にすり寄っていった。二階俊博幹事長と密に連絡を取ることで、自民党都連と都議会自民党を牽制した。

国政に転じる機会を失った彼女は、今度こそ都知事として豊洲問題に向き合い決断しなければならなくなった。

移転延期を決めた際、小池は土壌汚染対策として三十五億円をかけて追加工事を行うことを決定。その結果を見て移転の決断をすると述べてきた。

二〇一八年夏、その追加工事がついに終わり七月三十日、環境検査の結果が公表された。ところが、やはり基準値の百七十倍というベンゼンが地下水から検出された。地下水の水位を海抜二メートル以下に保つという目標も達成できなかった。つまり追加工事をしても、汚染がひどく数値に変化はなかったのである。

小池は二年前、臨時記者会見を開いて豊洲の汚染数値の高さを理由に移転延期を決定した。さらにその後、築地と豊洲の併用論を打ち出した。豊洲は輸出向け食材の物流拠点とし、築地は今までどおり職人が店に出す食材を下駄ばきで買いに来る市場にする、と。また、豊洲への移転は無害化は無理でも、「環境基準のクリアなくして豊洲移転はしない」と明言した（『女性自身』二〇一七年七月十一日号）。それなのに、今回はこの数値を知りながら、都知事として農水省に移転許可の申請をするという。

矛盾しており、移転を延期した根拠が崩れてしまう。小池は「無害化はできないが移転する」と決め、さらに「無害化がそもそも無理な話」だと、無害化を移転の条件にした石原を強く責める発言をして、「環境基準のクリア」を移転の条件として明言した、自分の責任をごまかした。

延期すると決めた時は、あれだけの派手な記者会見を開いたというのに、今回は、堂々と知事として安全宣言をすることもせず、なるべく、この問題に触れられないようにと記者会見で語ることを極力、避けた。

マスコミもまた、無責任だった。二年前、小池が都知事になった直後は、あれだけ盛土がない、地下空間がない、土壌汚染がひどい、地下水の水位が高い、と大さわぎし、連日ワイドショーで取り上げて騒いだというのに、今回はまったく報道しようとしないのだ。


汚染されているから移転を中止した、それなのに、なぜ汚染値が下がらない中で、今回は移転すると判断したのか。その理由を説明して欲しいと「築地女将さん会」は声明を出して、都知事に問うた。だが、小池は一切、答えなかった。

二〇一八年八月三日の記者会見で、ようやく記者のひとりが小池に問うた。

「『築地女将さん会』は今回の移転（決定）の安全性を疑問視しています。都知事も女性の視点で、これまでは安全性を問題視していたと思う。女将さん会の女性たちの意見に対してどう思うか」

小池は、こう答えた。

「女将さん会、いつもご意見を頂いております。また、女将さん会のご主人方は一方で準備をされているようでもございますし、是非、皆さま方には、常に市場が安全なものであるという、そのために必要な様々な数値などもこれから引き続き公表して、そして、皆さま方のご納得を得られるように進めていきたいと思っております」

この発言を聞いて、「築地女将さん会」のメンバーのある人は泣き、ある人は憤った。

「悔しい……。鼻で笑われた」

女将さんたちは女であるがゆえに反対しているが、男である夫たちは賛成している。男には理屈が通じるが女は無知でわからないと、女性を見下す小池の姿勢が現れていた。

「築地女将さん会」の夫たちには圧力も加えられていた。都に営業権を取り上げられては、商売ができない。夫が妻を説得しようとして、夫婦関係がおかしくなってしまった家もあれば、妻が説得されて女将さん会から脱退するケースも続いた。「築地女将さん会」の仲卸業者の女性は、私に言った。

「女性だからと信じてしまった。共感してもらえると思った私たちがバカだった」

小池の「安全宣言」を受けて二〇一八年十月十一日に、豊洲新市場が開場された。小池が移転を延期したため予定よりも二年遅れての開場だった。

だが、オープンした豊洲の新市場は土壌汚染だけでなく、あまりにも多くの問題を抱えていた。魚を扱う水産棟と野菜や果物を扱う青果棟が離れすぎている。店舗の間口が狭い。駐車場が少なく料金が高い。エレベーターの故障、天井や床の陥没。建物の絶え間ない振動。完全な温度管理を謳ったコールドチェーンは、そもそも設計ミスで機能せず、換気が悪く、黒い塵が積もる。体調を崩す人が相次いだ。開場から半年間で少なくとも二名が事故で亡くなり、失明などの重傷者も出たが、都は公表せず、またマスコミも報じなかった。不便さから買い出し人の足は遠のき、築地では順調に商売をしていた仲卸が次々と廃業に追い込まれていった。スーパーや外国向けの加工品を専門にする大手仲卸だけが拡張した。それなのに豊洲グルメ、初売りのマグロに一億円超えといった、浮ついたニュースだけを報じられる。

その後も裏切りは続いた。

二〇一九年一月、小池は突然、築地市場の跡地を「国際会議場や展示場にする」と発表したのだ。「市場機能を築地にも残す。いったん、豊洲に移った仲卸の方々も五年後には戻れるようにお手伝いする」と都議選前に誓った約束は、どこにいってしまったのか。

都議会では自民党が、「考えが変わったなら、それをきちんと説明すべきだ」と迫ったが、小池は最後まで「考えが変わったわけではない」と笑いながらはぐらかし、かつて「市場機能を残す」と自らが発言した、事実すら認めようとしなかった。

「築地女将さん会」の女性たちは傍聴席で思わず叫んだ。

「嘘つき！」

会長の山口タイさんは小池を支援したことを悔いた。口を結び涙を浮かべる。
「女の人が嘘をつくなんて。私、思わなかった……」

小池は自民党に帰順するにあたり、築地を手土産にしたのではないか。築地を守ると語ったが、二階幹事長の推進するIRの候補地に差し出したのではないか、といった憤りの声が上がった。

問題の本質を無視して、豊洲市場の改善策も取られなかった。土曜だけ屋台のような店を出して観光客を集める「土曜マルシェ」、市川海老蔵と小池による豊洲市場での公開トークショー。そんなことを重ねたところで問題は少しも解決されない。客足は遠のき、目利きの仲卸業者は次々と廃業に追い込まれた。イベントやファッションにしか興味を持てない都知事に都庁全体が引きずられていく。

衆議院選に大敗してから、小池の周囲を固める側近たちの間にも変化が生じていた。

小池の側近中の側近として知られた野田数と小池の間が、どうもうまくいっていないようだ、という噂が盛んに流れた。

「都知事選、都議選は野田が選挙を仕切った。でも野田は小池が希望の党をつくって国政に乗り出すことには反対していたようです。だから、希望の党を事務方として仕切ったのは、もうひとりの特別秘書・宮地の夫で元産経新聞記者の尾崎だった。野田と宮地夫妻が対立していると、選挙中から囁かれていました」(週刊誌記者)

野田が小池から離反しようとしている。だが、実情を知られているので小池も簡単には切れないだろう、といった噂が流れる中で、その人事は唐突に発表された。二〇一九年三月末に行われた記者会見で、小池は述べた。

「長年、最初から私の特別秘書として活躍してくれた野田数さんでありますが、今月末をもって退任致しまして、監理団体である東京水道サービス株式会社、ＴＳＳの社長に推薦したいと考えております」

東京都が出資している都の外郭団体である同社の社長には代々、水道事業に詳しい都庁のＯＢが就任してきた。水道に対する知識もなく、行政経験もなく、さらにいえば社会人経験もない、政界を暗躍して「小池の弾除け」と自称する四十六歳の男が、都知事の鶴の一声で特別秘書から、今度は外郭団体に天下って社長になるというのだ。

小池が口封じのために高給の再就職先を用意したと批判の声が上がるのは当然だった。石原都知事が、自分の四男を都の芸術団体トーキョーワンダーサイトの外部アドバイザーに据えた時、記者会見でこの点を追及された石原は、四男の起用は、「余人をもって代えがたい才能があるからだ」と強弁し、世間に叩かれた。

小池もまた、都知事選の際、この件をあげて「石原さんから、私が都知事になったなら、猪瀬都知事が減らした『トーキョーワンダーサイト』の予算を元に戻して欲しいと頼まれた」と暴露し、石原に息子への利益供与の疑いがあると批判した。

小池が野田にしたことは、石原が息子にしたことと何ら変らない。いや、それ以上の問題人事であったろう。記者会見で記者に、「野田の社長就任は天下りではないのか」と問われると、小池は平然と答えた。

「天下りにはあたらないと思います。まさに適材適所で選んだ」

石原の「余人をもって代えがたいから四男を選んだ」という説明と、まるで一緒だった。石原の場合は血のつながりがある。野田と小池は血こそつながっていないものの、構図はまったく同じだ。野田の社長就任をさらに、小池はこう説明した。

「これまでとは違う流れの人（を選んだ）、水道ですから『流れを変えろ』というのは、ひとつの大きなポイント」

さすがに会見場にお追従笑いは起きなかったが、記者たちはおとなしくパソコンを打っていた。フリーランスや雑誌社の記者は、歯ぎしりをして見守るよりなかった。そのひとりである雑誌記者は、こんな感想をもらした。

「小池はポストとカネで野田の口をふさいだんですよ。自分の秘密を暴露されないように。自分のポケットマネーではなく天下り先を用意することで。大手メディアは都知事と仲良くすることしか考えていない。オリンピックがあるから余計そうなるのか」

不可解な不動産売買

野田は得るものを得て、離れていった。いや、離れてはいない。次の都知事選もまた彼が参謀を務めるのだろう。外郭団体の社長という座を守るために。

では、この人はどうなのか。小池の金庫番を自認する「従弟」、小池と同居する水田昌宏は。

野田も水田も同世代でともに一九七〇年代半ば生まれである。早稲田大学出身であるところも一緒だ。野田が特別秘書という役職を与えられ、「小池の側近」として振舞うのに対して、水田は都庁に出入りすることはなく肩書も与えられなかった。

しかし、小池が都知事になった直後、水田という存在に『週刊新潮』が着目した。小池との関係、経歴を追いかけ、彼が所有する不動産売買の疑惑に迫ろうと試みる（二〇一六年九月二十二日号）。

こうした記事にも触発され、私は私自身の手で水田という人物の軌跡を、追いかけてみた。彼の生まれ故郷である兵庫県加古川市を訪ね、また、彼の所有する不動産物件もいくつか見に行った。

印象として彼の人生は、小池に捕らわれていると感じられた。彼らは表裏一体なのではないか。彼の財産だとされる不動産は、果たして彼のものなのか。若く、職もなく、複雑な家庭に育ち、身内の少ない水田を小池は自分の手元に引き寄せた。そして、自分の分身として、財を作る上で危ない橋を渡らせたのではないか。自分に火の粉が、かからぬように。そう思えてならなかった。

それにしても、彼は本当に「従弟」なのか。小池は五十歳を過ぎるまで彼を知らなかったというが。

エコだハウスの表札には、KOIKE、MIZUTAと二つの姓が書かれている。

登記簿から確かに水田が土地の二分の一、建物の五分の一の権利を有していたことがわかった。だが、どうして彼は小池と共同で、土地や屋敷を購入することができたのか。彼の両親は破産しており、親から受け継いだ財産はないはずだ。中国に留学し日本に戻ってきてから、小池の秘書になったというが。『週刊新潮』には小池の秘書になる前、一年間だけ公安調査庁にいたと書かれている。事実確認はできなかったが、仮に一年勤めたとしても、それほどの収入ではなかったろう。

水田は複数の不動産を有している。群馬県高崎市の高崎駅近くには、驚くことにマンションを一棟、所有している。登記簿によれば、二〇一三年に土地を購入し、翌年にマンションを新築しているが、これらの不動産には水田が群馬銀行から四億一千五百万円を年二パーセントの利息で借りた抵当権が設定されている。このマンションを手に入れた当時の水田は、まだ三十代後半である。

また、この他にも水田は、都内にマンションや物件を所有していた。一軒は大塚駅近くの怪しげな風俗ビルの一室（二〇一九年、外国人と思われる人物に売却）。もうひとつは、秋葉原駅にほど近い、東京都千代田区外神田にあるマンションだった。

外神田のマンションは傍目にも時代に取り残された、古びた建物だった。マンションというよりは、昭和時代に建てられた団地のようでコンクリートは塗装もされず、灰色にくすみきっている。九階建てだが建坪は狭く、ワンフロアに五部屋。広さは登記簿によれば二十七平米である。

水田が今も所有する部屋を訪ねてみると、色あせたドアの中央部分には、センサーつきの防犯カメラがふたつ取り付けられていた。建物の粗末さと二つの防犯カメラは、あまりにも対照的で、その一事をもってしても異様な光景だった。なぜ、こんな安普請のマンションの、誰でも上がれる階の一室に防犯カメラが二つもつけられているのか。いったい、この部屋は何に使われているのか。水田はこの一室を二〇一四年二月に大京リアルドという会社から購入している。

さらに水田は小池が都知事選に出馬する直前の二〇一六年五月、同マンションの別階に一室を購入。小池の都知事当選後の十一月に売却している。たった半年だけ所有し売却した、ということになる。

驚かされるのは水田が部屋を売却した相手である。

登記簿には所有者となった人物の住所と氏名が書かれているが、そこには、ある著名人の名があった。ネット戦略で急成長を遂げて日本最大のPR会社となったベクトルの役員、小岩修一（仮名）の名である。水田は彼にこの一室を売ったのだ。

ベクトルは中国、韓国、インドネシアやベトナムにも進出して急成長を遂げたベンチャー企業で、マスコミ界では名を知られた企業である。ネットの普及とともに台頭し、電通などに代わる新しい戦略型PR会社として急成長し、選挙公報をはじめ政界に絡んだ仕事や、地方自治体の仕事を引き受けており、政界との関わりも深い。

創業者でもある社長の西江肇司《けいじ》は関西学院大学の出身。取締役にはタリーズコーヒージャパンの創業者で、「みんなの党」に所属した元参議院議員、松田公太の名も見られる。

小池は衆議院議員時代から、このベクトルに仕事を発注している。小池が都知事選で大勝した理由のひとつに、ネット戦略に長けていたことを挙げる人は多いが、希望の党の選挙活動で使われた、ハイヒールの音を響かせて暗い道を歩いていく例の動画も、このベクトル社の子会社シグナルが制作している。

それだけでなく、小池が都知事になってから赤坂にあるベクトルが所有するベクトルスタジオが、都庁の婚活イベントや受動喫煙防止を訴えるイベント発表会などで、何度となく使われており、小池も度々、足を運んでいる。

それにしても時代の先端をいくPR会社の役員が、どうして、この築四十五年にもなる古びたマンションの一室を購入したのか。都知事の従弟であり、金庫番を自認する秘書の水田から購入した理由はどこにあるのか。いったい、いくらで売買されたのか。

登記簿は、さらに多くを教えてくれた。

エコだハウスと高崎のマンション一棟、この外神田のマンション、大塚駅そばの物件を合わせて、三億三千万円の根抵当が設定されたことがある。扱ったのは、みずほ銀行綾瀬支店である。

日付は平成二十八（二〇一六）年八月一日。都知事選開票日の翌日である。さらに不可解なことは同日にエコだハウスの根抵当が解除されている点だ。通常、根抵当を設定し、その日のうちに解除するようなことはしない。

不可解な動きであり、都知事になったことで解消された金銭の問題があったと想像される。このおかしな根抵当の流れを摑んだ『週刊新潮』が、小池側に説明を求めたものの「水田氏の私事」と突っぱねられている。だが、これは水田の私事といえることなのか。

おかしなことは、さらに続く。二〇一八年四月、エコだハウスの水田の所有分がすべて小池に移っているのだ。水田から金銭で買い取ったということなのか。それとも、ただ譲られたのか。都知事選後、水田と連絡を取ったという、ある人物はいう。

「今、彼は関西にいるらしい。『不動産でしくじった、しばらく東京を離れる』と言っていました」

表札には未だにMIZUTAとある。だが、彼は今、どこにいるのか。エコだハウスの所有分を失った今。そして、ますます思う。いったい彼は、何者なのか。

水田の生まれ育った家は兵庫県加古川市の、古い街道筋にかつてあった。数百年も続いた老舗、水田呉服店が彼の生家であるというが、現在その跡地はマンションになっている。店舗と住まいを兼ねた家は、蔵もある立派なものであったと土地の人たちは証言する。

「潰すのが惜しいような家でした。古いお家やったから。中庭もあって」

地元ではおっとりとした、お坊ちゃんとして商店街の人々に記憶されていた。

水田家には男子がおらず、四人姉妹の長女Aが婿養子を迎えて呉服店を継いだ。だが、この長女夫妻も子どもに恵まれなかった。一方、生まれつき耳の不自由な次女Bが結婚し、昌宏を産むが、夫が若くして亡くなってしまったという。夫は語学が堪能な商社マンだったと『週刊新潮』は報じているが、地元では、「店の番頭さんだった」と語る人もあり、詳細はわからない。

昌宏は子どものいない伯母、長女A夫婦の養子になった。とはいえ生みの母Bも一緒に暮らしていたという。

二人の母に義理の父という環境に育つが、この義父は比較的早くに亡くなっている。「水田家の男は短命なんだ」と水田は周囲にこぼしている。

早稲田大学を卒業後、水田呉服店を継いだが、家はすでに傾いており、負債を抱えて倒産。代々の住まいを手放すことになるのだが、水田が留学を決め、母が小池事務所に手紙を書いたのは、この頃のことと推察される。

その後、水田は中国留学中に拘束されるのだが、この頃はもう、水田家は潰れており、ふたりの母の行方も知れなかった。

小池は彼を「母方の従弟」と語っている。長女Aの夫か次女Bの夫が、小池の母の兄弟だということに理屈の上ではなる。長女Aの夫が小池の母の兄にあたる、とも言われているが、だとするならば小池と水田は親戚関係でも血はつながっていない、ということになる。

血のつながらぬ五十を過ぎてから知り合った「従弟」の家族と、なぜ一緒に暮らすのか。金庫番を眼の届くところに置きたかったのか。

小池の知人のひとりは、こんな意見をもらす。

「結局、彼女が恵まれていたのは仕事運だけだった。男運も家庭運もなかった。友達もいない。六十を過ぎて一軒家にひとりで住むのは不用心だし、誰かいて欲しいと思ったんだろう。それであんな疑似家族を作ったんじゃないのかな」

水田の養父母はすでに他界しており、実母だけが今もひっそりと兵庫県下で暮らしているようである。水田自身は週刊誌に小池との関係を聞かれて一度だけ、「兵庫県つながりだと思ってください」(『ＦＬＡＳＨ』二〇〇七年九月十一日号）と意味深長な答え方をしている。政界や関係者の間で「小池の隠し子」と噂される理由は、二人の関係がはっきりと説明されていないことに加えて、水田のその献身にある。なぜ、そこまで陰の存在に徹して小池に尽くすのか。「宿命」と語り、「自分は小池を総理にするために一生を捧げる」とまで口にする男。一方、小池はそこまで水田を思っているのだろうか。

小池と水田には、ある共通点がある。二人とも、親が借金を重ねて破産し生まれ育った場所から追われているのだ。小池は思い出の品をほとんど生家から持ち出せなかったという。水田もだろう。土地を失った恨みを晴らすように彼は、土地に執着しているのだろうか。小池の傍で。

振り回される都政

希望の党の失敗後、メディアは急に小池に対して冷たくなった。あんなに「出てくれ」と殺到していた取材依頼は激減し、テレビも雑誌も取り上げてくれなくなった。スポットライトを求めて、テレビカメラを求めて、小池は彷徨《さまよ》うようになる。

あらゆるイベントに顔を出し会場でテレビカメラを探した。都がつくる広告には俳優やモデルを押しのけて、自分が出演しようとした。

露出を求めてイベントやメディアへの出席を優先する知事に都庁の職員たちは、振り回され疲弊した。平成に入ってからずっと、そんな都知事ばかりが続いている。

重要課題よりも都知事の好みが優先される。都議会は都知事が率いる都民ファーストの会が第一会派となり、二元代表制の原則が崩れていた。

二〇一八年十一月九日の全国知事会では、地方自治体の首長たちが、東京の税収を地方に配分してくれと強く訴えた。

鳥取県の平井伸治知事は、小池に「是非、母の慈愛の心を持って、大都市と地方の問題を折り合える案を考えていただけたら」と発言した。すると、小池から、「私は母になりたかったが子宮筋腫になったため母になることができなかった。大変に傷ついた」と抗議され、平井は陳謝した。だが、小池が子宮筋腫の手術を受けたのは先にも書いたとおり、四十六歳になる直前のことである。

小池は自分がキャスターをしていた頃の、バブル時代の東京の輝きを取り戻したい、そのために「東京を国際金融都市にする」と言い出すようになる。

「国際金融都市の復活。日本のウォールストリートを作りたい。二〇二〇年に東京のＧＤＰを現在の九十五兆円から、百二十兆円に引き上げたい。そこで金融が占めるＧＤＰの比率を五パーセントから一〇パーセントに引き上げる。それによって金融都市にできる」(『日経ビジネス』二〇一七年三月二十日号)

「私は政治の世界に入る前は実は経済キャスターでした。東京は当時、言ってみればバブルエコノミーの真っ最中で、大変、活気のある東京ということでしたが、私は是非、改めて東京は国際金融都市にしたい。海外の企業の皆さんに、特に金融関係の皆さまには、是非、お寿司もおいしいですから、東京に戻ってきて頂きたい。そのためには、インターナショナルスクールや、医療関係も多言語で受けられるようにエコシステムを整えております。ちなみにロンドン。シティオブロンドン、今、ブレグジットで不透明なところはありますが、しかしながらロンドンが蓄積してきた実績というものはすばらしいものがあります。シティオブロンドンと提携していけるように考えています。(中略)どこかの大統領は国境にウォールを作りたいと言っていますが、私は兜町から大手町まで、ウォールストリートをつくりたいと考えております」(二〇一八年十二月六日、ブルームバーグ主催のイベントでの発言)

公約で彼女が掲げたのは、七つのゼロだったはずだ。待機児童ゼロ、満員電車ゼロ、残業ゼロ、都道電柱ゼロ、多摩格差ゼロ、介護離職ゼロ、ペット殺処分ゼロ。それらは、ないがしろにされ、選挙前に語っていないことをしようとする。思い付きで口にした公約は、到底実現できないと悟ったからであろうか。例えば、以前、口にしていた、以下のようなことは。「待機児童を解消するために企業内保育園を増やす。そのためには、満員電車を解消しなければいけない。だから公約で満員電車ゼロを謳った。皆、満員電車に乗るのは当たり前だと思っているが、それはネクタイはするものだと思っているのと同じ。そういうことでは、クールビズのような発想はできない。取り組む前から『そんなことできるわけない』という人がいますが、できない理由ではなく、どうやったらできるかを考えるべき。都の検討会でも『これをNATOにはしませんよ』と私は言っている。NATOとはノーアクショントークオンリーの略です」、というような。

公約とした七つのゼロの中で、唯一、彼女が達成したゼロは「ペット殺処分ゼロ」だけである。二〇一九年四月五日の定例記者会見では、わざわざ自ら「殺処分ゼロを一年早く（二〇一八年度に）達成した」と嬉しそうに報告した。動物を愛する人たちからは礼賛の声があがった。しかし、この「ゼロ」には、からくりがある。

百五十四近い犬猫を殺処分した上での「ゼロ」なのだ。老齢、病気持ち、障害のある犬猫は殺処分しても、殺処分とは見なさない、と環境省が方針を変更したからだ。だが、それは伏せて、彼女は「ゼロ」を主張したのだった。

次の選挙のために自民党幹部と公明党への根回しを進めた。各地域で行うカラオケ大会や若者向けのｅスポーツ大会を都の事業として後押ししては足を運んだ。

オリンピックの暑さ対策では、首に巻くと涼しくなるタオル、かち割り氷の配布、人工雪、打ち水、朝顔の鉢を置いて、目で涼を取るといった案が、知事のアイディアとして打ち出された。こうした東京都の暑さ対策に疑問の声が高まる中で、ＩＯＣからマラソンコースの変更が告げられると小池は、「そんなに涼しいところがいいのなら北海道ではなく、いっそ北方領土でやればいいのではないか」と講演会で暴言を吐き、ロシア政府の不興を買った。沖縄・北方担当大臣をやった人の言葉とは思えないものがあった。ＩＯＣのバッハ会長との会談ではテレビを意識して、わざわざ通訳を使わず、日本語でまず話し、次に英語に訳して話すというパフォーマンスをした。

東京都の自治体専門紙「都政新報」（二〇二〇年一月七日）が発表した都庁職員の小池に対する評価は厳しく、平均46・4点（100点が満点）であった。石原が新銀行東京で失敗し、責任を問われた時の48点よりも、さらに低い数字である。職員たちは理由として「都知事による粛清人事の横行」、「深い考えがなく思い付きで行動する」等を挙げている。

小池は二〇一九年末に長期戦略ビジョンを策定し、突如、５Ｇ（第五世代移動通信システム）化を進めると発表し、百五十億円もの予算を計上した。

公共事業の新たな利権はＩＴ化の中に生まれるといわれる。５Ｇ化は令和の時代の「ダム」なのか。臨海部にカジノを含む統合型リゾート（ＩＲ）を作ろうとしている、といった噂も絶えない。公約は無視され、公約になかったことが次々と進められていく。だが、マスコミはほとんど報じない。大手新聞もテレビ局も押しなべてオリンピックの協賛企業となっているからか。テレビ局の幹部は語る。

「都政批判はテレビ局はやりにくいんですよ。首根っこを摑まれていますから。内閣や総務省なんかよりも、よほど」

言ったことは言っていない、記憶にないで済まされてしまう。過去はいくらでも書き換えられてしまう。都知事になってからも。なぜなら、それが彼女の本質だからである。


エジプトの首都、カイロに暮らす早川玲子さんのアパートで、私は長い時間を過ごした。居間の窓いっぱいにピラミッドが迫って見えた。小池が登ったピラミッドである。

白褐色の家々が続き、青空には雲ひとつ見えない。刺すような白い陽ざしが眩しい。コーランの詠唱が天から降ってくるように響く。窓際に、うっすらと積もる砂。どんなに窓をしっかりと閉めていても砂漠から風が運んでくるという。

今から五十年ほど前、早川さんはこの地にやってきた。異国での生活を夢見て。最初に暮らした相手、それが十九歳の小池百合子だった。あれから半世紀が過ぎた。早川さんは、死を意識する年齢になったという。

自分の死とともに真実は、この世から消えてしまう。それでいいのかと悩み続けた。恐ろしくて口をつぐんできた日々。これは罪ではないのかと自分に問うた。歴史に対する責任はないのか、このまま神の御許《みもと》に召されていいのか、と。

早川さんには忘れられない記憶がある。鏡に向かって小池が化粧をしていた姿、化粧を忘れて右頰に手をやり、「ぶつけちゃったの」と答えた姿だ。

「本当の自分を晒しても、誰も喜ばない。そんな思いが百合子さんには小さな頃から、あったのかもしれない。嘘をついたらいけないという感覚がなかったのは、嘘をつかないと逆に周囲を戸惑わせてしまうと思っていたからなのか。もしかしたら、百合子さんには、嘘をついているという感覚も、なかったのか。相手が期待することを言ってあげた、相手の喜ぶことを言ってあげた。それでどうして、私が責められなきゃいけないの？　そう思っているのかもしれない。どうして誰も注意してあげなかったんでしょうか。私もです。年の若い百合子さんに私は言ってあげなきゃいけなかった。新聞記事を見せられた、あの日に。どうして、ここまで百合子さんを走らせてしまったのか。マスコミの責任も重いです。百合子さんにどんどん嘘をつかせた。百合子さんは応え続けた。どうして誰も止めてあげなかったのか」

隠せばいい、嘘をつけばいい、誰も気づかない。そう思って生きてきたのだろうか。

早川さんが窓の外を見て呟く。

「今からでも遅くないと思うんです」

コーランの詠唱が響きわたる。

「百合子さんに人生をやり直して欲しい。本当の人生にして欲しい。このアパートからカイロ大学に通ってもいい。私が一緒に行ってもいい」

早川さんの言葉が祈りの声と溶け合っていく。私は小池を知る人が「イカロスの翼」と口にしたことを、思い出していた。

「女で顔にアザがあって、親はあんなで。普通の就職や結婚は出来ないと、小さな頃から思ってたんだろう。あいつは、はったりで、それでもひとりで生き抜いてきたんだ。褒め上げる気はないが、貶める気にもなれない。あれは虚言癖というより、自己防衛だよ。あいつが手にしたのはイカロスの翼だ。こんなに飛べるとは、あいつだって思っていなかったろう。太陽に向かえば翼は溶けて墜落する。その日まで、あいつは飛び続ける気なんだ」

ギリシャ神話に登場するイカロスの親子。父は息子イカロスに蠟《ろう》で固めた翼を与えた。低く飛んだのでは海に落ちて溺れてしまう。高く飛びすぎれば蠟が溶け、翼はもげて墜落する。小池に蠟の翼を与えたのは誰だろう。父親か、自分自身か、マスコミか。平成という時代か。彼女の翼はまだ溶けない。それは太陽の光が弱いからなのか。

二〇二〇年七月五日、都知事選が行われる。小池の再選は固いと言われている。対抗馬を考える人たちの間からは、こんな言葉が伝わってくる。

「おい、女だ、女を立てろ。そうじゃないと小池百合子には勝てないぞ」

終章　小池百合子という深淵

二〇二〇年三月。都議会で小池は自民党都議に学歴詐称を厳しく追及されたが、微笑を浮かべて、「卒業証書も持っており、カイロ大学も認めております」と繰り返し答弁した。また、都議会への卒業証書の提出は、「過去に何度も公にしている」という理由で拒んだ。

私が調べ得た限り、彼女は「卒業証書」をこれまで三回、極めて不完全な形で「公表」している（口絵参照）。

一回目は、まだ政治家になる前である。一九八二年に出版した自著『振り袖、ピラミッドを登る』の扉で使用した。しかしながら、中東の民族衣装に身を包んだ小池の全身写真とコラージュされており、教授たちのサインのある下部が読み取れず、これでは「公表」とは言えないだろう。

次の公表は国会議員になってからである。

選挙中から学歴詐称の噂は絶えず、当選して政治家となった彼女は、それを打ち消す必要を感じたのだろう。当時、『週刊ポスト』に連載していた自身のエッセイ欄で、この噂を否定し、「これが証拠の卒業証書」とキャプションをつけて公表した（一九九三年四月九日号）。

しかし、名刺の半分にも満たない大きさで、何が書かれているのか一切、読み取ることはできない。

三回目は比較的、最近のことである。約四年前の二〇一六年六月三十日、自民党都連を敵に回して都知事選に立候補した際、小倉智昭が司会を務めるフジテレビの朝のワイドショー「とくダネ!」に「卒業証書」と「卒業証明書」を貸し出して公表し、学歴詐称の噂を否定したのだ。だが、この時も画面に映っていたのは、ごく短い時間であった。

彼女は学歴詐称の疑惑が持ち上がるたびに、「卒業証書」を盾にした。それでいて、いつもこのような中途半端な形でしか提示してこなかった。私は記事を書く際、正確な検証をするため「卒業証書」の提示を小池に求めたが、彼女にそれを拒まれた。

では、こうした不誠実な方法でしか公表されていない「卒業証書」ではあるが、次に判読できる範囲で疑問を指摘していきたい。

まず、計三回、公表された「卒業証書」は当然ながら、同一のものでなければおかしい。だが、『振り袖、ピラミッドを登る』で公表された「卒業証書」とフジテレビで公表された「卒業証書」はよく見ると、ある部分がまったく異なっている。

右上のカイロ大学のロゴマークに注目して欲しい。明らかにデザインが違っている。一枚目の卒業証書を失くしてしまい再発行してもらった、との推測は、この場合、成り立たない。なぜなら、彼女自身がこう言っているからだ。「卒業証書は一枚一枚手書き」である、と。

手書きならば、書体はその都度、当然、変わるはずだ。だが、この二通の「卒業証書」はコピーをしたように書体がまったく同一に見える。ここから何が推察できるか。私が想像し得たことは、ひとつだけだ。彼女は体裁の異なる「卒業証書」を二回、手に入れ、同じものだと言いつくろっているのではないか。

竹村健一の隣でアシスタントをしていたタレント時代に、まず一枚目の「卒業証書」を手に入れた。そして、それを『振り袖、ピラミッドを登る』の扉に使った。だが、これは作りが甘く、あちこちに不備があったのだろう。おそらくは学部長や学科長のサインが入るべき場所が空白だった、もしくは、あまりにも雑であったのだろう。だから、彼女は自身の写真とコラージュして、その部分を見せまいとした。

その後、彼女は政治家になった。この「卒業証書」では乗り切れないと考え、もう一度、別の「卒業証書」を入手した。今度は下半分のサイン欄のきちんとしたものを。その際、手書きの文面は、細心の注意を払って一枚目の「卒業証書」をそっくりなぞらせた。しかし、作成者がうっかりして、右上の大学のロゴマークを一枚目とは違うものにしてしまった。カイロ大学は学部により、また、時代によってロゴマークが異なる。だが、自分が所有する「卒業証書」のロゴマークが突然変異することは、あり得ない。

さらに文面を見ると、こう書かれている。

「一九七六年十月に行われた試験の結果、同大学理事会は一九七六年十二月二十九日、小池・ユージロー・百合子さんに文学部社会学科の学士号の学位を与えます」

「十月の試験の結果」とは、十月に追試を受けたという意味である。しかし、追試を受けたとされる十月、彼女はエジプト南部への旅行、その後サダト大統領夫人来日に合わせて日本に行ったため、カイロにはほとんどいなかったのだ。しかも、その来日時のインタビューで彼女は、「九月に卒業した」（東京新聞）、「卒業式を終え、十月十一日、日本へ帰ってきた」（サンケイ新聞）と紹介されている。さらに言えば、八月にエジプトでハイジャック事件が起こり、日本メディアにコメントを求められた際も、彼女は自分の身分をカイロ大学生とは語らず、「日本航空駐在員」と答えている。

また、本来、この手書きの卒業証書は、記念品として部屋に飾るような代物であり、特別に申請して手に入れるものであって、カイロ大学卒業生で、これをわざわざ所有している人は少ないという。逆に彼ら彼女らが、卒業を証明するものとして重んじるのは、「卒業証書」ではなく、「卒業証明書」である。就職や大学院への進学時に求められるのは、この「卒業証明書」であり、これが事実上の「卒業証書」となる。この「卒業証明書」は卒業試験にパスすれば学生課で、そう待たされることなく発行される。当たり前であろう。何週間も、何カ月も待たされたのでは、就職も大学院進学もできなくなる。これを持って留学生たちは国に帰る。書式は形式化されており、英文とアラビア文で、それぞれ発行される。

小池はこの「卒業証明書」も、前述の「とくダネ！」で公表した。しかし、これは「卒業証書」以上に、疑問点が多く指摘できるものだった。

まず、小池の顔写真を留めるために、わざわざクギ（ピン）が使われている点がおかしい。年代を感じさせるための演出のように見えるが、一九七六年のカイロではクギなど、もう使われておらず、ホチキスが使用されていた。私は小笠原良治の一九七三年に発行されたカイロ大学の正式な「卒業証明書」を見たが、紙が非常に薄いところに特徴を感じた。クギなど刺したら、紙が破れてしまうだろう。そして、小笠原の卒業証明書でも写真はホチキスで留められていた。

「卒業証明書」には、カイロ大学のスタンプがいくつも押される。顔写真と証書の上にも押され、割り印とされるのだが、小池のそれは、あまりにも不鮮明で、かつスタンプが楕円に歪んでおり、まったく割り印の役割を果たしていない。

私は同時期のカイロ大学卒業生の卒業証明書を何枚もみたが、このようなものは一通もなかった。カイロ大学のスタンプは綺麗な円形をしており、中央で鷲が翼を広げ、縁の部分には、ぐるりと文字が入っている。これが鮮明に見えなければ、不正を疑われてしまうのだが、小池の所有する「卒業証明書」に押されたスタンプはどれも、それがカイロ大学のスタンプであるのかさえ、わからないほど不鮮明なのである。

カイロ・アメリカン大学大学院の卒業生である作家、黒木亮は、小池の「卒業証明書」の記載がすべて男性表現となっている点を指摘している（「徹底研究！ 小池百合子『カイロ大卒』の真偽」『JBpress』二〇二〇年一月十九日）。英語で言うところの「ミズ」とするべきところが、「ミスター」となっており、名詞も動詞も女性形ではなく男性形が使われているという。小池百合子という外国人名であるため事務員が男女の判別がつかず間違えた、ということは、まずあり得ない。小池の顔写真があるのだから。

「卒業証書」の文面には、十月の試験の結果、十二月二十九日にカイロ大学理事会は学位を授与すると決めた、とあるが、これもおかしなことだ。

十月に試験を受けて合格したのなら直後に学位が認められるはずで、二カ月も待たされるような例はない。それに小池は「一九七六年十月に卒業」と公式にプロフィールで書いている。しかし、この卒業証書によれば、卒業の認定は十二月ということになる。

小池は度々、「卒業証書を発行してくれるように大学に頼みにいったが、それが遅れた。そのためクリスマスイブに予約していた飛行機をキャンセルしたところ、その飛行機が墜落した、卒業証書はまだ時間がかかりそうだったので、『卒業証明書』を出してもらって年内に帰国した」と語っている。また、大下英治の取材に対しては、一九七六年内に帰国し、一九七七年の正月三が日は芦屋の実家でゆっくり過ごしたと証言している。

十二月二十九日まで卒業が認められなかったというのなら、「卒業証明書」が発行されたのも二十九日以降ということになる。

だが、一月一日以降を日本で迎えるには十二月二十九日までのフライトに乗らなくてはならない。三十日はフライトがないからだ。

私には飛行機をキャンセルして年末に帰ったという話を真実たらしめるために、学位が授与された日付をクリスマス以降の年末に設定するよう指示してしまい、このような綻びが生じてしまったように思える。卒業の事実もなく、飛行機事故の回避という事実もない。しかし、それを証明するものとして、このような「卒業証書」や「卒業証明書」を手に入れてしまったのではないか。

首席、という点については、もはや言うまでもないことであろう。小池はカンニングしようとしてもできないほど、語学力がなかったと自著で語っている。カイロ大学の学生数は十万人である。「卒業証書」そのものの真正が疑わしいため、その内容に依拠した批判はあまり意味がないかもしれないが、あえて言えば、卒業証書に書かれた小池の成績は「ジャイイド」で、これは黒木が指摘しているように合格範囲の上から三番目、下から二番目という位置づけである。この卒業証書を見せて、「首席だった」と主張してきた、ということは彼女は「ジャイイド」の意味も理解できていない、ということなのか。「卒業証明書」でミスターとなっている、表記がすべて男性形であるものを、証拠としてテレビで提示してしまう。それでありながら首席と言えてしまえるところには、彼女という人間の、特質が現われているように思う。

小池の語学力を日本のメディアは、「アラビア語ペラペラ」と書いてきた。しかし、カイロ大学で使われるのは先にも説明したように文語(フスハー)であり、それはエジプト人をも悩ませるものである。近年、インターネットが普及し、小池が中東の記者に文語でインタビューされる動画が、いくつか流れるようになった。すると、あまりにも、たどたどしいアラビア語を聞いた人たちから、告発の声がぽつぽつとネットに上がるようになった。「小池さんのアラビア語は、まったく何を話しているのかわからない」と。

ある中東を専門とする政治学者は皮肉交じりに私にこう言った。

「小池さんは、『アラビア語、最近、使ってないから忘れちゃったわ』なんて言う。教えて欲しい。カイロ大学を卒業したという人間がどうやったら、そんなに簡単にアラビア語を忘れられるのか。でも、いくらこの問題でカイロ大学に問い合わせても無駄ですよ。カイロ大学と小池さんは利害が一致しているのだから」

小池のアラビア語は日本人の中東専門家によって、また、日本と利害のあるアラビア人によって、長く褒めたたえられてきた。そうした「専門家」に検証を頼んでも、正しい答えは得られない。

国際ジャーナリストの山田敏弘は、この点に気づき、小池の学歴詐称問題を二〇一七年、独自の方法で調査した。彼は日本人の中東関係者や日本語を話すアラビア人を避け、日本とは無関係なアズハル大学を卒業した、モハメッド・ショクバというエジプト人通訳（アラビア語と英語）に英語で取材を申し入れ、小池がアラビア語を話す動画を見せて、彼女の社会的地位などの情報は伏せた状態で、語学力の検証を頼んだところ、彼の答えは以下のようなものであったと山田は記している。

「留学していたのが40年前だとしても、信じられない。あまりにお粗末でカイロ大学を卒業して通訳をやっていたという話を疑ってしまうほどだ。話す文章は完結しておらず、普段私たちが使うことのない単語を使っている」（『週刊ポスト』二〇一七年六月十六日号）

黒木亮も、小池が文語で話す動画を見て、あまりの稚拙さに自分が赤面してしまったと語り、日本人が義務教育で学ぶ英語に置き換えれば、「中一レベル」だと評した。また、口語に関しても「ストリートで学んだようなもの」で、ごく簡単な日常会話のレベルだと評価している。

中学一年生レベルの英語でアメリカの要人と会い、「ハーバードを首席で卒業しました」と語ったなら、相手はどう思うであろう。ましてや、それが国会議員、大臣、とりわけ安全保障を司る日本の防衛大臣であったなら。日本という国は、どう見られるのか。

カイロ大学卒業の記念に撮った、と彼女が主張する写真はどうか。

ピラミッドの頂上で赤い模様のキモノを着て、赤い帯を締めている。彼女の「物語」を象徴する写真である（口絵参照）。この写真に決まって加える彼女の説明がある。

「着物を着なれていないので、間違えて左前に着てしまった。だから、右前に見えるように左右を反転して焼いたものを本では使ったんです」――。

だが、その「左右を反転させた」という写真を見ると、腕時計は左手首に写っている（口絵参照）。彼女は通常左手に時計をつける。反転させたのなら、腕時計は右手首に写るのではないだろうか。

ピラミッド写真には襟元が左前であるものと、右前であるものがある。それは反転させたか、させなかったかの違いだと彼女はいう。同じ日、同じ時に撮ったが、焼き方を変えたのだ、と。だが、よく見ると、顔立ちも異なっている。この写真はそれぞれ、別の日に撮ったものなのだろう。それなのに、左右逆に焼いたと言わなければならなくなったのはなぜか。

私が思いつく限り、ふたつの理由が考えられる。彼女はカイロに来て、ピラミッドの上でお茶を点てている自分を写真に撮り、日本の家族や知り合いに送った。その時、キモノはうっかり左前に着てしまった。それからだいぶ経ち、ピラミッドに再び登ってキモノ姿で写真を撮り、「卒業を記念して撮った写真」とした。その時は合わせを間違えず右前に着た。マスコミに広く公開したが、前回の写真も出てきてしまった、もしくは混在して使ってしまった。その結果、合わせが違うという齟齬が生じ、そこで反転させた、という言い訳を思いついた。

もうひとつは、左前で着てしまったことに気づき、これではマスコミに公開するのにみっともないと考え、もう一度、ピラミッドに登り直し右前の着付けで撮った。ところが周囲に左前の写真をすでに何枚か配ってしまっていたため反転させたのだとこじつけた。

あるいは他の理由があるのかもしれないが、それは小池本人に聞かなくてはわからない。

学生数は十万人以上、エジプト人のエリート学生でさえ四人にひとりは留年するというカイロ大学の進級試験は、非常に厳しいという。だからこそ、合格するたびに高いところに登って、「やったぞー」と叫ぶ行事をしてきたのだと、彼女は物語ってきた。

「奇跡的に合格し進級できた二年目にはロータスをかたどった高さ百八十七メートルのカイロ・タワーに、翌年にはカイロ一高いノッポビル、その翌年には小高い丘に立ったムハンマド・アリーモスクの庭、と場所を替え、きわめて個人的なこの行事を行なった。（中略）四回目、すなわち卒業の年の最後に選んだのは、この日のためにとっておいたピラミッド。ピラミッドの頂上をきわめることは、私にとっての憧れであり、エジプト留学征服の象徴であった」（『振り袖、ピラミッドを登る』）

晴れて卒業試験に受かりピラミッドに登ってキモノ姿でお茶を点て、写真を撮った、と。

こうした説明により、ピラミッドの写真はあたかも卒業を証明する物証であるかのように扱われてきた。しかし、証拠を作ろうとして、かえって疑惑につながる証拠を残してしまったのだと、私には思える。

小池はこれまで、自分はカイロ大学の学生時代から日本の政治家がカイロにやってくると通訳に駆り出された、日本の商社がリビアの石油相と商談するような際にも通訳をした、そうした経験から国際政治の感覚を若い頃から身に着け学び、政治家を志した、と語ってきた。また、アラファトやカダフィの名前を出し、一緒に撮った写真を公表し、親しい関係であるかのように吹聴した。中東情勢を語り、カダフィは明治天皇を尊敬している、と語った。第四次中東戦争を体験した、カイロ大学では入学式が軍事訓練、匍匐前進を習った、と述べた。日本人は中東に疎い。だから、疑うことなく、彼女の語る話を無条件に信じてきた。彼女の語る「物語」を。

小池と同居していたという早川玲子さんからの手紙を私が受け取ったのは、二〇一八年二月の上旬であった。私は小池の学歴詐称疑惑の告発を受けて、できるだけ早く、この事実を発表すべきだと判断した。

ひとつには、そのような人物が公職についていることを世間に伝える義務があると感じたからであり、もうひとつには権力者の秘密を知っていることにより、恐怖の中にある早川さんが安心を得るには、情報を公にする必要があると考えたからだった。

そこで十分な調査をした上で、私は『文藝春秋』二〇一八年七月号（六月九日発売）に、「小池百合子『虚飾の履歴書』」を発表した。小池都知事は学歴を詐称しており、公職選挙法に違反しているのではないかと指摘する長文の記事であった。

発表後、マスコミ各社がこの問題を取り上げ、追いかけてくれるものと私は思っていた。それにより早川さんの身の安全が保障され、不安から解放されるはずである、と。

しかし、そのように、ことは運ばなかった。雑誌メディアを除き、新聞やテレビメディアは、「そうした報道があった」と報じただけで、自分たちの見解を一切、表明しようとしなかったのだ。その結果、かえって早川さんは恐怖を強くした。「日本もエジプトと一緒なんでしょうか。権力者は守られ、すべてがまかり通るという国になったんでしょうか」と聞かれ、私には返す言葉がなかった。

早川さんの恐怖を軽くするのではなく、かえって重くしてしまった。私は自分の無力を恥じ、また、日本のメディアに改めて失望した。

もちろん、私のところに新聞記者やテレビ局から、まったく連絡が入らなかったわけではない。だが、大半が取材に名を借りて、私から早川さんの連絡先を聞き出そうとするもので、番組名も胡麻化し、放送日も胡麻化して近づいてくる人さえあった。私から引き出した情報をそのまま、どこかに流そうとしているように思えた。

記事が出てから一週間後の都知事記者会見で、辛うじて都庁記者クラブ幹事社の記者が、及び腰でこの件を聞いた。小池は歯切れ悪く、卒業については「卒業証書もあり、カイロ大学も認めております」と答え、「首席だったか」という問いには「教授にいい成績だったといわれて嬉しくなって書いた、ということだと思います」と他人事のように語った。

二〇一八年六月、都議会で小池は「法的な対応を準備している」と述べた。しかし、私は今に至るまで彼女から訴えられてはいない。

上田令子都議や自民党都議たちは、卒業証書、卒業証明書の都議会への提出を求めたが、小池は「これまで何度も公表しております」と述べ、拒み続けている。

疑惑を払拭しようと思うのなら、自ら進んで提出すべきであって、それができないのは、誰よりも彼女がこの「卒業証書」が、どのようなものであるかを知っているからであろう。

小池は「卒業証書もあり、カイロ大学も認めております」と抗弁する。しかし、何を以て「認めている」、と言うのだろう。卒業証書を持っている、という意味なのか。それともカイロ大学が、現在は小池を卒業生として認定しているという意味なのか。

カイロ大学にはこれまで数えきれないほど、小池の卒業記録を求める連絡が日本のメディアや政界から寄せられたようである。そして、いつの間にか、ひとつの流れができあがった。

小池に関する日本からの問い合わせに対して、同大学文学部日本語学科が応じるようになったのだ。

前述の、国際ジャーナリストの山田は二〇一七年にカイロ大学を直接、訪問して調査をしたが、やはり、管理課や文学部長室をたらいまわしにされた挙句、最終的には日本語学科に行くよう指示されたという。日本語学科長で、小池とも親しい関係にあるという日本語堪能なアーデル・アミン・サーレ教授が応対してくれ、山田から取材の主旨を聞くと一旦、席を外して記録を見に行って戻り、小池の在籍記録や成績を、山田に口頭で教えてくれたという。「たしかに一九七六年に小池さんは卒業しており、成績は六段階評価で上から三番目。真ん中ぐらいの成績だ」と。だが、記録そのものを見せてくれたわけではなかった、と山田はいう。

私も『文藝春秋』に記事を掲載する際、サーレ教授にメールで連絡を取ったが、同じように「小池氏は確かにカイロ大学を卒業している。私たちは何度も日本のメディアにそう答えてきた」と回答され、山田が入手したのと同様の、成績に関する情報を与えられた。

しかし、そもそも、なぜ日本語学科が窓口になるのだろうか。小池が卒業したのは、社会学科である。社会学科が返答するべき事柄であろう。日本語学科長は歴代、小池と親しく、日本語学科が年に一度行うスピーチコンテストには、小池百合子がずっと臨席しているという。

私が『文藝春秋』に小池の学歴詐称を告発する記事を寄稿してから、しばらくして、非常におかしなことが起こった。

サーレ教授から、文藝春秋編集部宛に日本語でメールが届いたのは、発売から約一カ月後。日本語が乱れていたが、文意は「カイロ大学学長が貴誌の記事を読み反論したいと言っている。その反論を貴誌で発表して欲しい。反論記事の日本語訳は自分が請け負った。返事をくれなければ、学長は別の週刊誌にこの反論を載せると言っている。学長室からファックスと郵便と両方で送ったので読んだ上で返事が欲しい」というものだった。

後日、確かにカイロ大学の郵便封筒で手紙が届き、「President's office」と書かれたレターヘッドのある用紙に日本語で、「カイロ大学長のPro Dr=Mohammad Al Khushtです」とあり、以下のような文章が続いていた。

「小池百合子氏は一九七六年にカイロ大学を卒業したことを表明します。高く評価できる卒業生のひとりであると評価します。小池百合子氏について貴誌が書かれたことは根拠のない虚偽であると思います。カイロ大学の名誉を汚す報道に対しては法的措置もいといません。小池百合子さんは卒業生であり卒業後も本学との連携を大切にされ、時に堪能なアラビア語でスピーチされることもあります」

だが、手紙には日付もなく、ひと筆書きの、模様のようなものが記されていたが、それは、とても人名を崩したサインとは思えない代物だった。

文藝春秋の担当編集者から、手紙は確かに受け取ったが、記事の内容を訂正するつもりは我々にないこと、今回の記事は決してカイロ大学の名誉を毀損するものではないと考えているとサーレ教授にメールで送ったところ、「わかりました」という返事があり、その後、連絡は一切ない。

カイロ大学は認めている、という言い方を小池は都議会や記者会見で繰り返す。

為政者の嘘を守るために、周囲が、官僚が、とりわけ末端にいる人が、資料の改ざんに走り疲弊する。今日、日本の政界の中枢で見られる現象が、そこに重なって見えた。

彼女が名もないテレビタレントであれば、カイロ大学も相手にはしなかったはずだ。だが、知名度を上げていくにつれ、カイロ大学にとっても小池は無視することのできない存在となっていったのであろう。

エジプトには日本から二〇一六年度までの累計で、一千五百六十八億円の無償資金協力を含む多額のＯＤＡが投入されている。カイロでは、それを原資にオペラハウス、道路、橋が作られ、カイロ大学にも一部が渡っている。

エジプトは軍事国家であり、現在のエルシーシー大統領も軍部の出身だ。一見、のどかな観光立国に見えるが、実際には徹底した独裁政権の軍事国家であり、当然、国立のカイロ大学も軍部の管理下にある。小池はエルシーシー大統領とも、何度も面会している。

そのような国に暮らす、小池の秘密を知る早川さんが、どれだけの恐怖の中にいるかを想像して欲しい。

しかも、それは迂闊には人に打ち明けられず、胸に秘めるよりないものだ。仮に打ち明けたとしても共感を示されることは少なく、長いものに巻かれろと言う人もいれば、早川さんのほうが嘘を言っていると見なされてしまうこともあった。とりわけ辛かったのは親しい人に、「あなた小池さんが憎いの？　嫉妬しているの？」と言われたことだったという。

早川さんは、残り短い人生を不安から解放され、安逸に暮らしたいと望んでいる。口をつぐんでいたほうがいいのかと考えてきたが、その一方で、歴史に対する責任があるのではないか、という良心の呵責にも苛まれた。悩んだ末、早川さんは小池が都知事になったのを見て、日本の新聞社に実名で手紙を書き送った。だが、反応はなかった。そのため、かえって恐怖が増した。今頃、情報が回って、自分の住所が広く知られてしまったのではないかと感じたからだ。

カイロを引き払い、早川さんは日本へ帰国しようと考えた。しかし、暮らすとしたら東京しか考えられず、その東京のトップにいるのは小池である。

苦悩する中で偶然、私が月刊誌に寄稿した記事をインターネット上で読み、最後にもう一度だけと意を決して手紙を書いたという。早川さんから届いた手紙の表にあった「親展」という赤字に込められた思い、そして、「どうか私の連絡先をマスコミの方に言わないでください。おひとりで会いに来て頂けないでしょうか」と丁寧な言葉で、しかしながら、必死に訴えられていた理由を、私はお会いしてから初めて理解した。

早川さんは何も悪いことをしていない。ただ、人生の一時期、小池と暮らしただけである。

嘘がいかに罪深いものであるか。嘘は、嘘をついた本人ではなく、周囲の人を苦しめ、その人生を歪ませるのである。

早川さんの恐怖に比べれば、些細なことだが、早川さんに話を聞き、当時、記録されたものをすべて預かってから、私自身も気持ちが落ち着かなくなった。すべての証拠品のコピーを取り、信頼できる友人に保管を頼み、何かあったら私に代わって記事を書いてくれと編集者には頼んだ。

『文藝春秋』に記事を発表した後、新聞記者の知人たちの反応は二つに分かれた。「証明しきれていない」という意見もあったが、より多かったのは、「そんなことは自分たちも前から知っている。でも、カイロ大学が認めている以上、書けないのだ」というものだった。私は彼らに聞きたかった。では、日本の新聞社でカイロ大学に正式に記録を求め、日本語学科以外から公式の文書として回答を得た社はあるのか。そもそも、そうした努力をしているのか。何を以て、「カイロ大学卒業」と書いてきたのか。早川さんの告発を、なぜ新聞社は初めから無視し、会おうともしなかったのか。

私はこの本の執筆にかかった約三年半の歳月の中で、早川さんだけでなく、多くの人に会った。百名を超えるだろう。何度も回を重ねて会って頂いた方もある。面会の約七割強には編集者が同道している。八割は録音をした。また録音が許されぬ場合はノートを取った。それも許されなかった場合は、面会後にメモを取っている。

録音のテープ起こしは、すべて私自身で行い、情報の管理を徹底した。

なぜなら、多くの人が小池について証言することに躊躇し、怯え、ためらっていたからだ。匿名を条件に話された時、私はその約束を今後も守り通す。だが、取材は右のような過程を踏んでおり、編集者とは情報を共有している。

また、私はこの間、合計三回、小池百合子に取材の申し込みをした。しかし、毎回、小池の弁護士から断られた。質問状は二回送ったが、「卒業論文は書きましたか」という問いに「そのような義務はなかった」旨が寄せられたぐらいで、ほとんどゼロ回答であったと言っていい。「卒業証書」「卒業証明書」の提出も再三、求めたが、彼女は応じなかった。

選挙の際には、「卒業証書」を提示し、学歴詐称の噂を消すことに利用しながら、今になって隠すのは理屈が通らないように思う。

カイロ大学学長にも、小池百合子が卒業したことを証明する記録があるのであれば提出して欲しいと英語の依頼書を大学のホームページ宛に送り、確認のメールも入れたが返事は未だにない。学長のフェイスブックにも連絡をしたが、やはり返答はなかった。

学歴など政治家の実力と関係がない、と語る人がいる。そのとおりだと思う。大学を出ていなくては政治家になれない、などと思ったことはない。学歴が教養や能力に比例するとも考えていない。そうではなくて、出てもいない大学を出たと語り、物語を作り上げ、それを利用してしまう、彼女の人間としての在りようを問題視している。彼女は学歴と中東での経歴を最大限に利用し、政治的源泉として今の地位を手にした。しかし、それらが虚偽であったなら、公職選挙法を持ち出すまでもなく、その罪は問われるべきであろう。

彼女が彼女になれたのは、彼女の「物語」に負うところが大きい。本来、こうした「物語」はメディアが検証するべきであるのに、その義務を放棄してきた。それればかりか、無責任な共犯者となってきた。その罪も指摘しておきたい。

彼女のこうした資質は、都政にも影を落としている。

公約は少しも果たそうとしない。その典型は築地市場の豊洲移転である。あれほど記者会見で「築地にも市場機能を残す。五年後には希望する仲卸業者さんが築地に戻れるように都がお手伝いをする」と語りながら、「言っていない」の一言で済ましてしまう。

希望の党での天下取りに失敗した彼女は、自分の延命のために方針を一転して、自民党にすり寄り、帰順の証として築地の土地を差し出したようである。

しかも、自分の心変わりを認めず、豊洲移転を自分の決断だとはされぬように、判断を下したのは農水省や都の専門家会議であると責任を押しつけた。

彼女は、「敵」を作り出して攻撃し、「敵」への憎悪を人々の中にも植えつけ、その憎悪のパワーを利用して自分の支持へとつなげていくという手法を何度となく駆使している。

虚栄心に捕らわれ、その虚栄心ゆえに危険な演技者となるといったタイプの為政者は他にも、また過去にもいた。彼ら彼女らは国民を煽り、結果として国民を不幸に突き落とす。自分の言動の「効果」を計算し、自分が与える「印象」ばかりに気を取られ、それを優先し、それによって生じる現象に対する責任を安易に考える傾向があるからだ。思想家はその危険性をこう指摘している。

「デマゴーグ（注・大衆煽動者型政治家）の態度は本筋に即していないから、本物の権力の代わりに権力の派手な外観（シャイン）を求め、またその態度が無責任だから、内容的な目的をなに一つ持たず、ただ権力のために権力を享受することになりやすい。権力は一切の政治の不可避的な手段であり、従ってまた、一切の政治の原動力であるが、というよりむしろ、権力がまさにそういうものであるからこそ、権力を笠に着た成り上がり者の大言壮語や、権力に溺れたナルシシズム、ようするに純粋な権力崇拝ほど、政治の力を堕落させ歪めるものはない」（マックス・ヴェーバー著　脇圭平訳『職業としての政治』）

彼女は過度にリスクに手を出そうとする。それは社会の混乱に乗じてヒロインになる術を熟知しているからであろう。

「風がなければ、自分で風を起こす」とは、まさしく、そういう意味なのだ。選挙区を替える、政党を替えるといったことならば、彼女だけの問題で済む。だが、為政者として、この性質が発揮された時、国民は否応なく、彼女のばくちに付き合わされることになる。このような彼女に生活を、生命を左右されることになるのだ。

彼女はオリンピックにこだわり、自分が再選を果たせるかだけを気にし、新型コロナウイルス対策を軽視した。東京都が備蓄する防護服約三十万着を、自民党の二階幹事長の指示のもと、中国に寄付した。しかも、決裁の手順を無視し、記録を正確に残さぬ形で。

オリンピックの延期が決まり、自民党が二〇二〇年七月の都知事選に対抗馬を立てず、小池を支援すると結論を出すまで、彼女は一切、表に出ず、まったく方針を打ち出さなかった。東京都のコロナウイルス感染拡大への初期対応は、その結果、遅れた。

しかし、安倍から再選の確約を得たとされるや途端に一転し、今度は危機のリーダーを演じようと、記者会見とテレビ出演を重ねて「強いリーダー」を演じている。

安倍への批判を自分への支持へとすり替え、この国家の危機に乗じて、自分が総理になる道を計算し始めたように見える。だからこそ、彼女は強い言葉を発して、自分を印象づけようとし、「ロックダウン」と口走ったのだろう。かつて、都知事には権限がないにもかかわらず、「都議会冒頭解散」と叫んだように。

コロナ禍が拡大しても国の責任にすれば済むだろうか。だが、対応策を打ち出す知事もいた中で東京都は出遅れ、医療崩壊を招くリスクが高まったことは事実だ。小池の出演する都庁のコロナ対策CMが盛んに流される。コロナ禍を利用して、彼女は自分の政治的野望を果たそうとしている、との批判もある。

私はこれまで女性の評伝を書くことを作家として、もっぱらとし、男性優位の日本社会の中で近代を生きた女性たちの煩悶を、無念を、希望を綴ってきた。

参政権を手にして七十余年、女性の政治進出は未だ先進国の中で大きく遅れている。そうした社会を生きてきて、女性初の防衛大臣、都知事、さらには総理の座にも手をかけようとする女性の誕生を今、同時代を生きる者として目にしている。

それなのに、気持ちは重く塞ぐばかりだ。彼女の快進撃を女性の解放として、女性が輝く権利を手にしたとして、これまでの女性たちの苦難の道の末に咲かせた花であるとして、受けとり、喜ぶことが、できない。女性たちには、より高い教育、より自由な環境が与えられたはずであるのに、その歩みはどこへと向かっているのだろう。これは社会を主導してきた男の罪なのか。それとも女の罪なのか。戦後女性の解放の、これが答えなのかと考えさせられ、答えが出せないでいる。

何をしてでも有名になれという父、手に職を持ち、ひとりで生き抜いていかなくてはいけないと語った母。女の子なのにかわいそうにと憐れむように、蔑むように向けられた視線。彼女は宿命に抗った。そのためには「物語」が必要だったのだろう。

彼女は生涯において一度だけ、高い崖から飛び降りている、カイロ大学を卒業したと語った、その時である。

「物語」がなければ、今の社会的地位を手にすることはできず、平凡な女の一生を歩んでいたであろうか。だが、彼女に平凡な人生を歩めるような環境が、与えられていなかったこともまた、事実である。

彼女に会う機会があったなら、私は何を聞くだろう。

崖から飛び降りたことを後悔しているか、それに見合うだけの人生は手に入れられたか、自分の人生を歩んでいるという実感はあるのか、あなたは何者になったのか。そして、太陽はあなたに眩しすぎなかったか、と聞くだろう。

あとがき

ノンフィクション作家は、常に二つの罪を背負うという。

ひとつは書くことの罪である。もうひとつは書かぬことの罪である。後者の罪をより重く考え、私は本書を執筆した。

事実を知っていても、それを語ることを憚る空気が昨今、強まっているように感じる。取材者やマスコミへの不信もあるだろう。だが、それよりも何かを語ると大きな災禍が降りかかり、不幸に巻き込まれてしまうように思われ、人の口をつぐませるのだろう。とりわけ語る対象が権力者であれば、なおさらである。そうした中で、多くの方々にご協力いただけたことに、私は何よりも感謝している。

とりわけ、早川玲子さんには、改めてこの場にて謝意を申し上げたい。その勇気に、その誠実な人柄に。

私は平成元年に二十歳になった。平成とは私が成人として生きた歳月そのものである。時代を生きた人間には、その時代を生きた者としての責任が等しくあるのではないか。そんなことを執筆しながら考えさせられもした。

『新潮45』に私が書いた短い記事に着目してくれた文藝春秋の衣川理花さんから、単行本執筆の依頼を受けたのは、今から三年半ほど前である。衣川さんから声をかけられなければ、私がこの本を執筆することはなかった。それにしても、ずいぶんと遅れてしまい申し訳なく思っている。取材の過程では、同じく文藝春秋の大松芳男さん、竹田聖さん、池澤龍太さん、柳原真史さん、黒田康輔さん、新潮社の吉澤弘貴さんに支援いただいた。

ノンフィクション作品における著者の役割は、そう大きなものではないと、私は考えている。資料との出会い、証言者との出会い。編集者や校閲者、装丁家を初めとする、出版人の献身的な尽力によって生み出されるものだからだ。何よりも読者が手に取ってくれた時、初めて作品に生命が吹き込まれる。コロナ禍の中で筆を置くことになった。本書の出版に感謝したい。

二〇二〇年四月二十四日

石井妙子

主要参考文献・資料一覧

複数の章で参照した参考文献・資料は初出の章にのみ記載。

小池百合子『振り袖、ピラミッドを登る』講談社　一九八二年
小池百合子『3日でおぼえるアラビア語』学生社　一九八三年
小池ユリ子『おんなの人脈づくり　サクセスウーマンへのPASSPORT』太陽企画出版　一九八五年
小池百合子、松原隆一郎『無電柱革命』PHP新書　二〇一五年
小池百合子『永田町ブロードキャスター』朝日新聞社　一九九四年
環境ビジネスウィメン懇談会『環境ビジネスウィメン』日経BP　二〇〇五年
小池百合子『小池式コンセプト・ノート：プロジェクトは「大義と共感」で決まる！』ビジネス社　二〇〇七年
TPL（TOKYO PROJECTS of/by/for LADIES）『東京WOMEN大作戦』小学館　二〇〇八年
古森義久、小池百合子『対論：テロは日本を変えたか』廣済堂出版　二〇〇一年
小池百合子『もったいない日本』主婦と生活社　二〇〇八年
小池百合子『ふろしきのココロ』小学館　二〇〇九年
小池百合子、畑中美樹『南地中海の新星リビア』同友館　二〇〇九年
小池百合子『議員と官僚は使いよう』小学館101新書　二〇〇九年
小池百合子『発電する家「エコだハウス」入門』プレジデント社　二〇一一年

林修、小池百合子『異端のススメ』宝島社　二〇一三年
小池百合子編『20／30プロジェクト。』プレジデント社　二〇一三年
小池百合子『自宅で親を看取る』幻冬舎　二〇一四年
大下英治『挑戦　小池百合子伝』河出書房新社　二〇一六年
鴨志田孝一『小池百合子写真集』双葉社　二〇一七年
小池百合子編著『希望の政治』中公新書ラクレ　二〇一七年
石井妙子「小池百合子研究　父の業を背負いて」『新潮45』二〇一七年一月号
石井妙子「男たちが見た小池百合子という女」『文藝春秋』二〇一七年八月号
石井妙子「女たちが見た小池百合子『失敗の本質』」『文藝春秋』二〇一八年一月号
石井妙子「小池百合子『虚飾の履歴書』」『文藝春秋』二〇一八年七月号

序章

ボードレール、堀口大學訳『悪の華』新潮社　一九五三年

第一章

人事興信所『人事興信録』第七版　一九二五年
人事興信所『人事興信録』第二十九版　一九七七年
『明治・大正・昭和　神戸人名録』日本図書センター　一九八九年
「小池百合子の東京ビッグバン11」『プレジデント』二〇一七年四月十七日号
健青運動十五年史編纂委員会編『健青運動十五年史　人づくりをつみあげて』日本健青会中央本部　一九六四年

森彰英「アラブ貿易の影武者　小池勇二郎」『人と日本』一九七四年四月号
小池勇二郎「中東に於ける日本の立場」『大阪倶楽部講演特集』第三六五号　社団法人大阪倶楽部
小池勇二郎「世界の孤島日本―第三の世界のリーダーとしての認識と目覚め―」『講演特集』第四〇五号　社団法人大阪倶楽部
小池勇次《ママ》郎「アラブ・マグレブ諸国を瞥見して―公害対策と石油貿易推進の見地から―」『季刊アラブ』十五号　一九七〇年十月号
『読売新聞』一九六九年十二月十日
『神戸市立六甲アイランド高等学校同窓会　会員名簿』二〇〇三年版
『創立１００周年記念　学員名簿　昭和60年版　上巻（本文編）中央大学』
小池百合子「オヤジ　戦中派の教え」『文藝春秋』二〇〇八年六月号
「小さな大物　小池百合子」『文藝春秋』一九九三年五月号
藤吉雅春「小池百合子研究第一弾　カイロへ夜逃げした父への愛憎」『週刊文春』二〇〇五年十月十三日号
藤吉雅春「小池百合子研究第二弾　初めて語った『離婚』と『男遍歴』」『週刊文春』二〇〇五年十月二十日号
西倉実季『顔にあざのある女性たち』生活書院　二〇〇九年
石井政之『顔面漂流記』かもがわ出版　一九九九年
駒尺喜美編『女を装う』勁草書房　一九八九年
宇都宮直子「現代の肖像　小池百合子」『ＡＥＲＡ』一九九二年十一月十日号
「女五十歳からのシワとり化粧術」『文藝春秋』二〇〇八年七月号
「同級生交歓」『文藝春秋』二〇一一年九月号
「小池百合子『ラージ・ユリ』は、ソフトボールの豪球投手だった！」『女性自身』一九九三年八月三日号

「小池百合子都知事が破壊した石原ブランド　浜渦武生氏が語る知られざる2人の48年の恩讐」『週刊朝日』二〇一六年十月二十八日号
「リストラ大選挙『日本の選択』日本新党No.2・小池百合子『父娘』24年前の〝出来事〟」『サンデー毎日』一九九三年七月十八日号

第二章

若宮清『国際浪人　面白さがし旅』グラフ社　一九八三年
若宮清『国際浪人　プッタギナモー』潮文庫　一九八五年
鹿島正裕『カイロ大学より』三修社　一九八五年
浅川芳裕『〝闘争と平和〟の混沌　カイロ大学』ベスト新書　二〇一七年
「小池百合子の宗教〝怪〟人脈」『宗教問題』二〇一七年夏季号
「エスコート役に芦屋のお嬢さん」『サンケイ新聞』一九七六年十月二十二日
「この人」『東京新聞』一九七六年十月二十七日
渡部昇一、小池百合子「万死に値する恥ずべき民主政権」『WiLL』二〇一〇年十二月号

第三章

小池ユリ子「おふくろ　素人のクソ度胸」『文藝春秋』一九九二年五月号
「小池百合子さんの大統領夫人会見記　わが夫サダト、家庭、私」『朝日新聞』一九七八年二月一日夕刊
「ジーハン・サダト大統領夫人との単独会見」『季刊アラブ』二十八号　一九七八年三月号
「靖国60年目の夏―浅井久仁臣　グラフィティ」http://www.asaikuniomi.com（二〇〇五年八月十六日）
「エジプト　その魅力と女性―注目の国をアラビア語通訳で結ぶ　小池百合子さんの話」『読売新聞』一九七八年四月二十日

小池百合子「緑の国・リビア」『経済協力』国際技術協力協会　一九七八年十一月号
「矢野弾が聞く！㊼小池百合子　国際派女性からみた日本の政治」『月刊カレント』潮流社　一九八六年八月号
小池百合子「私の原点」『季刊アラブ』五十四号　一九八九年十月号
「新・女の生き方を語る座談会」『週刊女性』一九八〇年六月十日号
「江本孟紀の美女なで斬り　第18回　小池百合子」『週刊プレイボーイ』一九八二年四月二十日号
「ピープル'85　小池百合子」『週刊大衆』一九八五年九月三十日号
「女性テレビレポーター全員集合！」『ヤングレディ』一九七九年六月十二日号
「世界の大空港で旅情をひろったフライングガール」『旅行ホリデー』一九七九年三月号
「砂漠をレコードにしたスチュワーデス　小池咲子（25歳）」『サンデー毎日』一九七九年五月二十日号
「アラビアの砂漠をレコードにした小池咲子さん」『週刊女性』一九七九年六月十二日号
「現役スチュワーデスが教えてくれる美しい翔び方レコード」『週刊プレイボーイ』一九八〇年五月十三日号
「世界の音を集めたスチュワーデス　小池咲子」『ＭＯＲＥ』一九八〇年十二月号
「小渕恵三首相へ　小池百合子（自由党）議員より」『週刊ポスト』一九九九年一月二十二日号
「フロに国名使わないで　トルコ青年訴え」『朝日新聞』一九八四年八月二十三日夕刊
「小池百合子新防衛大臣『22年前の赤面ショット』」『ＦＲＩＤＡＹ』二〇〇七年七月二十七日号
北岳登『虚飾のメディア』ダイヤモンド社　二〇〇四年
「東京伝説　第40回　新宿2丁目　小池百合子」『毎日グラフ』一九九二年十一月八日号
「矛盾　小池百合子」『ＳＰＡ』一九九三年五月二十六日号
「美貌の密使『小池ユリ子』の正体」『週刊テーミス』一九九〇年十一月二十一日号
「イラクに飛んだ『中曽根密使』の実力」『ＦＯＣＵＳ』一九九〇年十一月二日号

「みのもんた　おもいッきり対談　連載⑪　小池百合子」『サンデー毎日』一九九〇年十二月二十三日号
「小泉元首相のケンカ殺法で　小池百合子『権力と寝た女』のこれから」『テーミス』二〇一六年八月号
山内昌之、小池ユリ子「フセインは『宗教戦争』でイスラム原理主義に裏切られる」『週刊ポスト』一九九一年二月二十二日号
「人間データバンク'91　経済に明るい異色キャスターのライフスタイル戦略　小池百合子」『週刊朝日』一九九一年七月二十六日号
「小池百合子さんの『失恋話』」『週刊文春』一九九三年十月十四日号
「失恋レストランの思わせぶりと小池さん」『サンデー毎日』一九九三年十月二十四日号

第四章

後藤謙次『崩壊する55年体制　ドキュメント　平成政治史1』岩波書店　二〇一四年
清水真人『平成デモクラシー史』ちくま新書　二〇一八年
細川護熙「『自由社会連合』結党宣言」『文藝春秋』一九九二年六月号
伊藤正孝「私だけが知る『細川護熙のこの三〇年』」『プレジデント』一九九三年九月号
「テレビ東京震撼！〝看板〟小池ユリ子キャスターが参院選出馬」『FLASH』一九九二年七月十四日号
小池ユリ子「日本改造シリーズ 4通目の書簡　大前研一さんへ」『週刊ポスト』一九九二年七月十七日号
円より子公式サイト（二〇一七年五月十二日）http://www.madoka-yoriko.jp/topics/6316
小池ユリ子、高市早苗、冨士眞奈美「選挙は女の意地の見せ所」『婦人公論』一九九二年十月号
小池ユリ子「『ミニスカートの国会報告』第1回」『週刊ポスト』一九九二年八月十四日号
「永田町ブロードキャスター『陳情、苦情、ラブレター』」『週刊朝日』一九九二年十二月四日号
「『渦中の人』第69回　小池ユリ子」『週刊現代』一九九二年八月二十二日号
「参院選われかく戦えり」『週刊読売』一九九二年八月九日号

小池百合子「『ミニスカートの国会報告』第29回」『週刊ポスト』一九九三年四月九日号
「『小池百合子のヌード』まで標的にする梶山＝自民党の『末魔』」『週刊ポスト』一九九三年四月二十三日号
小池ユリ子「デブで腹黒い政治家はもういらない」『THE21』一九九二年十月号
「私が国会議員になった理由」『MORE』一九九二年十一月号
小池百合子「先生と呼ばないで特別版「初めて語った40年の軌跡　私のバツイチ体験」『女性セブン』一九九二年十二月十日号
日本新党出版部編『日本新党　変革の記録』サクセスマーケティング　一九九四年
「やはりウソ八百選挙か」『週刊ポスト』一九九三年七月三十日号
島崎今日子「兵庫2区を揺るがせた14日間」『婦人公論』一九九三年九月号
「24年前、土井たか子に大敗した父の仇　小池百合子仇討ち選挙兵庫二区」『週刊朝日』一九九三年七月十六日号
「小池百合子vs土井たか子の兵庫2区を行く！」『週刊大衆』一九九三年七月二十六日号
小池百合子「わが党首・細川護煕は日本の指導者としてまさにはまり役！」『女性セブン』一九九三年八月十九日号
「上坂冬子の腹立ち日記」『女性セブン』一九九三年九月二日号
小池百合子「『ミニスカートの国会報告』第57回」『週刊ポスト』一九九三年十一月二十六日号
小池百合子「『ミニスカートの国会報告』第58回」『週刊ポスト』一九九三年十二月三日号
円より子『論座』朝日新聞デジタル（二〇一九年三月三十一日）https://webronza.asahi.com/politics/articles/2019032600002.html
石井紘基「私が見た細川護煕・小池百合子側近政治の現場」『週刊ポスト』一九九四年十一月十一日号

「小池百合子　昇りつめる『魔性の鉄火道』新連載第3回」『アサヒ芸能』二〇〇五年十月二十七日号
小池百合子「『ミニスカートの国会報告』第42回」『週刊ポスト』一九九三年八月六日号
「フォト日記　45回　新党結成目前『小池百合子』の待ったなし」『FOCUS』一九九四年十二月七日号
小池百合子「私が小沢さんに乗り換えた理由」『サンデー毎日』一九九五年十二月三十一日号
「岩見隆夫のキーマンを直撃！　小池百合子　細川さんはリーダーとして問題点があると―」『週刊宝石』一九九六年二月八日号
小池百合子「『ミニスカートの国会報告』第62回」『週刊ポスト』一九九四年一月一・七日号
小池百合子「『ミニスカートの国会報告』第65回」『週刊ポスト』一九九四年二月十一日号
「今週の顔　細川さんは人を使い分ける　それで小沢さんと近くなった　総務庁政務次官　小池百合子さん」『サンデー毎日』一九九四年三月六日号
小林吉弥「『悪役・小沢さんを〝変身〟させてみせます』小池百合子」『アサヒ芸能』一九九四年十月二十七日号
「新進党の『ソフト戦略』を担う小池百合子サンの政治手腕」『FLASH』一九九五年一月一日号
「小沢一郎・小池百合子vs羽田孜・畑恵、宿命の全面戦争に突入！」『FLASH』一九九五年十二月二十六日号
「こんな女政治家は国会から消えてしまえ！」『週刊女性』一九九七年一月二十一日号
「元〝姫君〟小池百合子が落城の殿に一矢『細川さん、ビギナーズ・ラックはもうないわ』」『週刊朝日』一九九七年七月四日号
「三枝のホンマでっか！　小池百合子さん」『週刊読売』一九九六年二月二十五日号
「新進党大分裂！『小沢さんを超える存在はいない』」『週刊朝日』一九九八年一月十六日号
「凄絶手記　小池百合子・45歳、『子宮全摘出』の記録」『週刊宝石』一九九八年七月十六日号
「小池百合子　全告白120分『宣告一瞬！子宮喪失』母になる夢破れて」『女性セブン』一九九八年七月

二十三日号
小池百合子「おんな議員のジハード―子宮筋腫闘病日記―」『宝石』一九九八年十月号
「小池百合子　昇りつめる『魔性の鉄火道』最終回」『アサヒ芸能』二〇〇五年十一月三日号
市民＝議員立法実現推進本部、山村雅治『自録「市民立法」阪神・淡路大震災―市民が動いた！』藤原書店　一九九九年
魚住昭『野中広務　差別と権力』講談社文庫　二〇〇六年

第五章

後藤謙次『小泉劇場の時代　ドキュメント　平成政治史2』岩波書店　二〇一四年
後藤謙次『幻滅の政権交代　ドキュメント　平成政治史3』岩波書店　二〇一四年
蓮池透ツイッター（二〇一八年八月二十二日）https://twitter.com/1955Toru/status/1032121675502870528
小池百合子「小泉首相よ、総聯強制捜査を朝銀1兆円血税投入の免罪符にするな」『ＳＡＰＩＯ』二〇〇一年十二月二十六日・二〇〇二年一月九日号
野田聖子・小池百合子「沈む永田町に『喝！』」『正論』二〇〇二年六月号
小池百合子「石油争奪戦に参戦せよ」『Ｖｏｉｃｅ』二〇〇三年五月号
小池百合子「執務室に明治天皇の写真」『週刊朝日』二〇一一年三月十一日号
「小池百合子『日本人が知らないアラブの掟』」『週刊ポスト』二〇〇三年四月十八日号
小池百合子「理由なき『朝銀救済』を糾す！」『諸君！』一九九九年九月号
小池百合子「細川首相退陣の引き金は『北朝鮮有事』だった」『正論』二〇〇二年七月号
孫崎享、奥谷禮子「亡国の日米安保」『如是我聞』二〇一九年十月
小池百合子「間近に見つめた拉致被害者家族の本当の気持ち」『婦人公論』二〇〇二年十月二十二日号

小池百合子「なぜ急ぐ蛮行国家との国交交渉再開」『正論』二〇〇二年十一月号
小池百合子「被害者家族の地獄の一日」『Ｖｏｉｃｅ』二〇〇二年十一月号
小池百合子「消えぬ脅威、暴発の危険性」『論座』二〇〇二年十一月号
小池百合子「日本ができる経済制裁」『Ｖｏｉｃｅ』二〇〇三年四月号
「今岡の虎キチ美女連続対談　小池百合子環境相」『週刊朝日』二〇〇六年二月十日号
「新われらの時代に　小池百合子衆議院議員　女子の本懐『アイ・シャル・リターン』」『女性セブン』二〇〇八年一月十日号
櫻井よしこ「『自分ファースト』の政治を憂う」『新潮45』二〇一七年七月号
佐々木実『市場と権力』講談社　二〇一三年
「総選挙後『疑惑の第1号』〝環境血税〟巡って小池百合子大臣と実兄の『奇妙な接点』」『サンデー毎日』二〇〇五年九月二十五日号
木野茂、山中由紀共著『新・水俣まんだら』緑風出版　二〇〇一年
「予算委員会会議議事録第二号　参議院」二〇〇五年十月五日
「中皮腫・アスベスト疾患・患者と家族の会　二〇〇五年十一月二十六日　小池環境大臣との面談報告」https://www.chuuhishu-family.net/news/20051126.html
第１６４回国会　衆議院環境委員会　第一号　二〇〇六年一月二十七日　議事録
粟野仁雄『アスベスト禍』集英社新書　二〇〇六年
佐伯一麦『石の肺』新潮文庫　二〇〇九年
粟野仁雄「『二枚舌は許さない』小池環境大臣に患者や遺族たちが激怒」『週刊金曜日』二〇〇六年二月十日号
今井明『明日をください　アスベスト公害と患者・家族の記録』「明日をください」出版委員会　二〇〇六年

中皮腫・アスベスト疾患・患者と家族の会 尼崎支部、尼崎労働者安全衛生センター編著『明日への伝言』アットワークス 二〇一一年
大島秀利『アスベスト広がる被害』岩波新書 二〇一一年
加藤正文『死の棘・アスベスト』中央公論新社 二〇一四年
NPOみなまた理事・中山裕二「公式確認から半世紀」『NPOみなまた』No.22 二〇〇七年一月
柿崎明二、久江雅彦『空白の宰相』講談社 二〇〇七年
守屋武昌『「普天間」交渉秘録』新潮文庫 二〇一二年
「小池大臣就任会見概要」『防衛省・自衛隊』動画配信
小池百合子『小泉サンとのホントの仲、話します』『週刊ポスト』二〇〇六年十月六日号
「防衛庁から飛び出す小池百合子『安保補佐官』の聞くに堪えない悪口」『サンデー毎日』二〇〇六年十月二十二日号
「小池百合子 臥薪嘗胆ヘアーの断髪式が総理を狙う出陣式」『週刊新潮』二〇一二年十二月二十七日号
『断髪儀式』が空振りで党三役を逃した『小池百合子』代議士次の手」『週刊新潮』二〇一三年一月二十四日号
「小池百合子のルーツをたどる」『AERA』二〇〇七年九月三日号
伊藤惇夫「小池百合子 総理の座を狙う女」『文藝春秋』二〇〇七年十月号
「『小沢』に勝てるのは小池百合子」『サンデー毎日』二〇〇七年八月十九・二十六日号
「小沢一郎と小泉純一郎を斬る」『文藝春秋』二〇〇八年一月号
「時代を拓く力 小池百合子 防衛省の『平和ボケ』を覚ます」『Voice』二〇〇八年二月号
小池百合子「小沢一郎はなぜ嫌われるか」『WiLL』二〇〇八年四月号
小池百合子「イージス艦事故 私は怒った」『文藝春秋』二〇〇八年四月号
小池百合子「それでも時代は小沢総理を求めるのか」『中央公論』二〇〇八年十月号

伊藤惇夫「時代を創る女たち　小池百合子　ギャンブラーの心意気」『婦人公論』二〇〇八年十一月二十二日号
「小池百合子　備えよ常に！」『財界人』二〇〇八年十一月号

第六章

「小池百合子氏、沖縄選出の玉城デニー議員に『日本語読めるんですか？』と差別的やじ！〜生活の党・玉城デニー議員に真相を直撃インタビュー！」（二〇一六年七月二十一日）https://iwj.co.jp/wj/open/archives/319432
『毎日新聞』二〇〇二年十一月四日
「小池百合子『1億円物件』を共同購入した22歳年下男」『FLASH』二〇〇九年八月二十五日号
「髪を切らない『小池百合子』結婚情報が永田町を駆け巡った！」『週刊新潮』二〇一二年四月二十六日号
舛添要一『都知事失格』小学館　二〇一七年
「小池百合子〝厚化粧〟のウラ」『週刊文春』二〇一六年八月十一・十八日号
「〝官軍〟小池百合子新都知事の勝負勘と弱点」『週刊朝日』二〇一六年八月十九日号
藤吉雅春「初の女性総理を見据える女　小池百合子」『FRIDAY』二〇一六年九月二日号
「小池百合子都知事激白！　私生活だけの一問一答30」『FLASH』二〇一六年十一月十五日号
「小池百合子の東京ビッグバン①」『プレジデント』二〇一六年十一月十四日号
「小池百合子　永田町に任せていては何も変わらないから」『婦人公論』二〇一六年十二月十三日号
「シリーズ人間　女は度胸、ケンカ上等！」『女性自身』二〇一七年一月十日号
「小池百合子都知事『私は東京湾に投げ込まれる覚悟でやっている！』」『女性セブン』二〇一七年一月一日号
「トップランナーに聞く　小池百合子東京都知事」『日経ビジネスアソシエ』二〇一七年二月号

小池百合子×立花隆「都議会自民党への宣戦布告」『文藝春秋』二〇一七年二月号
「東京ならではの価値を創造する」『日経ビジネス』二〇一七年三月二十日号
「小池百合子　築地と豊洲両立、何が悪い！」『Ｖｏｉｃｅ』二〇一七年十月号
石原慎太郎「小池都知事への諫言　豊洲移転を決断せよ」『文藝春秋』二〇一七年四月号
「小池百合子激白　石原慎太郎のウソを告発する！」『週刊文春』二〇一七年三月二十三日号
小池百合子「独占手記　石原慎太郎の嘘、豊洲移転の判断」『文藝春秋』二〇一七年五月号
小池百合子「手記　私の政権公約」『文藝春秋』二〇一七年七月号
小池百合子×野田聖子「小池総理で日本を変える」『週刊現代』二〇一七年四月十五日号

第七章

『「小池新党」を牛耳る最側近の『六本木ハレンチ豪遊』連続撮」『週刊ポスト』二〇一七年六月二日号
野田数『都政大改革』扶桑社新書　二〇一六年
「みなが首を傾げる小池百合子特別秘書の実力」『週刊新潮』二〇一六年八月二十五日号
宮地美陽子『小池百合子「人を動かす１００の言葉」』プレジデント社　二〇一七年
「首都決戦スペシャル　カネ、未婚、学歴詐称『小池百合子にぶつけた「嫌な質問５」』」『プレジデント』二〇一六年八月十五日号
百合子スタイル研究会編『小池百合子式　着こなしの黄金ルール』扶桑社　二〇一七年
小池都政の政策を研究する会編『小池百合子50の謎』徳間書店　二〇一七年
上杉隆『誰が「都政」を殺したか？』SB Creative　二〇一七年
井戸まさえ『ドキュメント　候補者たちの闘争 選挙とカネと政党』岩波書店　二〇一八年
「小池百合子都知事『環境基準のクリアなくして豊洲移転はしません！』」『女性自身』二〇一七年七月十一日号

「小池百合子都知事が池上彰に激白！『邪悪な世界と私は闘う』」『週刊文春』二〇一七年八月二十四日号
『毎日新聞』二〇一七年十月三日
『毎日新聞』二〇一七年十月四日夕刊
「小池百合子・独占手記！　わが政権構想を明かそう」『プレジデント』二〇一七年十月三十日号
「小池百合子都知事独白」『プレジデント』二〇一六年十月三十一日号
「都知事『小池百合子』金庫番が手を染めた特権的錬金術」『週刊新潮』二〇一六年九月二十二日号
「小池百合子『秘書官』が中国に拘束されていた！」『ＦＬＡＳＨ』二〇〇七年九月十一日号
小池百合子「私は本気で政権を奪う」『文藝春秋』二〇一七年十一月号
「小池百合子の牙城に巣くった怪人脈」『文藝春秋』二〇一七年十二月号
『都政新報』二〇二〇年一月七日

終章

黒木亮「徹底研究！小池百合子『カイロ大卒』の真偽」１〜６　JBpress　二〇二〇年一月九〜十九日
https://jbpress.ismedia.jp/articles/-/58847
「ＯＤＡ（政府開発援助）エジプト」『外務省』https://www.mofa.go.jp/mofaj/gaiko/oda/files/000367699.pdf#page=309
「人に教えたくない店　エジプト・カイロ大学留学中、ピラミッドの頂上でお茶を点てました　小池百合子」『プレジデント』二〇〇八年十月十三日号
「林真理子　マリコのゲストコレクション８３４　小池百合子」『週刊朝日』二〇一六年九月三十日号
山田敏弘と本誌取材班「１９７４年のコイケユリコ」『週刊ポスト』二〇一七年六月十六日号
「私のお金の使い方⑬小池ユリ子」『クリーク』一九九一年十月二十日号
「小池百合子が見た『カダフィ政権』倒壊の一部始終」『プレジデント』二〇一一年十月三日号

「『カダフィ大佐』にＷｉｉをプレゼントした『小池百合子』」『週刊新潮』二〇〇九年十二月三日号
宮田律×小池百合子「日本人はイスラムと、どうつき合っていくのか?」『ＰＬＡＹＢＯＹ』二〇〇二年二月号
「小池百合子の中東核心レポート　一触即発のパレスチナでキーパーソン アラファト議長とネタニヤフ イスラエル元首相を連続直撃」『ＳＡＰＩＯ』二〇〇二年二月十三日号
小池百合子「『ミニスカートの国会報告』第72回」『週刊ポスト』一九九四年四月八日号
小池百合子 vs 田母神俊雄「『近隣諸国をいい人だと思うな!』」『アサヒ芸能』二〇〇九年七月十六日号
小池百合子「『ビジネスモデルとして持続可能か　東京五輪・パラリンピックがその試金石』」『エコノミスト』二〇一六年十一月一日号
「蘇る〝不死鳥〟百合子」『ＡＥＲＡ』二〇一六年十一月十四日号
マックス・ヴェーバー、脇圭平訳『職業としての政治』岩波文庫　一九八〇年

＊表紙写真　カイロ時代に同居していた早川玲子さんとピラミッドの前で。

石井妙子　Taeko Ishii
1969年、神奈川県茅ヶ崎市生まれ。白百合女子大学卒、同大学院修士課程修了。５年をかけた綿密な取材をもとに『おそめ』（新潮文庫）を発表。伝説的な「銀座マダム」の生涯を浮き彫りにした同書は高い評価を受け、新潮ドキュメント賞、講談社ノンフィクション賞、大宅壮一ノンフィクション賞の最終候補となった。『原節子の真実』（新潮社）で新潮ドキュメント賞を受賞。他の著書に『日本の血脈』（文春文庫）、『満映とわたし』（岸富美子との共著／文藝春秋）、『日本の天井　時代を変えた「第一号」の女たち』（KADOKAWA）などがある。

女帝《じょてい》　小池百合子《こいけゆりこ》

2020年5月30日　第1刷
2020年6月30日　第5刷

著　者　石井妙子《いしいたえこ》
発行者　花田朋子
発行所　株式会社　文藝春秋
東京都千代田区紀尾井町3-23（〒102-8008）
電話（03）3265-1211
印刷所　凸版印刷
製本所　加藤製本

ISBN 978-4-16-391230-1